# 数智财务
# PowerBI
# 业财融合实战

## 数据收集+规范+分析+可视化

祝泽文　熊丽华　廖县生 ◎著

**中国铁道出版社有限公司**
CHINA RAILWAY PUBLISHING HOUSE CO., LTD.

**图书在版编目（CIP）数据**

数智财务：PowerBI 业财融合实战：数据收集＋规范＋
分析＋可视化／祝泽文，熊丽华，廖县生著.—北京：
中国铁道出版社有限公司，2022.9
ISBN 978-7-113-29202-7

Ⅰ.①数… Ⅱ.①祝… ②熊… ③廖… Ⅲ.①可视化
软件－数据分析－应用－财务管理 Ⅳ.① F275-39

中国版本图书馆 CIP 数据核字（2022）第 095695 号

书　　名：**数智财务——PowerBI 业财融合实战：数据收集＋规范＋分析＋可视化**
　　　　　SHUZHI CAIWU——PowerBI YECAI RONGHE SHIZHAN: SHUJU SHOUJI+
　　　　　GUIFAN+FENXI+KESHIHUA
作　　者：祝泽文　熊丽华　廖县生

责任编辑：王　佩　　　编辑部电话：（010）51873022　　电子邮箱：505733396@qq.com
封面设计：仙　境
责任校对：安海燕
责任印制：赵星辰

出版发行：中国铁道出版社有限公司（100054，北京市西城区右安门西街 8 号）
印　　刷：三河市兴博印务有限公司
版　　次：2022 年 9 月第 1 版　2022 年 9 月第 1 次印刷
开　　本：710 mm×1 000 mm　1/16　印张：17.25　字数：348 千
书　　号：ISBN 978-7-113-29202-7
定　　价：88.00 元

# 本书赞誉

《会计行业人才发展规划（2021年—2025年）》指出："会计实务工作者需要深入应用新技术，推动会计审计工作数字化转型；会计管理工作者需要加强会计数据相关标准建设，推动会计数据资源开发利用。"微软的 PowerBI 自助式商业智能分析工具，因其较低的学习门槛，将成为会计人才数字化转型的重要抓手，成为财务人继 Excel 之后的超高性价比自我投资。本书深入浅出，讲述了从数据收集、数据规范、数据分析、到可视化的全过程操作，相信通过本书的学习，您也可以打造属于自己的商业智能分析系统。

——江西省注册会计师协会原副会长兼秘书长　李家谦

"以数字技术与财务管理深度融合为抓手，固根基、强职能、优保障，加快构建世界一流财务管理体系"，是国务院国资委对中央企业提升财务管理水平的最新要求。做好企业信息化建设，必备的财务专业知识、深入的业务需求理解、必要的 IT 工具技能三者缺一不可。本书基于 PowerBI 自助式商业智能工具，结合常见的合同管理、财务报表分析等企业应用场景，系统阐述了企业信息系统构建过程，真正做到了"财务专业引领、业务需求指引、场景数据驱动"。相信通过本书的阅读，可以帮助读者建立与形成数据建模的逻辑思维体系。

——中咨工程有限公司党委书记、董事长　刘作斌

随着《会计改革与发展"十四五"规划纲要》等系列文件的出台，会计及其相关行业数字化已提升到国家战略层面高度。以数字化技术为支撑，将会计工作与单位经营管理活动深度融合，已成为"十四五"期间会计改革与发展的主要任务之一。这也对财务人员的综合素质提升有了新的要求，本书创新性地将 PowerBI 工具与财务、业务融合，提供了全新的业财数字融合思路。

——江西省财政厅原副厅长、一级巡视员　王斌

随着大数据、人工智能、移动互联网、云计算、物联网为代表的新技术发展，推动了财务管理向数字化的转型，使财务作为天然数据中心的优势逐步得以显现，使企业决策逐步由流程驱动为主向流程驱动与数据驱动并重转变。数智财务一书将 PowerBI 自助式商业智能工具与财务管理体系创新相结合，为创建基于业财融合的数字化财务体系作出了有益尝试，通过 PowerBI 工具的加持，使管理颗粒精细化、管理视角多维化、管理场景动态化、管理信息实时化的理念得以体现。

**——江西文化演艺发展集团公司总经理　徐光华**

在智能化、信息化和数字化转型的大背景下，现代化建设中的不同经济组织都将面临着转型。作为一直为组织价值增值并为实现组织战略目标而为之努力的会计、财务和审计来说，也必须与时俱进地通过大数据、云计算等技术来提升企业管理技能。本书是基于 PowerBI 自助式商业智能分析，将为会计、财务和审计的转型提供一个新的契机。相信通过本书的学习，可以帮助读者建立和形成新的思维与模式，为新时代的组织发展再建新功。因而乐于为本书而序。

**——江西财经大学会计学院教授、硕士研究生导师　张其镇**

业财融合是实现数字化财务和智能财务的基础。从流程驱动走向数据驱动，为业财融合的实现提供了一个重要的思路。而本书所讲述的 PowerBI 和可视化两个工具则为数据驱动实现，形成财务人员数据建模的思维提供了可能。推荐此书，以飨读者。

**——中国财政科学研究院教授、博士生导师　张庆龙**

将数字技术与财务管理深度融合，推动财务管理理念变革，创新财务管理模式，做好技术赋能，已然成为中国企业构建世界一流财务管理体系的重要抓手。本书将 PowerBI 商业智能工具与创新财务管理体系紧密融合，为探索建立基于自主可控体系的数字化、智能化财务体系提供了宝贵的经验与基础。

**——江西财经大学会计学院原院长、教授、博士生导师　章卫东**

# 前言

　　《会计改革与发展"十四五"规划纲要》中指出,"会计信息在经济发展、营商环境优化和宏观经济决策方面发挥着越来越重要的作用"。同时,"随着新一轮科技革命深入发展,会计工作的处理流程、工具手段等也将发生重大而深刻的变化"。"以数字化技术为支撑,将会计工作与单位经营管理活动深度融合,切实加快会计审计数字化转型步伐",已成为"十四五"期间会计改革与发展的主要任务之一。

　　国务院国资委在《关于中央企业加快建设世界一流财务管理体系的指导意见》中指出:要推动财务管理理念变革,做好技术赋能,主动运用大数据、人工智能、移动互联网、云计算、区块链等新技术,充分发挥财务作为天然数据中心的优势,推动财务管理从信息化向数字化、智能化转型;要转变运行机制,结合数字化时代企业管理转型需要,探索推动财务运行机制从金字塔模式向前中后台模式转变,从流程驱动为主向流程驱动与数据驱动并重转变,努力实现管理层级扁平化、管理颗粒精细化、管理视角多维化、管理场景动态化、管理信息实时化,确保反应敏捷、运转高效。

　　《会计行业人才发展规划(2021—2025年)》指出:"会计实务工作者需要深入应用新技术,推动会计审计工作数字化转型;会计管理工作者需要加强会计数据相关标准建设,推动会计数据资源开发利用。"

　　通过上述一系列文件,可以看出,会计及相关行业数字化已提升到国家战略层面高度。这也对财务人员综合素质的提升有了新的要求,只有深入学习财务专业知识、了解企业自身业务、掌握必要的数字化工具,真正将数字技术与财务管理深度融合,才能顺应时代潮流,实现数字化转型。

　　PowerBI属于自助式商业智能工具,源自微软的Excel,有着较低的进入门槛和学习成本,能够帮助我们快速提高生产力。故此,学习掌握PowerBI,无论是解决当下的企业财务数据治理问题,还是通过引进、消化、吸收国外先进经验,"探索建立基于自主可控体系的数字化、智能化财务"都具有非常重要的现实意义与长远影响。

本书共分为 7 章：

第 1 章，通过对传统财务面临的问题分析，阐述了财务数字化、智能化转型的必要性。同时，对数智财务的核心要素、数据分析与商业智能进行了必要的诠释。

第 2 章，讲述了商业智能的产生，以及从 Excel 到 PowerBI 的发展变迁，PowerBI 产品的架构、获取、安装及注册等内容。

第 3 章，重点讲述了数据标准化与规范化，以及如何利用 PowerQuery 工具获取、清洗及转换数据。本章最后还通过 4 个实战案例，系统总结了常见网络财经数据抓取、常见财务数据统计报表的清洗整理、单体及集团企业财务报表的清洗整理方法。

第 4 章，主要讲述了利用 PowerBI 数据建模的逻辑思路，并对其中涉及的 DAX 函数公式进行了详细讲解。本章重点讲述了合同模型构建、资产负债表分析模型的构建过程。

第 5 章，主要讲述了可视化报告的制作与展示。从图表类型选择及标准的基础知识，到常见的预算分析、结构分析、趋势分析、账龄分析、客户排名分析、交易明细数据查询等应用场景，本章都进行了详尽阐述。

第 6 章，主要针对 PowerBI 服务的订阅用户，讲述了利用微软的联机 SaaS 服务实现数据实时刷新及共享的原理及方法。

第 7 章，综合案例讲解。本章通过资产负债表、损益表、现金流量表三大财务报表的建模分析，以及主要财务指标分析、杜邦财务分析体系模型的构建，对全书内容进行了全面系统的总结。

全书案例基于公开的上市公司财报数据及脱敏的企业财务业务数据，源于实务，贴近实战，能够帮助广大财务及相关专业人员快速了解 PowerBI 商业智能建模工具并使之转化为生产力。同时，通过本书，我们希望还可帮助相关人员建立与形成数据建模的逻辑思维体系，为"探索建立基于自主可控体系的数字化、智能化财务"提供宝贵的经验。

本书适用于财务、金融、投资、企业管理等行业职场人士，会计师事务所、税务师事务所及资产评估事务所等中介机构人员，以及相关专业的高等院校在校学生。

温馨提示：为方便读者学习，关注公众号"PowerBI 经管之家"或者扫描以下二维码可获取本书案例素材文件。

PowerBI 经管之家

祝泽文

2022 年 5 月 20 日

# 目录

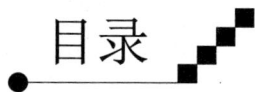

# 1 数智财务，业财融合新趋势

## 1.1 数智转型，势在必行

进入 21 世纪，随着大数据、人工智能、移动互联网、云计算、物联网、区（块链）等信息技术的应用，数字经济正在引领技术变革和产业升级，各行各业都在推进新技术、新方法的应用，试图跟上数字化技术发展的步伐，而财务这一传统行业也面临新技术的冲击，正在悄悄酝酿改变。

### 1.1.1 传统财务面临问题

新形势下，传统财务已难以满足业务资源整合优化、工作效率提升的要求，无法适应新时代的需求。财务工作面临的主要问题包括：

1. 传统财务工作机械重复，效率低下

自 1494 年卢卡·帕乔利发明"复式记账法"至今，财务记账的规则在本质上并没有发生变化，只是工具在不断演进。然而，多数财务人员的工作重心还是在传统指令性、流程化方面，争当"表哥""表姐"，日复一日，做着机械重复的工作。随着 RPA（机器人流程自动化）、数据中台等新的信息技术的普及，这部分工作将会被替代。从繁忙的事务中寻求解脱，提升自己，谋划转型，应成为每一位财务人的共识。

2. 企业内部信息孤岛严重，数据割裂

进入 21 世纪，随着信息技术的进步，企业对信息化的重视程度越来越高，各业务单元纷纷上马信息化系统，比如，财务管理系统、OA 办公系统、CRM 客户关系管理系统……

由于缺乏科学的统筹规划，很多企业的内部数据通常来源于多套信息系统，包括 SQL Server、MySQL 等多种不同类型的数据库，以及一些 Excel 文档记录，不能做到互联互通，数据孤岛严重，格式标准不一。各种渠道来源的数据存在较大差异，形成巨大的"数据沼泽"，很难进行数据分析应用（图 1-1）。

图 1-1

只有通过科学的统筹规划、分类管理，将"数据沼泽"转变为"数据湖"，形成强大的数据中台，为"用数据来管理、用数据来决策、用数据来创新"奠定稳固的基础（图 1-2）。

图 1-2

3. 业务数据与需求不匹配，关联度低

在多数企业，财务部门负责收集、输入、计算并输出各项相关经济数据，并作为最终管理决策的数据基础。但由于财务、业务以及 IT 部门各自的专业差异，导致彼此间交流存在障碍。比如：财务部门只关注财务报表的定量数据而不能充分与经营业务分析相结合，对客户需求缺乏了解；业务部门了解市场，与客户联系紧密，但经常存在与财务等其他部门缺乏必要的数据共享，相互之间信息不对称，出现由于信息差导致内控等一系列问题；IT 部门对财务、业务部门提出的需求不能深入理解，往往头痛医头，脚痛医脚，不能系统性地解决企业信息化问题……

随着信息技术的发展，传统的财务工作已开始步入数字化与智能化时代，开始基于企业全流程数据管控，按照需求加工数据、分析数据，依据数据帮助企业决策，向管理职能转变。这也对新时代财务人员提出更高的要求，他们除了掌握专业的财务知识，还应了解企业业务、熟练使用信息化工具、培养战略性全局思维……

综上，受各种新技术影响，传统财务面临转型升级的巨大压力，数智转型，势在必行。

## 1.1.2 数智财务探索之路

在新经济时代下，企业面临内外部环境快速变化的新经济形态、转型升级及疫情冲击等新挑战，在传统财务领域，向数字化、智能化转型已成为重构企业核心竞争力和高质量发展的必由之路。

在国家战略层面，2017 年国务院发布的《新一代人工智能发展规划》，标志着我国人工智能发展进入新阶段，而随着 AlphaGo 在围棋人机大战中再次战胜人类，智能化浪潮扑面而来。从人脸识别到智能诊疗，从无人驾驶到智能家居，人工智能拥有广阔的发展前景，"AI+"在金融、医疗、教育、物流等诸多领域开始模式清晰的应用落地。随着智能财务发展和数据平台搭建，智能化在财务领域也开始生根发芽。

"用数据来管理、用数据来决策、用数据来创新"成为一种趋势。在数字创新和智能化变革的冲击下，智能财务人才培养已成为一个高度热门话题。在高校教育层面，各高等院校也纷纷推出诸如"人工智能＋会计""会计与智能化""大数据与会计""大数据应用与管理会计""大数据及人工智能财务"等一系列专业，以培养在专业引领和业务需求的指引下，由场景、数据和技术驱动，兼具扎实财务专业能力和对新一代信息技术具有认知、应用能力，并能够在面对技术驱动的数字经济发展和愈加不确定的内外部经营环境时，利用智能技术工具和新一代智能财务系统进行高效商业分析并支持决策的跨界复合型人才。

2018 年 10 月 21 日，山东财经大学会计学院以会计信息化部为主体，邀请财政部、审计署、北京大学、中国人民大学、中央财经大学、北京理工大学、杭州电子科技大学、广东金融学院、中石化集团、鲁信集团、用友新道、普联软件、深圳融智等单位的 20 余位专家就山东财经大学会计学（智能会计方向）专业人才培养方案进行了系统论证。

在企业应用层面，提高适应能力，解决财务、业务以及 IT 部门的沟通障碍，实现软件的高效构建，无须传统的手工编程，同时兼顾财务、业务人员和专业开发人员的更多参与，成为各大软件厂商的共识。颠覆传统的低代码开发平台由此应运而生。

国外主流平台包括：Microsoft Power Platform、OutSystems、Mendix 等；国内主流平台包括：钉钉、企业微信、致远 CAP 业务定制平台、用友低代码开发平台 YonBuilder 等。

其中，Microsoft Power Platform 产品线中的 PowerBI 主要针对低代码开发中的商业分析任务，为用户提供可视化的商业洞见，挖掘商业价值。

# 1.2　数智财务的核心要素

数智财务应该涵盖企业业财一体全流程的智能化，主要包括三个层面（图 1-3），即：

基础层面——基于业务与财务相融合的智能财务共享平台；

核心平台——基于商业智能的智能管理会计平台；

未来方向——基于人工智能的智能财务平台。

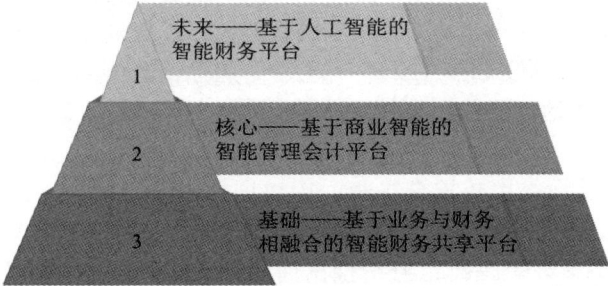

图 1-3

同时，智能财务至少包含三大核心要素：人工智能（Artificial Intelligence，AI）、智能工具［如 RPA 和 BI（Business Intelligence，又称商业智能）］以及大数据分析（图 1-4）。

图 1-4

总之，数智财务就是沿大数据—商业智能—人工智能逐层递进发展的过程。

# 1.3　数据分析与商业智能

依照未来信息化的趋势，企业最终必将形成后台数据采集、中台数据仓库、前台商业智能（BI）挖掘分析的应用场景。同时，随着 AI 技术的进一步发展，人工智能也将在企业信息化进程中得到广泛运用（图 1-5）。

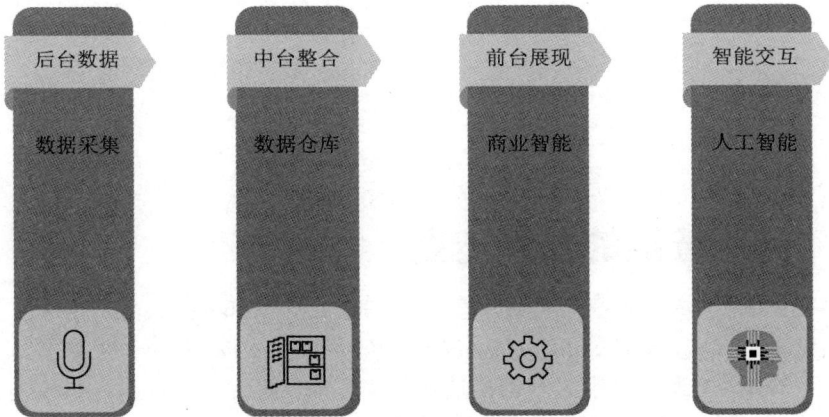

| 后台数据 | 中台整合 | 前台展现 | 智能交互 |
| --- | --- | --- | --- |
| 数据采集 | 数据仓库 | 商业智能 | 人工智能 |

图 1-5

目前，基于企业信息化现状，利用商业智能工具对数据资产进行处理、挖掘、重构，可以帮助企业快速实现数据资产商业价值的实现。

以微软 PowerBI 为例，它可以帮助我们非常轻松且快速地连接众多的数据源，并将其清洗转换，形成数据仓库，并据此进行更深层次的挖掘分析，帮助企业进行决策（图 1-6）。

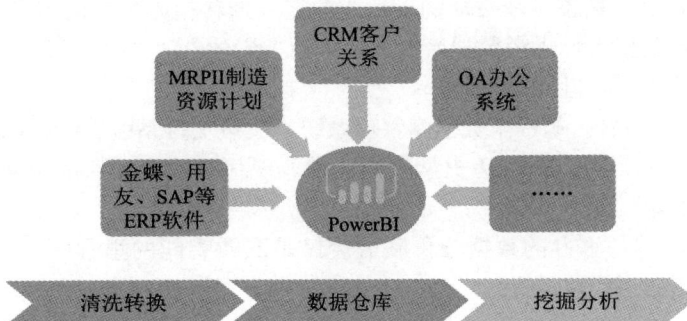

图 1-6

# 2 PowerBI，商业智能代表作

## 2.1  商业智能的发展历史

早在 1865 年，理查德·米勒·德文斯（Richard Millar Devens）在《商业趣闻百科全书》（*Cyclopedia of Commercial and Business Anecdotes*）中就提出"商业智能"（BI）一词。他用这个词描述银行家亨利·福尼斯（Henry Furnese）通过收集信息并根据这些信息，先于竞争对手采取行动，从而获利。

1958 年，被誉为"商业智能之父"的 IBM 计算机科学家汉斯·彼得·卢恩（Hans Peter Luhn）撰写的一篇文章 *A Business Intelligence System* 中，描述商业智能的价值和潜力——利用技术收集和分析数据，并将之转换为有用的信息，根据这些信息，先于竞争对手采取行动。

1968 年，埃德加·弗兰克·科德（Edgar Frank Codd）意识到，多个来源的数据通常存储在筒仓中，研究报告呈碎片化，彼此脱节，据此可以作出多种不同的解读。只有那些具备专业技能的人，才能把数据转换为可用的信息。1970 年，他发表文章，改变人们思考数据库的方式。他关于建立"关系型数据库"的理论获得巨大关注，被全世界所采纳。

20 世纪 70 年代，第一个数据库管理系统"决策支持系统"（Decision Support Systems，DSS）诞生。很多历史学家都认为，现代版的商业智能是从 DSS 数据库演化而来的。

1988 年，罗马举办的数据分析联盟会议是商业智能的里程碑。会议后，商业智能就开始向现代化演进。

1989 年，Gartner 分析师霍华德·德雷斯纳（Howard Dresner）再次将"商业智能"带入人们的视野。他将商业智能作为涵盖数据存储和分析的统称，避免烦琐的名称，如 DSS 或 EIS（经济情报系统）等。

数据仓库技术的发展大大推动了商业智能的发展，传统存储在各个地方的业务数据开始集中起来，应运而生的技术还包括 ETL（数据抽取、转换、加载）、OLAP（联机分析处理）等。

20 世纪 90 年代末至 21 世纪初，数十家 BI 厂商进入市场。在此期间，BI 只包含基本功能：生成数据和报告，并以可视化的方式展示，商业智能 1.0 时代开启。

商业智能 1.0 面临两大问题，即复杂性和时效性：

（1）大多数人无法自助使用，强依赖 IT；

（2）由于数据沉默，制定和提交报告给决策者需要更多的时间。

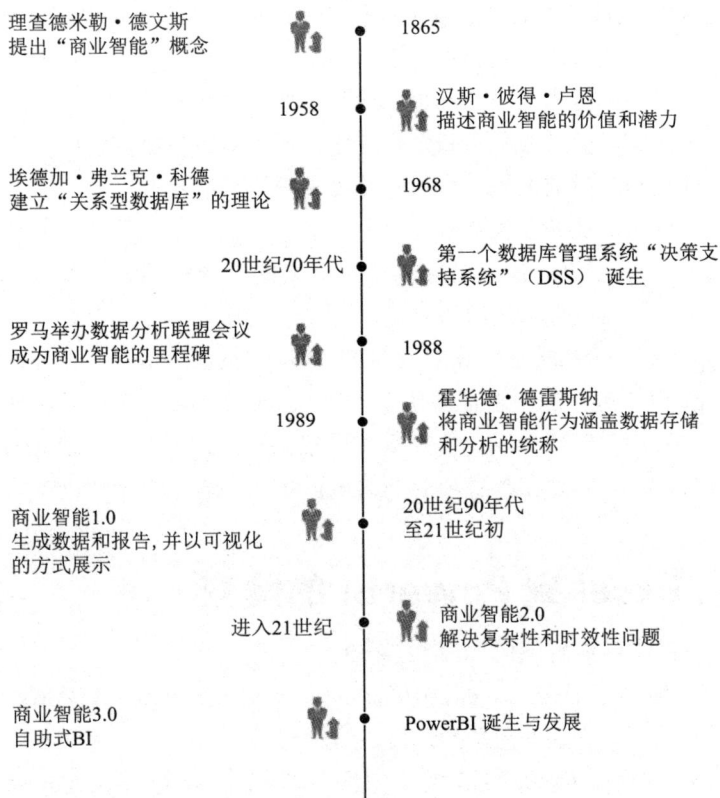

理查德米勒·德文斯
提出"商业智能"概念　　　　1865

1958　　　汉斯·彼得·卢恩
　　　　　描述商业智能的价值和潜力

埃德加·弗兰克·科德
建立"关系型数据库"的理论　　1968

20世纪70年代　　第一个数据库管理系统"决策支持系统"（DSS）诞生

罗马举办数据分析联盟会议
成为商业智能的里程碑　　　　1988

1989　　　霍华德·德雷斯纳
　　　　　将商业智能作为涵盖数据存储和分析的统称

商业智能1.0
生成数据和报告，并以可视化
的方式展示　　　　　　　　　20世纪90年代至21世纪初

进入21世纪　　商业智能2.0
　　　　　　　解决复杂性和时效性问题

商业智能3.0
自助式BI　　　PowerBI 诞生与发展

图 2-1

进入 21 世纪，随着技术的发展，商业智能出现拐点，逐渐解决了复杂性和时效性的问题，开始进入商业智能 2.0 时代。新研发的实时处理技术允许企业依据最新的信息进行决策。互联网社交的发展，也让商业智能广泛地传播，开始让越来越多的人知道并理解商业智能。商业智能（BI）已经不再是一个锦上添花的软件，它代表的是一种企业竞争力。

随着云计算、SaaS（软件即服务）、大数据的发展和成熟，商业智能开始被更多的企业使用，无须 IT 的支持，它高度易用的设计让业务人员也可以使用，以 PowerBI 为代表的商业智能分析工具开启了商业智能 3.0 时代，自助式、随时随地地洞察数据变得更加重要（图 2-1）。

## 2.2　PowerBI 的发展与变迁

在自助式商业智能时代开启之前，传统商业智能通常由业务部门提出需求，IT 部门进行整体设计，然后按照需求进行开发，最终才形成软件交付业务部门进行培训使用，这种模式存在明显的弊端：

首先，需求的产生到需求的满足，通常需要经历较长的周期；

其次，用户需求随着业务不断发生变化，需求难以得到满足；

最后，沟通与理解的偏差，往往导致需求得不到满足。

由此，自助式商业智能工具应运而生。

PowerBI（可简称为 PBI）是微软公司推出的一项自助式商业智能工具，它的出现使上述情况得到极大的改善。

您不再需要具备数据仓库等专业的 IT 知识，只需要具备一定的 office 软件操作技能，懂得业务，您不再需要借助 IT 信息部门，自己就可以轻松地以交互方式进行数据查询，完成报表、仪表板和可视化对象的创建，轻松地与同事分享商业分析见解，随时随地监控各项业务的运行状况。

## 2.3　从 Excel 到 PowerBI 的嬗变

微软的自助式商业智能最早源自 Excel。

2010 年，微软首次在 Excel 2010 版本中引入 PowerQuery、PowerPivot，将其作为需要手动下载安装的免费插件提供给用户。

2013 年，微软在 Excel 2013 版本中深度集成 PowerQuery、PowerPivot，并引入 PowerView、PowerMap 功能。

2015 年 7 月 24 日，微软整合 PowerQuery、PowerPivot、PowerView、PowerMap 四大插件功能，发布 PowerBI DeskTop 软件，这也是 PowerBI 作为一个独立产品首次面向公众。目前，PowerBI DeskTop 产品每月至少进行一次更新，不断引入新功能，并对原有功能进行改进，这也使 PowerBI 成为 BI 产品领域的领跑者。

随后，在 Excel 2016 及后续版本中，微软全面内置 PowerBI 四大插件，并新增完善了可以导出至 PowerBI 等相应功能（图 2-2）。

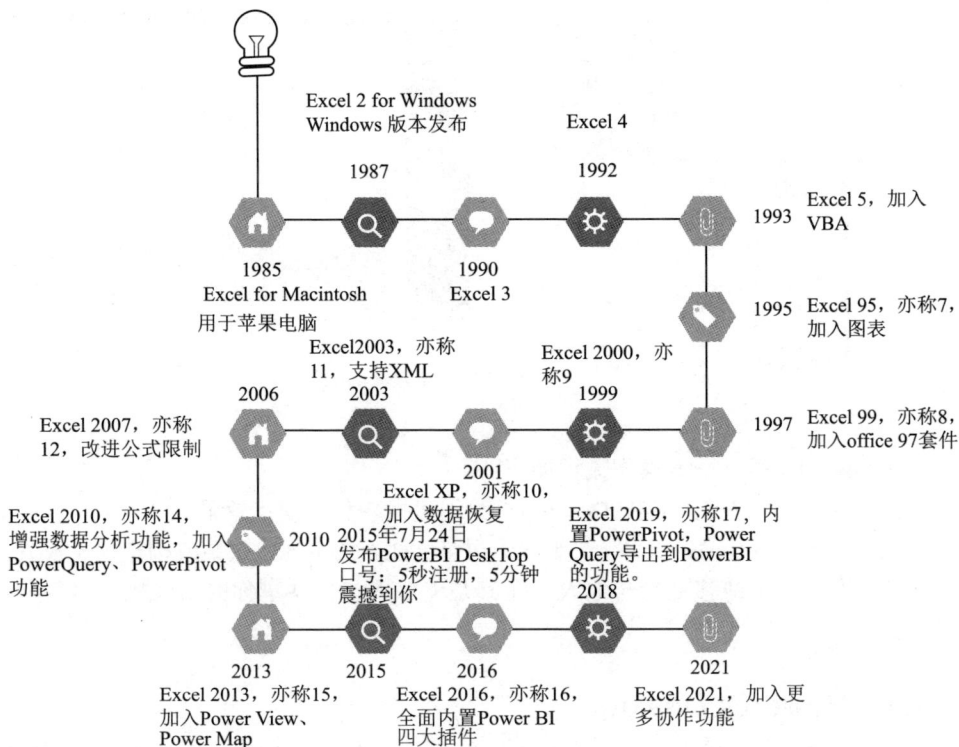

图 2-2

## 2.4 PowerBI 产品的构架

2010 年，微软开发出 PowerPivot SQL Server 2008R2，随后逐步完善形成自助式商业智能 1.0 系列产品。Office 2010 版本更新延续至最新的 Office 2021 版，已经包括 PowerQuery、PowerPivot、PowerView、PowerMap 四大插件。

2015 年，微软再次整合推出 PowerBI Desktop，商业智能开始步入自助式 2.0 时代。经过多年的不断完善，PowerBI 至今已经形成包含 Windows 桌面应用程序（PowerBI Desktop）、联机 SaaS 服务（PowerBI 服务）及移动 PowerBI 应用（包括 Windows、iOS、Android 三大平台）的强大应用体系（图 2-3）。

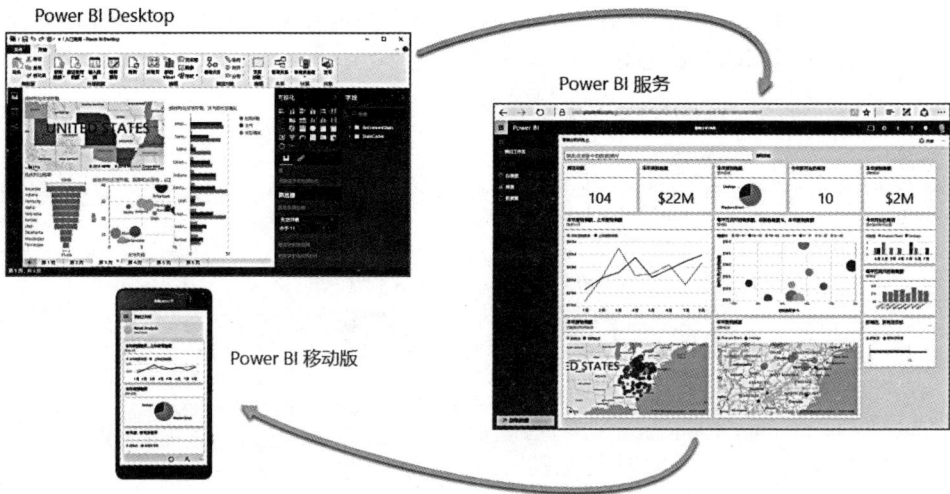

图 2-3

在 PowerBI 中，一般操作流程如下：

（1）将数据导入 PowerBI Desktop，并创建报表和可视化效果；

（2）发布到 PowerBI 服务（在服务中也可创建新的可视化效果或构建仪表板）；

（3）通过网页或移动端与他人（尤其是差旅人员）共享你的仪表板、报表和进行交互。

## 2.4.1 PowerBI Desktop

Microsoft PowerBI Desktop 是 PowerBI 的随行桌面应用程序，由微软于 2015 年将 Excel 中四大插件整合独立打造而成。

使用 PowerBI Desktop，您可以：

➤ 获取数据

PowerBI Desktop 可方便您轻松发现数据。您可以导入各种数据源的数据，连接到数据源后，您便可以构建能满足自己分析和报告需求的数据。

➤ 创建关系

使用新的度量值和数据格式丰富您的数据模型，导入两个或多个表格时，您通常需要创建这些表格之间的关系。PowerBI Desktop 提供"管理关系"对话框和"关系"视图，您可以使用自动检测功能让 PowerBI Desktop 查找和创建任意关系，也可以自行创建这些关系。您还可以非常轻松地创建您自己的度量值和计算，或自定义数据格式和类别来丰富您的数据，从而提供更多数据解析。

➤ 创建报告

PowerBI Desktop 提供"报告"视图。您可以选择所需的字段，添加筛选器，从许多虚拟化选项中进行选择，使用自定义颜色、渐变和其他几个选项设置报告格式。"报告"视图可向您提供在 PowerBI.com 创建报告时使用的相同一流报告和虚拟化工具。

➢ 保存报告

使用 PowerBI Desktop，您可以将作业保存为 PowerBI Desktop 文件。PowerBI Desktop 文件的扩展名为 .pbix。

➢ 上传或发布报告

您可以将自己在 Desktop 中创建并保存的报告上传至您的 PowerBI 站点中。您还可以直接将它们从 PowerBI Desktop 发布至 PowerBI 中。

桌面版产品本身免费，但将模型分享至 PowerBI 需要订阅 PowerBI 服务（目前微软中国网站提供一定时长的免费试用期）。

这也是本书讲述知识内容体系的重点。

## 2.4.2  PowerBI 服务（SaaS）

PowerBI（SaaS）包括 PowerBI Pro（专业版）、PowerBI Premium（增值版）两种类型，其中：

PowerBI Pro 适用于中小企业；

PowerBI Premium 适用于对数据分析报表有高度需求的大中型企业，也适用于打算基于 PowerBI 进行二次产品开发的公司，采用按用户及按容量两种计费模式，用户可以根据需求选择（图 2-4）。

**Power BI 定价：**

针对各组织的分析

| Power BI Pro | Power BI Premium | |
|---|---|---|
| 每用户 | 每用户 | 每容量 |
| | | 从 |
| **¥72** | **¥145** | **¥30,802** |
| 每用户/月 | 每用户/月 2 | 每容量/月 |
| 向单个用户授予现代的自助服务分析许可，以通过实时仪表板和报表可视化数据，并在整个组织内共享见解。 | 向个人用户授予许可，以加快使用高级 AI 获取见解的速度，解锁针对大数据的自助服务数据准备，以及简化企业规模的数据管理和访问。 | 向您的组织授予容量许可，以加快使用高级 AI 获取见解的速度，解锁针对大数据的自助服务数据准备，以及简化企业规模的数据管理和访问 - 无需面向使用者的每用户许可证。 |
| • Power BI Pro 包含在 Microsoft 365 E5 中。 | • 包括 Power BI Pro 提供的所有功能。 | • 需要 Power BI Pro 许可才能将内容发布到 Power BI Premium 容量中。 |
| • 可立即通过信用卡购买。 1 | • 可立即通过信用卡购买。 1 | • 使用的 Azure 订阅应自动缩放，可自动缩放 Power BI Premium 容量。 |

图 2-4

用户通过注册后，即可开始使用 PowerBI。注册的账户可登录 PowerBI 的所有服务，包括 PowerBI Desktop、PowerBI 服务订阅、PowerBI Mobile（移动客户端）以及数据网关等。

根据不同运营主体，PowerBI 中文订阅可分为国际版与中国版：

➢ 国际版，由微软托管运营，服务器位于新加坡；

➢ 中国版，由微软授权世纪互联独立运营，服务器位于北京与上海。PowerBI 中国版已通过公安部信息系统安全等级保护（DJCP）三级备案、ISO2000 与 ISO27001 国际标准和可信云服务认证，可为国内用户提供更加可靠的数据安全保证。

PowerBI 中国版目前只提供收费的专业用户许可证，即 PowerBI Pro 专业版。

## 2.4.3　PowerBI Mobile（移动客户端）

PowerBI 提供 Windows、iOS 和 Android 版的移动应用，用户可在任意设备上安全访问和查看实时 PowerBI 仪表板及报表，真正做到直接从移动端监视你的业务、访问存储在 SQL Server 的本地数据或云端数据。保持掌控 KPI 和报表，用户可以通过 PowerBI 移动版应用，随时随地 360 度洞察数据。

同时，用户还可使用触摸屏轻松批注报表，让团队成员关注新见解，从应用中直接共享实时报告和仪表板，使整个团队保持相同进度。

## 2.4.4　PowerBI 报表服务器

PowerBI 报表服务器当前是本地报告解决方案，将来可灵活迁移到云。PowerBI Premium 包含该功能，您可以根据自己的条件迁移到云，其具体功能如图 2-5：

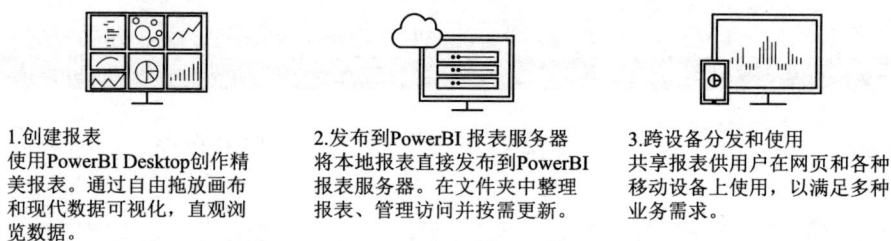

1.创建报表
使用 PowerBI Desktop 创作精美报表。通过自由拖放画布和现代数据可视化，直观浏览数据。

2.发布到 PowerBI 报表服务器
将本地报表直接发布到 PowerBI 报表服务器。在文件夹中整理报表、管理访问并按需更新。

3.跨设备分发和使用
共享报表供用户在网页和各种移动设备上使用，以满足多种业务需求。

图 2-5

PowerBI 报表服务器主要用于有高度需求、且对数据安全性要求较高的大中型企业。

### 2.4.5 Excel 插件与 PowerBI Desktop 的功能对应

很多初学者刚开始不太明白 Excel 与 PowerBI 之间到底是什么关系，简而言之，Excel 中的 BI 系列组件为微软自助式商业智能 1.0 版产品，而 PowerBI 为其自助式商业智能 2.0 版产品。

很多 PowerBI 用户是通过 Excel 开始接触和认识 PowerBI 的，Excel 中的 BI 组件与 PowerBI 的功能高度兼容，使用 PowerPivot 创建的模型可以很轻松地导入 PowerBI Desktop，而且其中有关 M 语言、DAX 语言的用法也完全一致，这能使用户很方便地从 Excel 平滑升级至 PowerBI（图 2-6）。

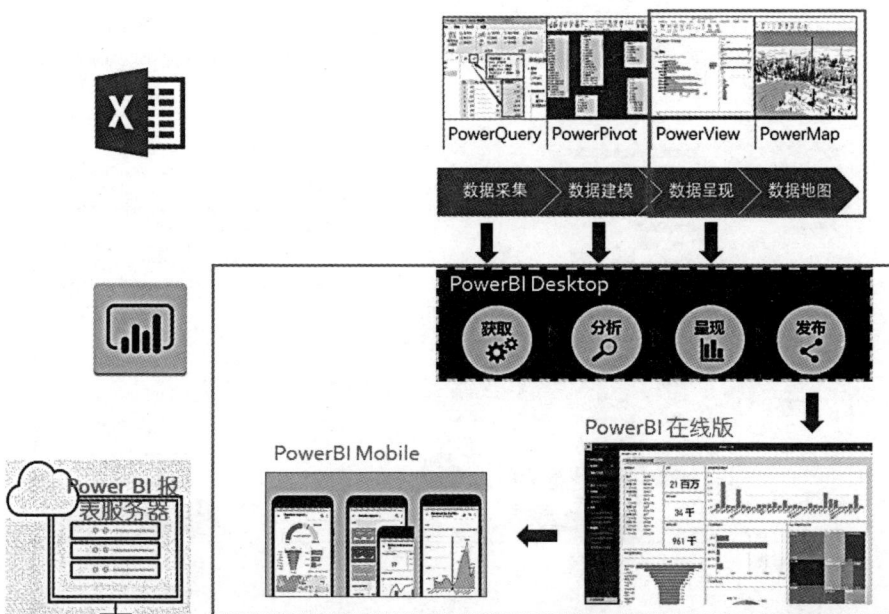

图 2-6

图 2-6 中我们可以看到 Excel 中 BI 组件的功能与 PowerBI Desktop 产品的功能大致对应，同时在桌面产品中增加了发布共享功能，与在线版、移动版形成一个完整的 BI 生态体系。

## 2.5　插件及应用的获取

### 2.5.1　Excel 中 BI 插件的启用

欲使用 Excel 中的 BI 插件，尤其是使用其中 PowerPivot 插件创建模型，建议安装 Office 365 ProPlus、Office 2016 专业版、Office 2016 专业增强版、独立

Excel 2016 版本或 Office 2019 系列及以上版本软件。上述版本中已将系列插件在 Excel 中深度集成，只需调用插件即可。

　　用户打开 Excel 软件，点击【文件】菜单，在左下角找到【选项】栏目并单击，在打开【Excel 选项】窗口，如图 2-7 所示，勾选 Microsoft Power Pivot for Excel 及相关插件即可完成插件调用。

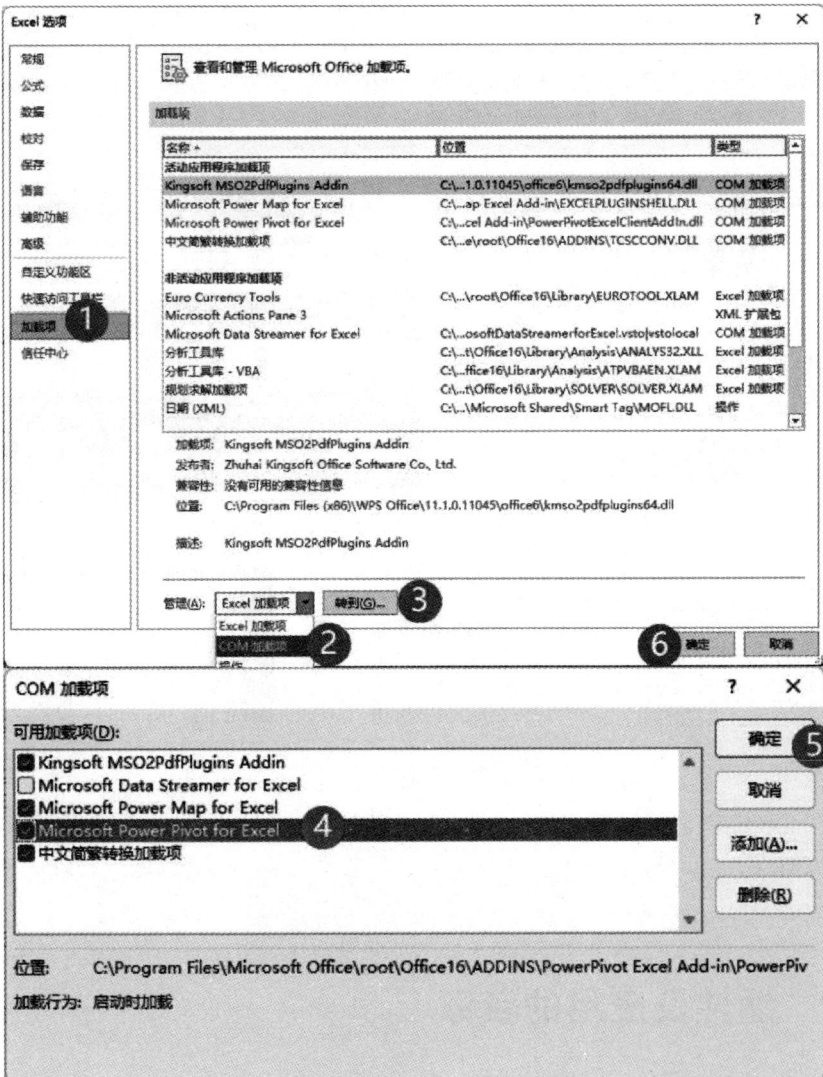

图 2-7

## 2.5.2  PowerBI Desktop 下载

百度中搜索 PowerBI Desktop，找到官网下载地址下载即可（图 2-8）。

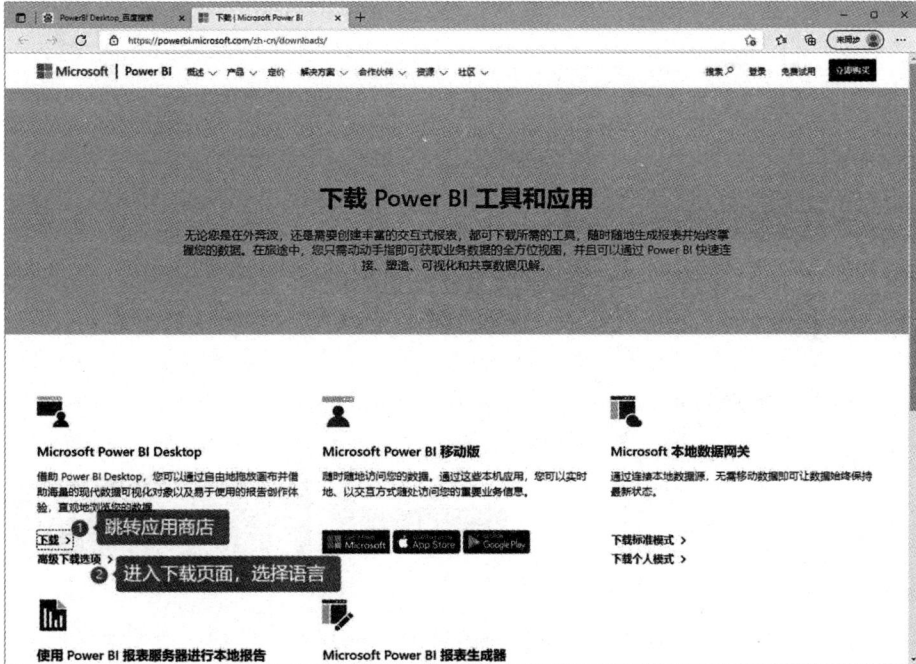

图 2-8

（1）点击"下载"，即可跳转至应用商店下载（图 2-9）；

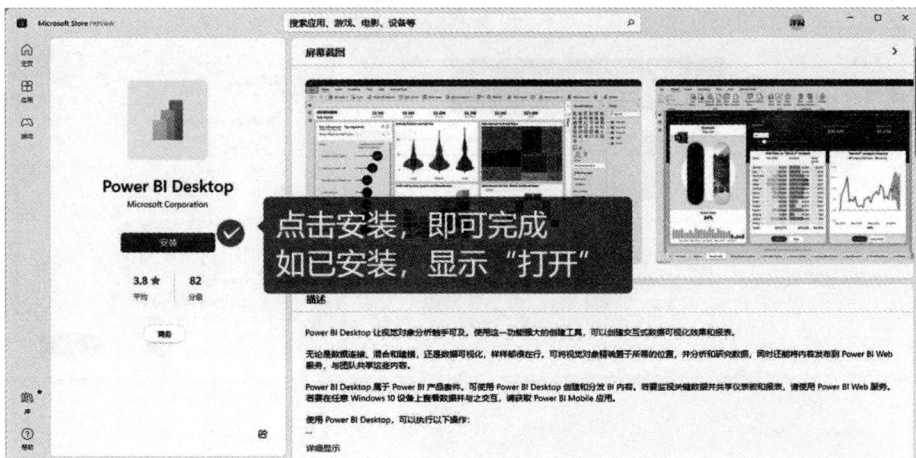

图 2-9

（2）点击"高级下载选项"，将跳转至下载页面，按照要求选择语言（图 2-10）；

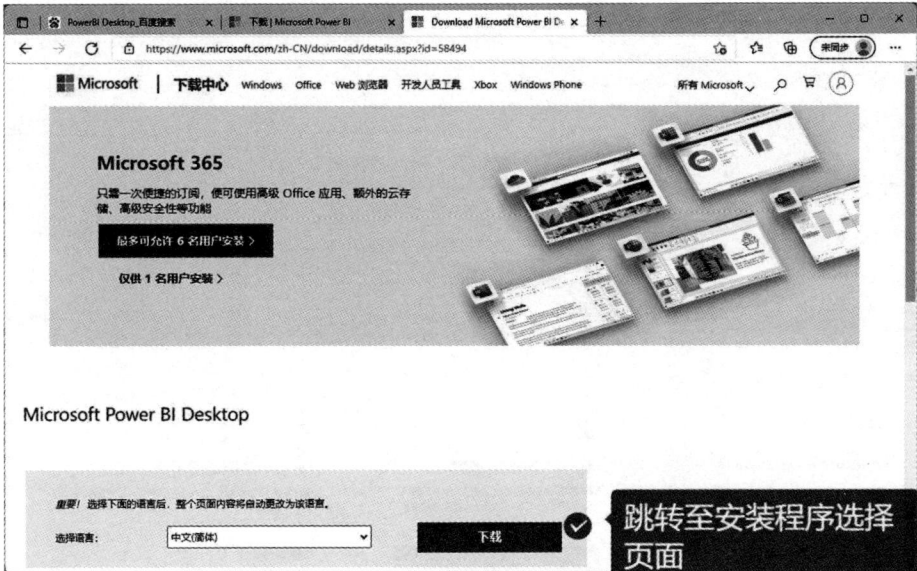

图 2-10

（3）点击【下载】按钮，即跳转至安装程序选择页面，按要求勾选文件名下载安装即可（图 2-11）。

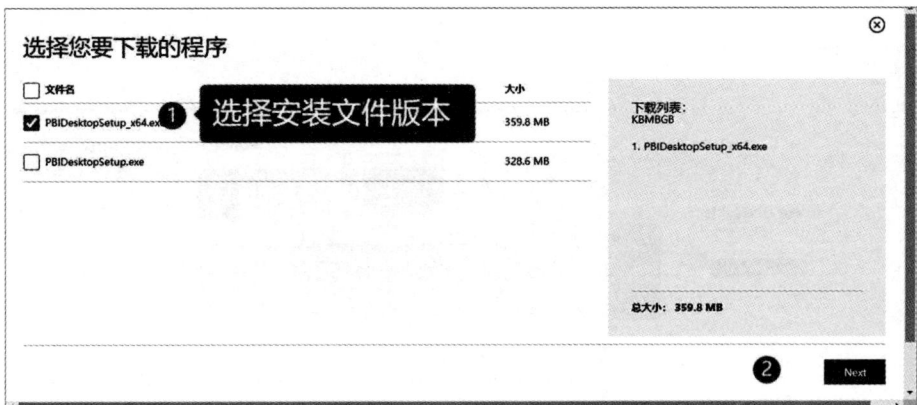

图 2-11

## 2.6 账号注册与界面初识

### 2.6.1 PowerBI 登录及注册

首次安装完成并打开时，PowerBI Desktop 会弹出登录窗口（图 2-12）：

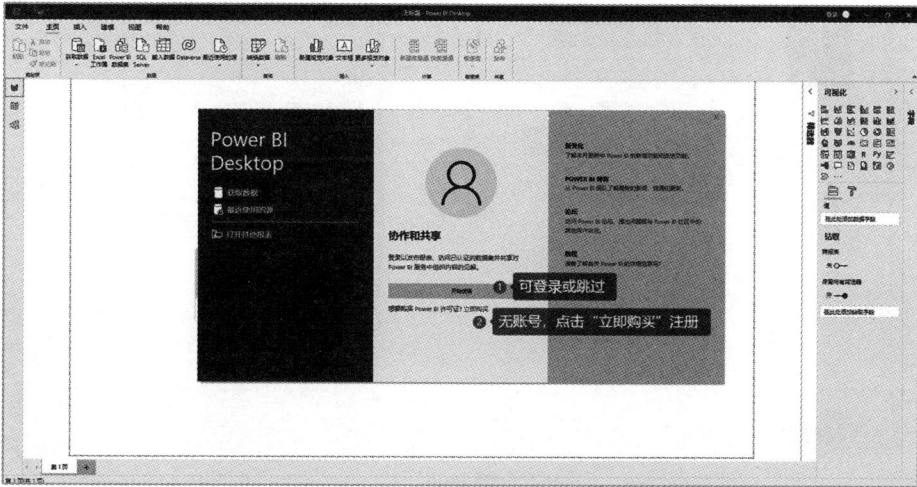

图 2-12

（1）点击【开始使用】，进入【输入你的电子邮件地址】窗口（图 2-13）；输入账号，点击【继续】可登录账号使用；也可点击"取消"，暂不注册，不影响程序使用。

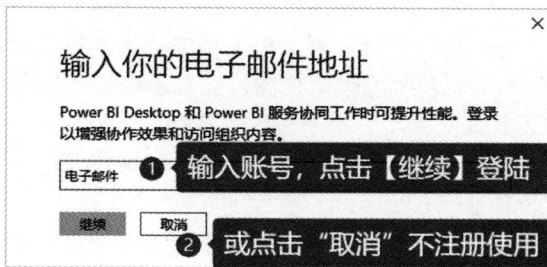

图 2-13

（2）如无账号，可按图 2-12 所示点击【立即购买】，跳转至注册页面进行注册。

## 2.6.2  PowerBI Desktop 界面初识

首次进入 PowerBI Desktop 界面时，将显示图 2-14 所示空白报表视图。

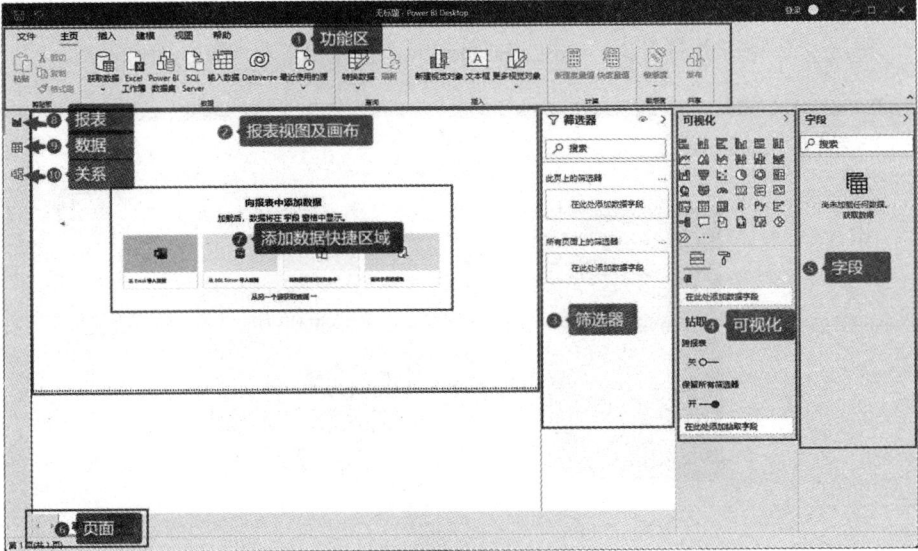

图 2-14

如图 2-14 所示，空白报表视图共包括六大区域。

①功能区：用于显示与报表和可视化效果有关联的常见任务。

②报表视图及画布区域：中间空白画布区域用于创建和排列可视化效果；左侧三个按钮用于切换不同视图。

> 报表（⑧）——默认打开视图模式，用于创建排列可视化效果。

> 数据（⑨）——用于检查、浏览和了解加载到模型之后的数据。

> 关系（⑩）——也被称为模型视图，它显示模型中的所有表、列和关系，这在模型包含许多表且其关系十分复杂时尤其有用。

③筛选器：2019 年新增选项卡功能，可以在一个筛选器窗格中执行所有筛选器编辑和格式设置操作。

④可视化：该选项卡中可应用或更改可视化效果、设置可视化字段及相应可视化效果的格式等。

⑤字段：此选项卡中罗列了所有未隐藏的模型数据字段，用户可根据需要将相应字段拖动至可视化效果及筛选器选项卡，生成相应可视化效果。

⑥页面：用于选择或添加可视化报表页。

⑦添加数据快捷区域：可向报表快速添加数据。

# 2.7 实战案例效果赏析

下面介绍利用 PowerBI 制作的经营财务分析系统界面。图 2-15 为分析系统初始页面，图 2-16 为总体预算完成情况分析页面，图 2-17 为成本费用分析页面，图 2-18 为 ABC 业务分析体系页面，图 2-19 为主要财务指标分析页面，图 2-20 为杜邦财务分析页面。相信经过一段时间的学习，您可以打造出比示例更加炫酷、更加实用的数据分析系统。

图 2-15

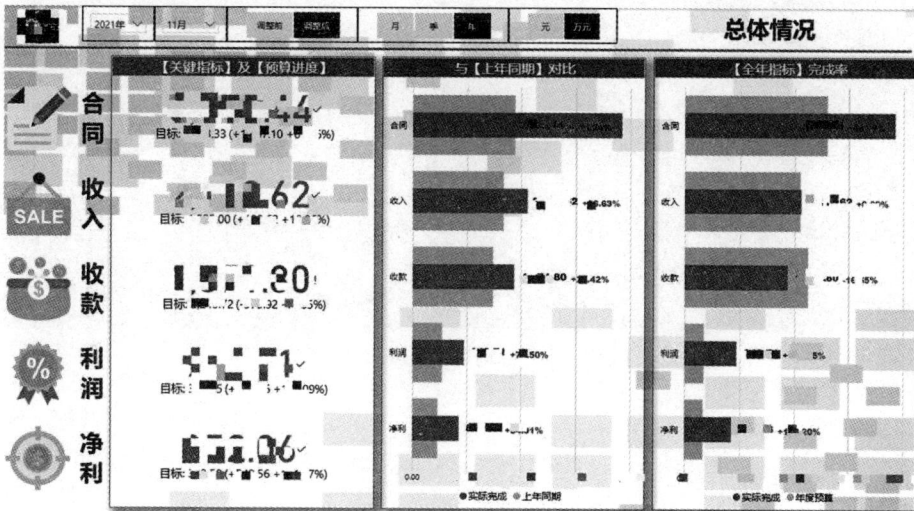

图 2-16

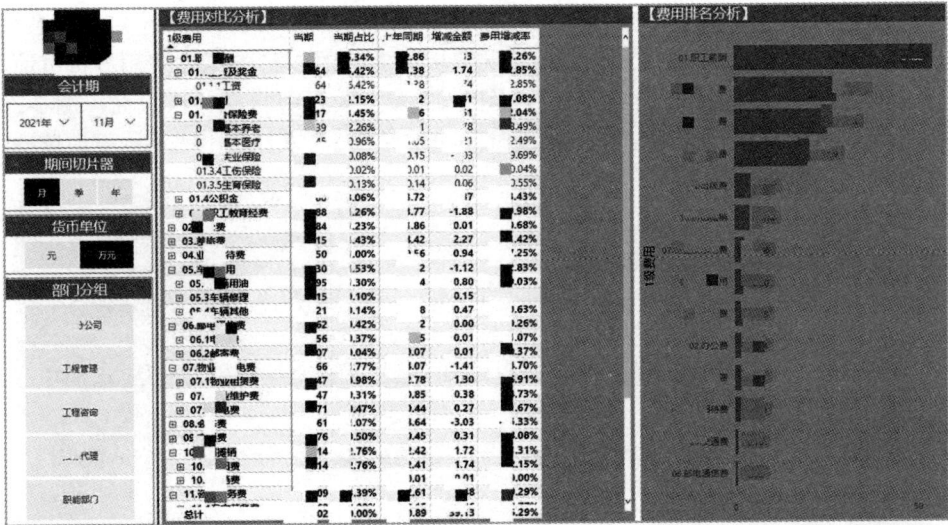

图 2-17

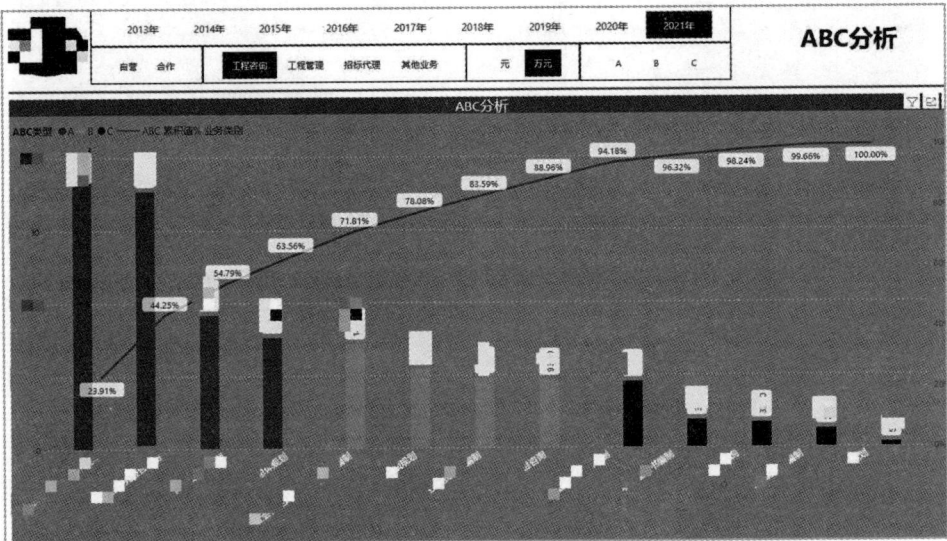

图 2-18

# 主要财务指标分析

## 【2017年第4季度】财务指标分析

| 项目 | 优秀值 | 良好值 | 平均值 | 较低值 | 较差值 | 报告值 | 等级 |
|---|---|---|---|---|---|---|---|
| 净资产收益率 (%) | 12.00 | 6.70 | 2.90 | -1.70 | -6.10 | 11.38 | 良好 |
| 总资产报酬率 (%) | 9.20 | 6.10 | 2.30 | -0.50 | -5.10 | 6.13 | 良好 |
| 销售利润率 (%) | 18.60 | 13.10 | 7.50 | -4.50 | -12.40 | 31.16 | 优秀 |
| 盈余现金保障倍数 | 4.50 | 2.50 | 1.00 | -0.10 | -2.50 | 118.11 | 优秀 |
| 成本费用利润率 (%) | 19.80 | 12.90 | 6.90 | 0.60 | -9.50 | 38.87 | 优秀 |
| 资本收益率 (%) | 15.10 | 7.50 | 3.00 | -1.20 | -9.10 | 11.66 | 良好 |
| 总资产周转率 (次) | 1.90 | 0.90 | 0.30 | 0.20 | 0.10 | 25.33 | 优秀 |
| 应收账款周转率 (次) | 27.60 | 14.80 | 5.20 | 2.20 | 1.30 | 1,514.81 | 优秀 |
| 不良资产比率 (%) | 0.40 | 0.90 | 2.00 | 23.80 | 40.60 |  | 优秀 |
| 流动资产周转率 (次) | 2.80 | 1.70 | 0.50 | 0.30 | 0.20 | 110.75 | 优秀 |
| 资产现金回收率 (%) | 12.90 | 7.00 | 1.80 | -2.80 | -11.60 | 7.24 | 良好 |
| 已获利息倍数 | 53.30 | 58.30 | 63.30 | 73.30 | 88.30 | 45.31 | 优秀 |
| 流动比率 (%) | 134.90 | 123.80 | 104.40 | 95.80 | 64.20 | 99.94 | 较低 |
| 现金流动负债比率 (%) | 31.70 | 11.10 | 6.40 | -3.00 | -12.70 | 32.81 | 优秀 |
| 带息负债比率 (%) | 20.50 | 37.00 | 50.40 | 62.20 | 70.30 | 48.32 | 平均 |
| 或有负债比率 (%) | 0.20 | 0.90 | 5.50 | 14.20 | 23.50 |  | 优秀 |
| 销售增长率 (%) | 15.80 | 11.30 | 1.00 | -7.20 | -10.30 | -3.17 | 较低 |
| 资本保值增值率 (%) | 111.30 | 107.40 | 102.70 | 98.80 | 91.60 | 109.93 | 良好 |
| 销售利润增长率 (%) | 13.30 | 10.50 | -1.20 | -6.40 | -10.30 | 47.07 | 优秀 |
| 总资产增长率 (%) | 20.30 | 16.20 | 7.90 | -2.50 | -8.40 | 6.67 | 较低 |
| 技术投入比率 (%) | 8.70 | 7.40 | 4.10 | 2.50 | 1.40 |  |  |
| 存货周转率 (次) | 21.00 | 12.40 | 2.50 | 0.90 | 0.30 | 2,974.30 | 优秀 |
| 两金占流动资产比重 (%) | 2.80 | 18.20 | 39.50 | 45.90 | 54.00 | 11.74 | 优秀 |
| 成本费用占营业总收入比重 (%) | 80.30 | 89.40 | 94.10 | 105.70 | 117.20 | 80.17 | 优秀 |
| 经济增加值率 (%) | 10.70 | 2.50 | -3.60 | -5.50 | -6.90 |  |  |
| EBITDA率 (%) | 48.00 | 28.70 | 9.50 | 2.00 | -5.90 |  | 较低 |

## 【2017年第4季度】财务指标分析

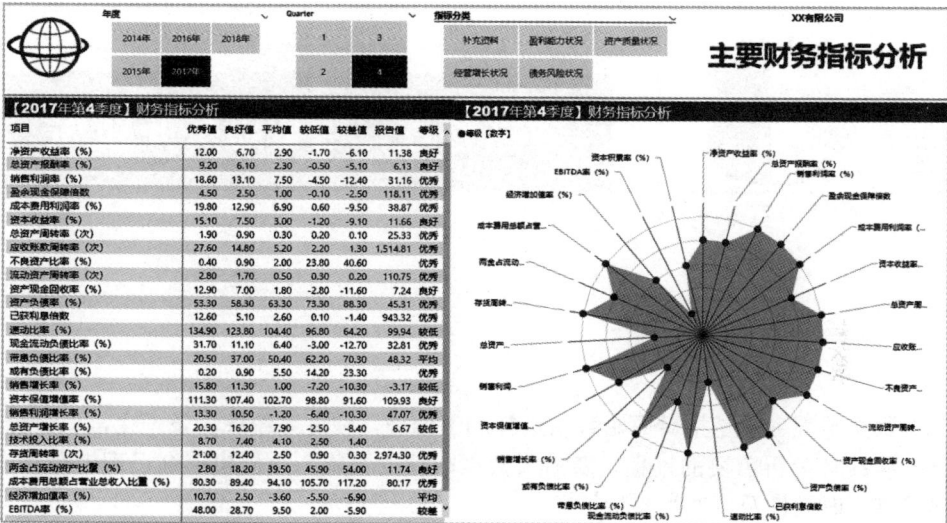

图 2-19

# 杜邦财务分析

XX有限公司

单位 ●万元 ○元

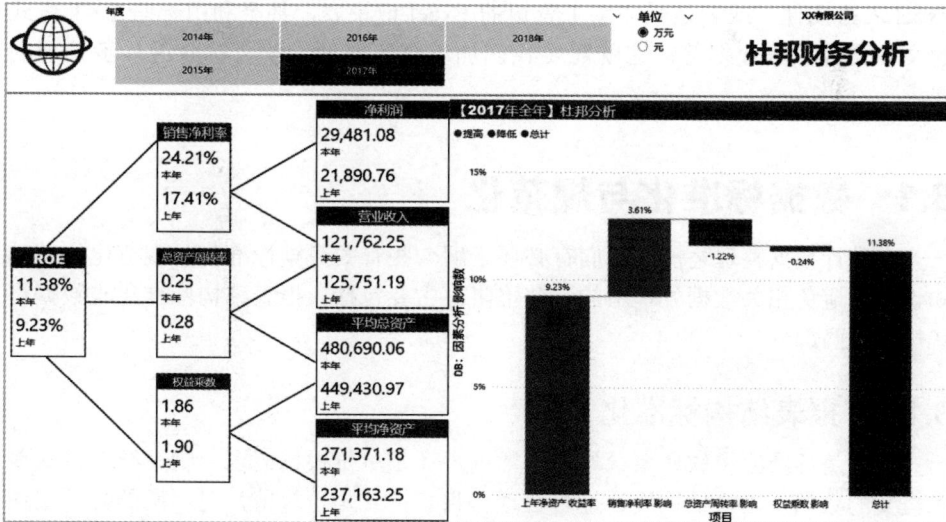

【2017年全年】杜邦分析

图 2-20

# .3 数据整理，数智财务开新局

数据整理主要是指对原始数据进行加工处理，使之系统化、条理化，以符合下一步统计分析需要的过程。随着大数据时代的来临，数据也逐渐呈现海量性、多样性、时效性及可变性等特征。

在日常财务工作中，我们所接触的数据来源及类型五花八门、纷繁芜杂。比如：既有直接从财务、业务系统软件数据库读取数据，也有从业务系统导出的Excel 表格文件，或者是某些手工登记的 Excel 记录表，甚至利用一些 TXT 格式的文本文件获取数据等，这就需要我们加以规范整理，使之符合进一步处理的要求。

## 3.1 数据标准化与规范化

在进行数据整理之前，我们有必要了解一些有关数据标准化与规范化的基础知识，以避免相关数据处理中的一些陷阱，主要包括：报表结构标准化与数据格式规范化两部分。

### 3.1.1 报表结构标准化

不论是各类应用软件系统导出的数据，还是单位根据需求，制订统一格式要求提交的数据，表格结构设计是否合理、报表格式是否规范，对后期的分析工作都会造成很大的影响。从表格功能区分，Excel 表格主要分为清单型和报告型两类。

#### 3.1.1.1 清单型表格

根据现代汉语词典解释，"清：明晰、明细；准确；一目了然。单：按照某种顺序陈列出来的有关条目，如菜单，工资单等。"顾名思义，清单型表格，是按照一定的顺序，清晰明了地保存最原始数据的表格。

清单型表格的表现形式分为一维表和二维表。

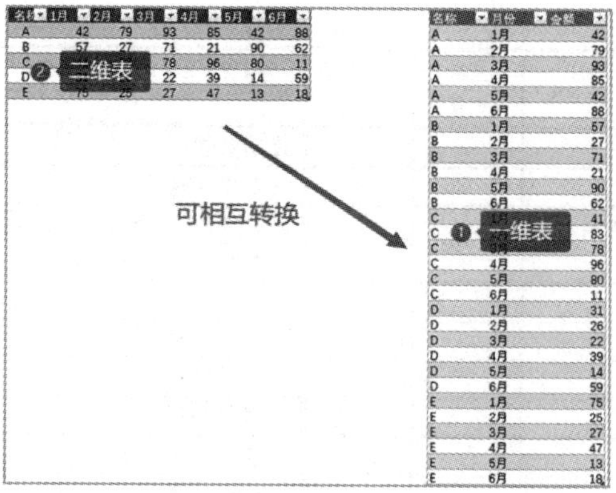

图 3-1

如图 3-1 所示，左侧为二维表，右侧为一维表。同为单元格数值 42，在左侧二维表中对应 1 月与 A 两个维度；在一维表中，只对应金额一个维度，同一行的 A 对应名称、1 月对应月份。

总而言之，所谓的一维表就是简单的字段、记录的罗列；而二维表则从两个字段描述记录属性，并且两个字段的属性存在一定关系。

以数据库的观点来说，一维表最适合透视和数据分析的数据存储结构；二维表则可以更好地呈现数据的逻辑关系。通俗地说，一维表是一条线，二维表是一个面。

后期为了更好地进行数据分析，用户在数据录入时，尽量采用一维表形式，但在建立模型时，可以使用一维表，也可以使用二维表，这将根据不同分析场景进行选择；而在数据展现时，则应更多地采用二维表或多维表的形式。

### 3.1.1.2 报告型表格

报告，主要用于汇报工作、反映情况、提出建议、答复上级机关询问等事项；报告型表格，顾名思义，就是用于上述四项用途而制作的表格，如财务工作日常所编制的资产负债表（图 3-2）。

相对于清单型表格，报告型表格侧重于数据的展示、汇报，这类表格应尽可能真实、逻辑清晰，便于理解。

但从数据处理角度而言，由于数据存在大量非结构化元素，如多行标题、多个表头、存在合并单元格、数据项有空格等，故不能直接用于数据分析。

因此，报告型表格的数据需要经过清洗，转换成一维表或二维表，才能进行下一步数据处理。

资产负债表

编制单位：　　　　　　　　　　　　　　__年__月__日

| 资产 | 期末余额 | 上年年末余额 | 负债和所有者权益（或股东权益） | 期末余额 | 上年年末余额 |
|---|---|---|---|---|---|
| 流动资产： | | | 流动负债： | | |
| 货币资金 | | | 短期借款 | | |
| 以公允价值计量且其变动计入当期损益的金融资产 | | | 以公允价值计量且其变动计入当期损益的金融负债 | | |
| 衍生金融资产 | | | 衍生金融负债 | | |
| 应收票据 | | | 应付票据 | | |
| 应收账款 | | | 应付账款 | | |
| 预付款项 | | | 预收款项 | | |
| 其他应收款 | | | 应付职工薪酬 | | |
| 存货 | | | 应交税费 | | |
| 持有待售资产 | | | 其他应付款 | | |

图 3-2

## 3.1.2　数据格式规范化

表格结构的标准化、模板化，很好地解决了由于报表结构不合理、主题不突出、可读性不强造成的困惑，同时也方便后期数据的汇总分析，能够在很大程度上解决"表哥""表姐"们所遇到的无休止重复劳动的问题。但是，由于一些表格的数据存在很多规范性问题，最后也可能使分析报告结果出现偏差甚至错误。所以，除了关注表格结构的规范外，我们还需要关注数据格式是否规范。

在实际工作中，表格数据格式不规范具体表现为以下几种情况：

（1）名称不规范（如供应商或客户全称与简称混用）；

（2）数字与特殊字符的全半角混用（如"＿""_"混用、"（）""()"混用、"１２３４５６７８９""123456789"混用等）；

（3）存在文本型数字；

（4）文本中有不必要空格（二字人名中间使用空格）；

（5）非法日期；

（6）数据格式不统一等。

## 3.2　常见的数据获取方法

利用 PowerBI Desktop 可连接多个不同数据源，包括 Excel 工作簿等格式文件、各类数据库（包括 Azure 等公有云数据仓库）、网页、R 语言及 Python 等各类脚本，以获取数据，后续对其进行整合。

如图 3-3 所示，在 PowerBI 中可使用三种途径获取数据：

（1）通过报表视图下快捷菜单添加数据；

（2）通过【数据】分组栏按钮添加数据；

（3）通过点击【数据】分组栏下【获取数据】按钮，打开菜单，添加相应类型数据。

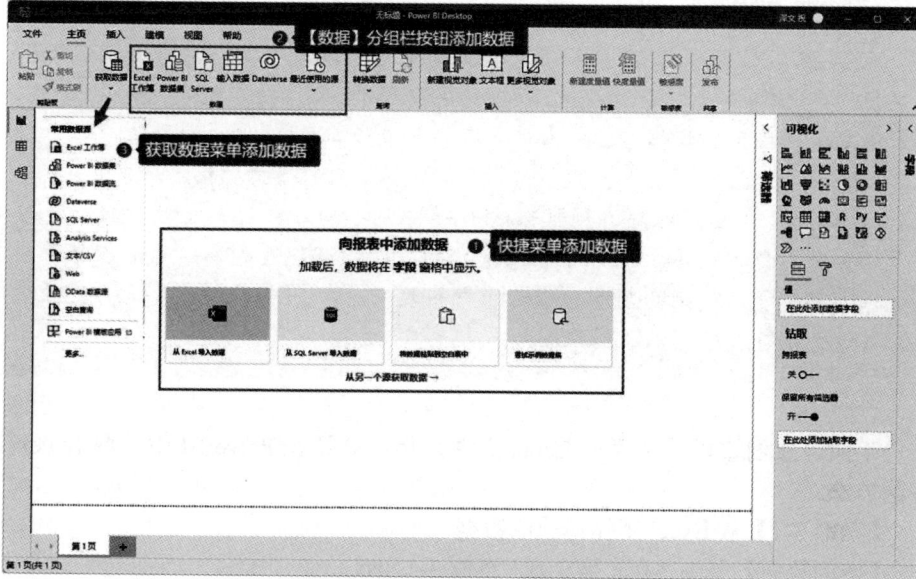

图 3-3

## 3.2.1 从单个文件导入

工作中，财务人员经常需要将 ERP 等各种财务、业务系统数据导出为 Excel 等格式的文件，以进行下一步分析。在 PowerBI 中，我们可以通过导入单个格式文件的形式，对其进行处理。

PowerBI 中可获取的文件格式包括：文本 /CSV、XML、JSON、PDF 等。

【知识点】
　　文本文件：是指以 ASCII 码方式（也称文本方式）存储的文件，更确切地说，英文、数字等字符存储的是 ASCII 码，而汉字存储的是机内码。
　　CSV：逗号分隔值（Comma-Separated Values，CSV，有时也称为字符分隔值，因为分隔字符也可以不是逗号），其文件以纯文本形式存储表格数据

（数字和文本）。纯文本意味着该文件是一个字符序列，不含必须像二进制数字那样被解读的数据。CSV 文件由任意数目的记录组成，记录间以某种换行符分隔；每条记录由字段组成，字段间的分隔符是其他字符或字符串，最常见的是逗号或制表符。

XML：指可扩展标记语言（eXtensible Markup Language），适合于万维网数据传输，其提供统一的方法描述数据和交换独立于应用程序或供应商的结构化数据。

JSON：JS 对象简谱（JavaScript Object Notation）是一种轻量级的数据交换格式，它基于 ECMAScript（欧洲计算机协会制定的 JS 规范)的一个子集，采用完全独立于编程语言的文本格式存储和表示数据。

PDF：Portable Document Format 的简称，意为可携带文档格式，是由 Adobe Systems 用于与应用程序、操作系统、硬件无关的方式进行文件交换所发展出的文件格式。PDF 文件以 PostScript 语言图象模型为基础，无论在哪种打印机上都可保证精确的颜色和准确的打印效果，即 PDF 能够完整地再现原稿的每一个字符、颜色以及图象。

下面，我们将以最常用的 Excel 文件为例，介绍在 PowerBI 中获取 Excel 文件的方法。

【案例 3-1】从 Excel 工作簿获取数据

【案例数据】书中案例\第 3 章\案例 3-1.xlsx

【实现步骤】

STEP01：打开 PowerBI Desktop 应用程序，点击【主页】-【获取数据】-【Excel 工作簿】（图 3-4）。

图 3-4

STEP02：在弹出的【打开】窗口中，选择相应文件，点击【打开】按钮（图 3-5）。

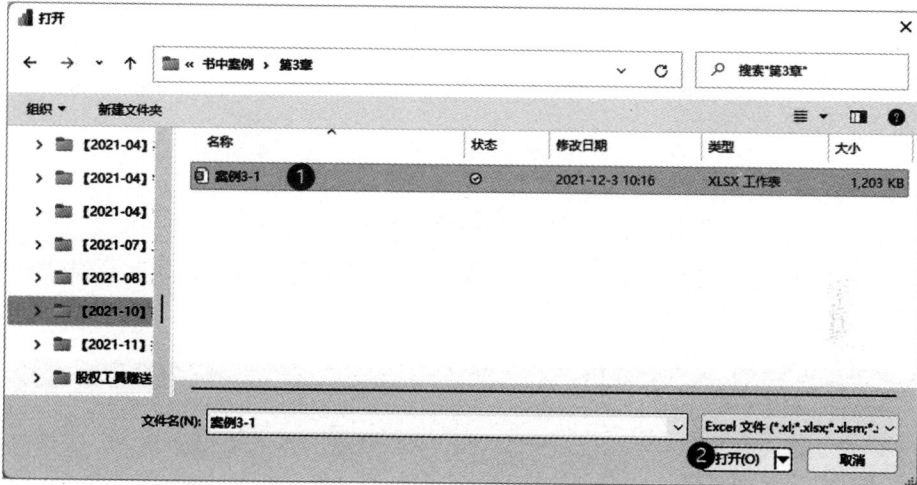

图 3-5

STEP03：在随后出现的【导航器】窗口，选择需要导入的数据表，点击【加载】（图 3-6）；

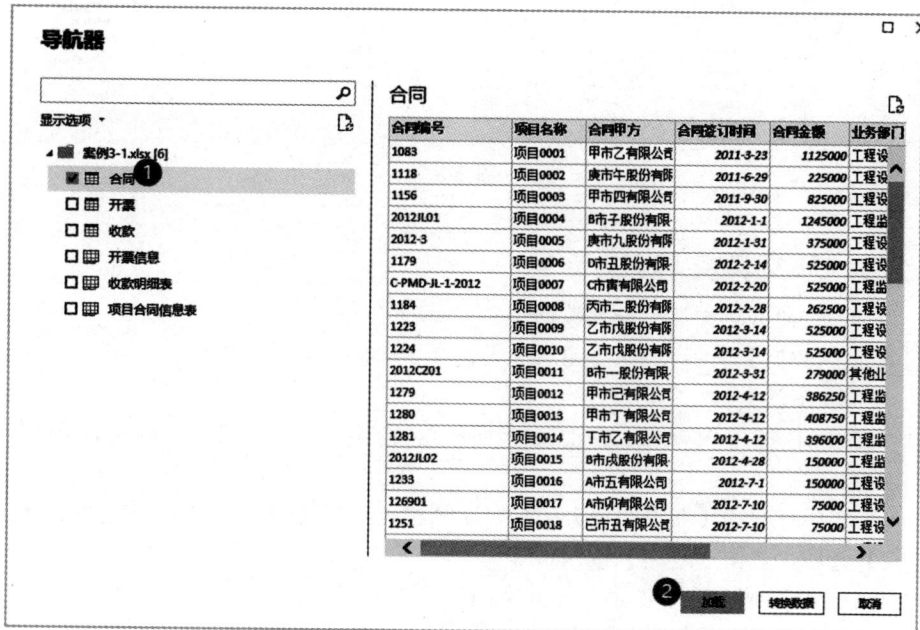

图 3-6

根据导入数据量的大小，会弹出【加载】提示窗口（图3-7）。

图 3-7

STEP04：完成【加载】动作后，点击切换为【数据】视图，即可看到已经导入系统的数据（图3-8）。

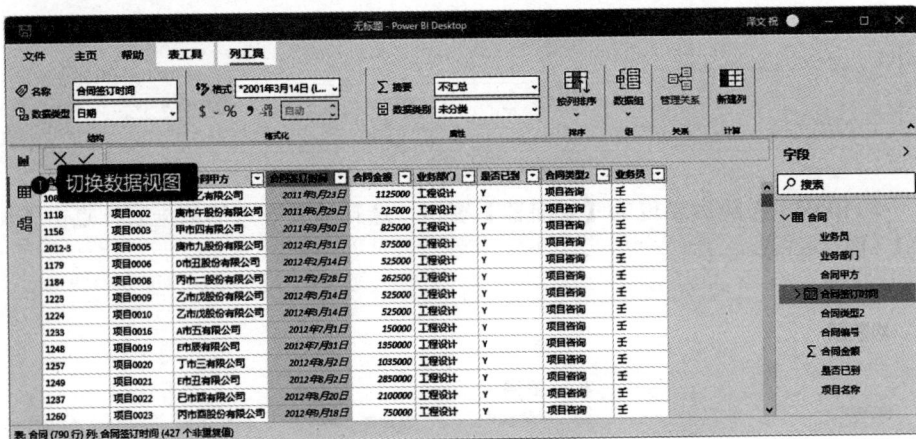

图 3-8

## 3.2.2 从文件夹导入

【案例3-2】从文件夹导入数据

【案例数据】书中案例 \ 第3章 \ 案例3-2 从文件夹导入数据

【实现步骤】

STEP01: 打开 PowerBI Desktop 应用程序,点击【主页】-【获取数据】-【更多】（图3-9）;

在随后打开的【获取数据】窗口，左侧栏内选择【全部】，右侧栏内找到【文件夹】选项，点击【连接】按钮。

STEP02：选择导入文件夹（图3-10）。

➢ 在弹出的【文件夹】窗口，点击【浏览】;

➢ 在随后打开的【浏览文件夹】窗口，选择案例文件，点击【确定】按钮;

➢ 系统将返回【文件夹】窗口，点击【确定】，将开始导入数据。

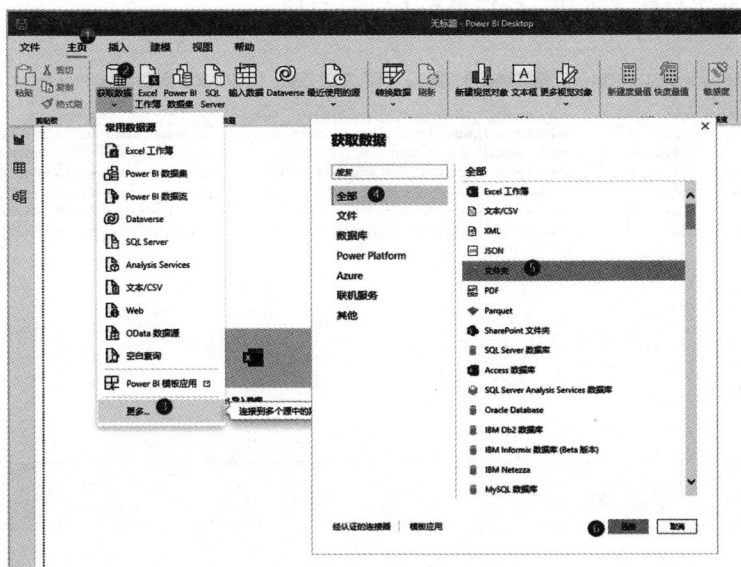

图 3-9

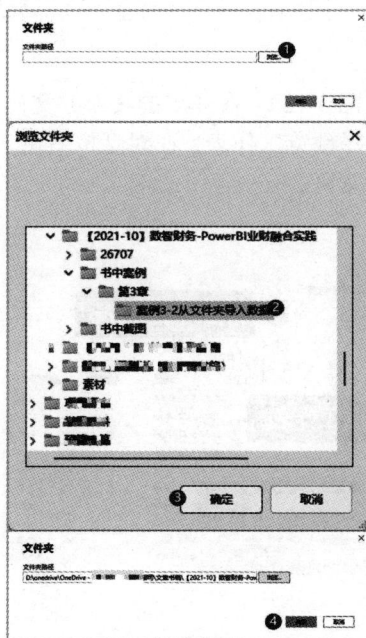

图 3-10

STEP03：系统跳转至数据合并窗口，列出文件夹内所有文件，点击【组合】，在下拉列表中选择【合并并转换数据】（图 3-11）。

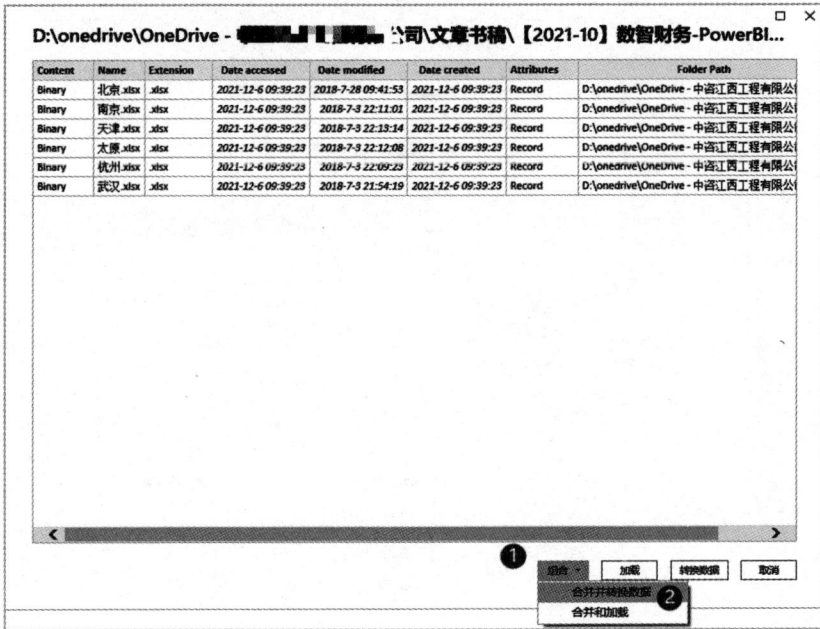

图 3-11

STEP04：合并文件（图 3-12）。在弹出的【合并文件】窗口选择【示例文件】，并在【显示选项】栏内选择预览工作表，在对话框右侧，即可进行合并数据预览；确认无误，点击【确定】按钮。

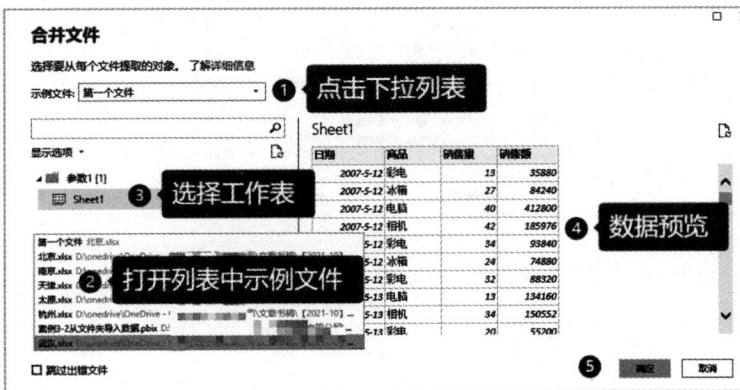

图 3-12

STEP05：数据加载及查看（图 3-13）。根据加载文件大小及电脑配置不同，系统会自动进行一段时间数据加载；

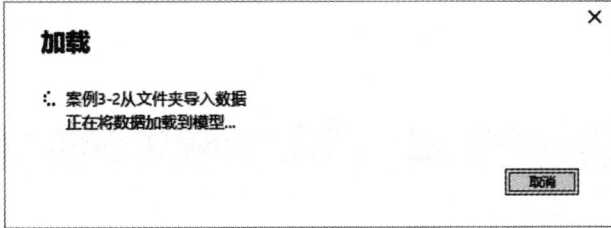

图 3-13

加载完成后，点击【数据】视图，在 Source.Name 字段下拉列表中，即可查看已导入的工作表文件（图 3-14）。

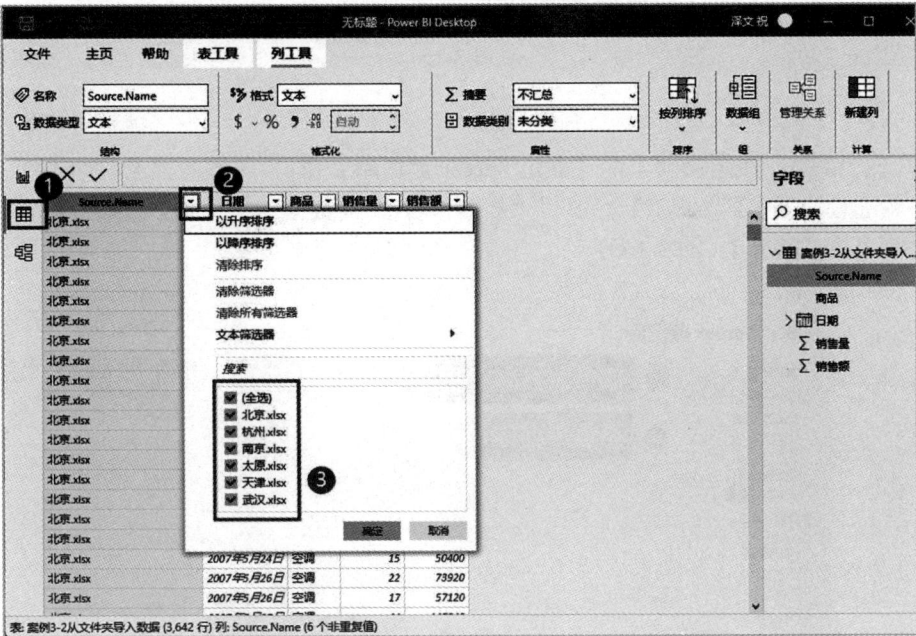

图 3-14

## 3.2.3  从数据库导入

PowerBI 几乎支持市面上所有的数据库，如 SQL Server、MySQL、Oracle、Access 等。

下面，我们将以最常见的 SQL Server 数据库为例，讲解如何从数据库导入数据。

【案例 3-3】从 SQL Server 数据库导入数据

【案例数据】本公司数据参照执行即可

【实现步骤】

STEP01：打开 PowerBI Desktop 应用程序（图 3-15），点击【主页】-【数据】分组 -【SQL Server】按钮。

图 3-15

STEP02：在随后弹出的【SQL Server 数据库】窗口，【服务器】栏填写"服务器名称或 IP"，【数据库】栏填写"数据库名称"，【数据连接模式】选择"导入"，然后点击【确定】（图 3-16）。

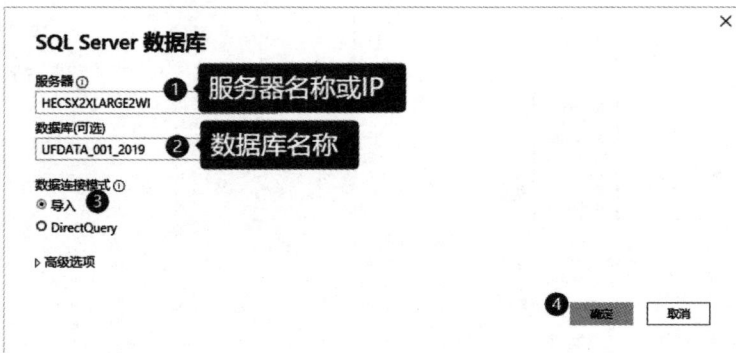

图 3-16

STEP03：在下一个【SQL Server 数据库】窗口，选择数据库加密方式（具体情况可咨询公司系统管理员），如【数据库】选项，随后填写【用户名】及【密码】，点击【连接】按钮（图 3-17）；

图 3-17

稍候会弹出【加密支持】消息对话框，提示加密风险，此处点击【确定】即可（图 3-18）。

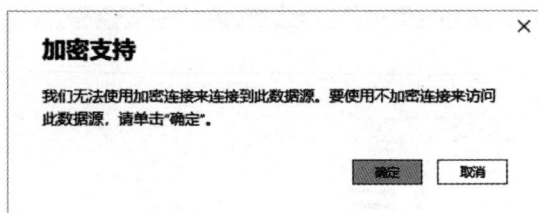

图 3-18

STEP04：搜索并加载数据表。在弹出【导航器】窗口左上方搜索框内，填写需要导入的表名，如 code [①]，在下方选择数据表，右侧会显示预览结果，确认无误后，点击【加载】（图 3-19）；

图 3-19

---

[①] 本书以用友 U8 13.0 财务软件数据字典展示，Code 为用友 U8 会计科目档案，其他建模常用数据包括 GL_accvouch( 凭证及明细账 )、GL_accsum( 科目总账 )。具体请参照相关数据字典。

经过短暂加载，即可完成数据导入（图 3-20）。

图 3-20

STEP05：查看导入数据（图 3-21）。将视图切换至【数据】视图，即可查看导入的数据。

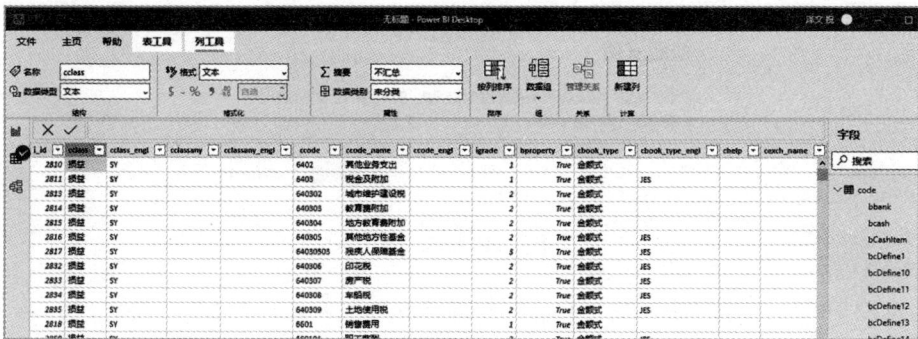

图 3-21

需要说明的是，如果数据库未设置密码，则将跳过 STEP03。

【进阶】
　　为减少后期数据整理的工作量，我们可在 STEP02 展开【高级选项】，在 SQL 语句栏写入下列代码，指定导入数据的字段（图 3-22）。
　　以导入 code- 会计科目档案为例，相关 SQL 语句如下：
SELECT [cclass]
　　,[ccode]
　　,[ccode_name]
　　,[bend]
　　,[iyear]
　FROM [UFDATA_001_2019].[dbo].[code]
　　where [iyear]='2021'
　　大致译意为：选择【科目类型】、【科目代码】、【科目名称】、【是否末级】字段，来自 [ 数据库名 ].[dbo].[ 会计科目档案 ] 表，并且年份 =2021 年度。

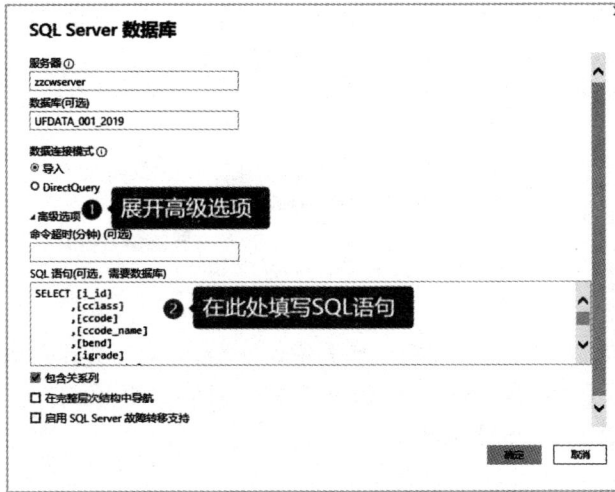

图 3-22

## 3.2.4　从网站查询导入

【案例 3-4】从网站导入数据

【案例数据】http://www.sse.com.cn/market/sseindex/overview/

【实现步骤】

STEP01：打开 PowerBI Desktop 应用程序（图 3-23），点击【主页】-【数据】分组 -【获取数据】-【Web】选项。

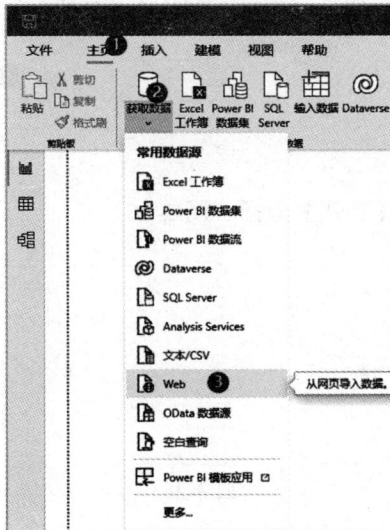

图 3-23

STEP02：在弹出的【从 Web】窗口中（图 3-24），选择【基本】项，并在
URL 中填写数据抓取网址，然后点击【确定】按钮。

图 3-24

STEP03：在随后弹出的【导航器】窗口（图 3-25），先在左侧栏内选择需要
导入的数据表，再将右侧预览窗口切换至【表视图】，即可在下方进行数据预览；
确认无误后，点击【加载】按钮。

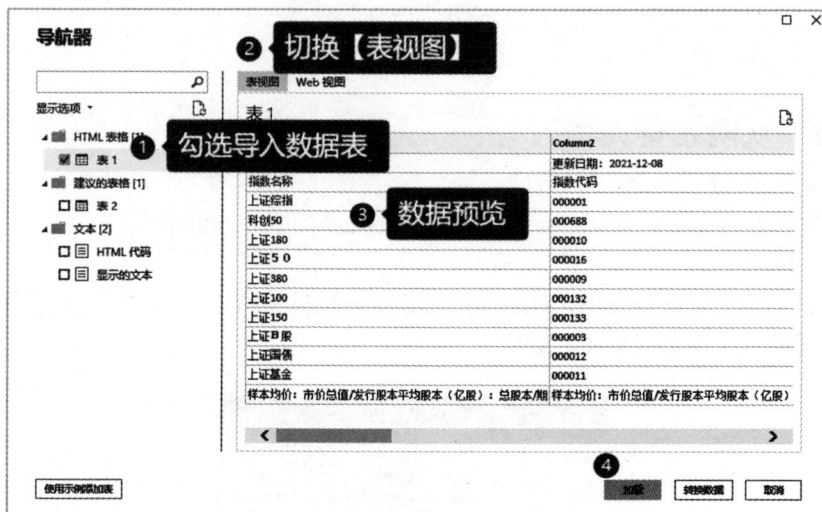

图 3-25

STEP04：系统开始【加载】数据（图 3-26）。

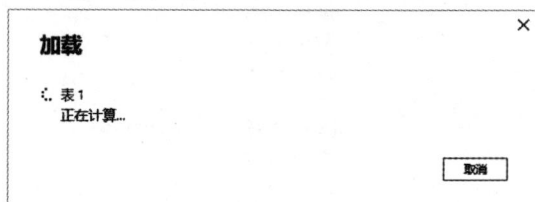

图 3-26

STEP05：加载完成后（图 3-27），切换至【数据】视图，即可查看导入数据。

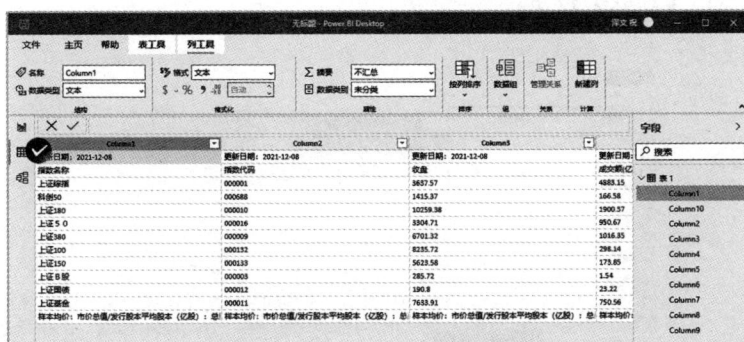

图 3-27

## 3.2.5 输入数据创建新表

除了从各种文件、数据库等渠道导入数据外，我们通常建模时还会用到各种
参数数据，如计量单位转换等。此时，PowerBI 为我们提供了【输入数据】功能
来完成相关工作。

【案例 3-5】输入数据创建新表

【案例数据】

| 序号 | 计量单位 |
| --- | --- |
| 1 | 元 |
| 2 | 万元 |
| 3 | 亿元 |

【实现步骤】

STEP01：点击【主页】选项卡 -【数据】分组 -【输入数据】按钮（图 3-28）。

图 3-28

STEP02：在弹出的【创建表】窗口（图 3-29），黑线所框处输入数据，并修改表名，点击【加载】按钮。

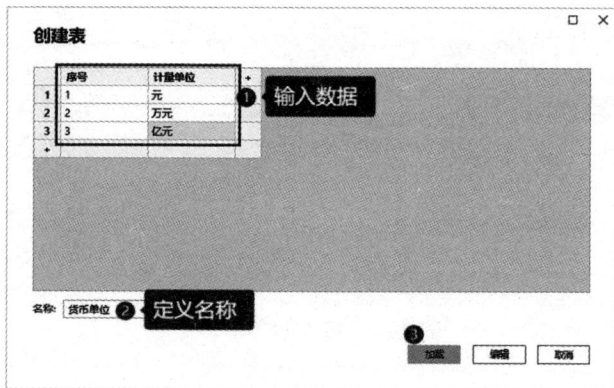

图 3-29

STEP03：返回主窗口，并切换至【数据】视图模式，即看到所输入的数据（图 3-30）。

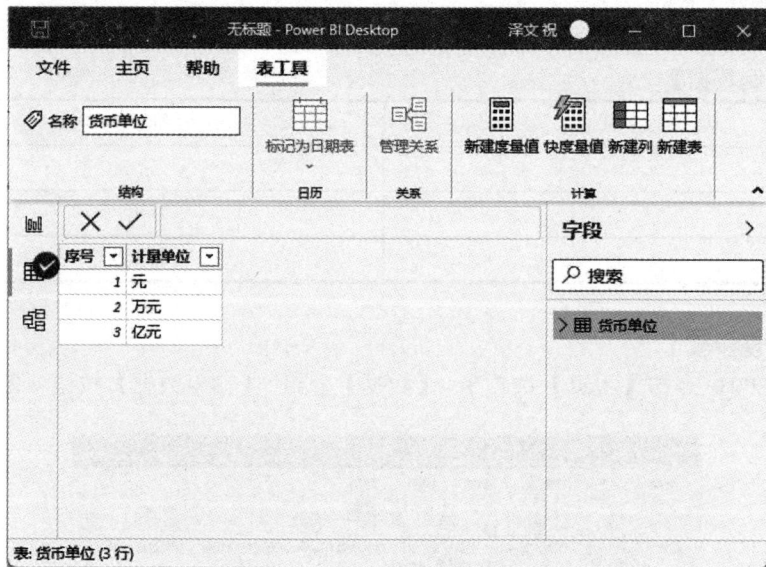

图 3-30

## 3.2.6 从其他数据源导入

除上述渠道外，PowerBI 还可从 R 脚本、Python 脚本等更多数据源获取相关数据。点击【主页】选项卡 - 【获取数据】按钮，在下拉菜单中选择【其他…】，即可弹出图 3-31 所示窗口，这样就可以从其他数据源导入数据。

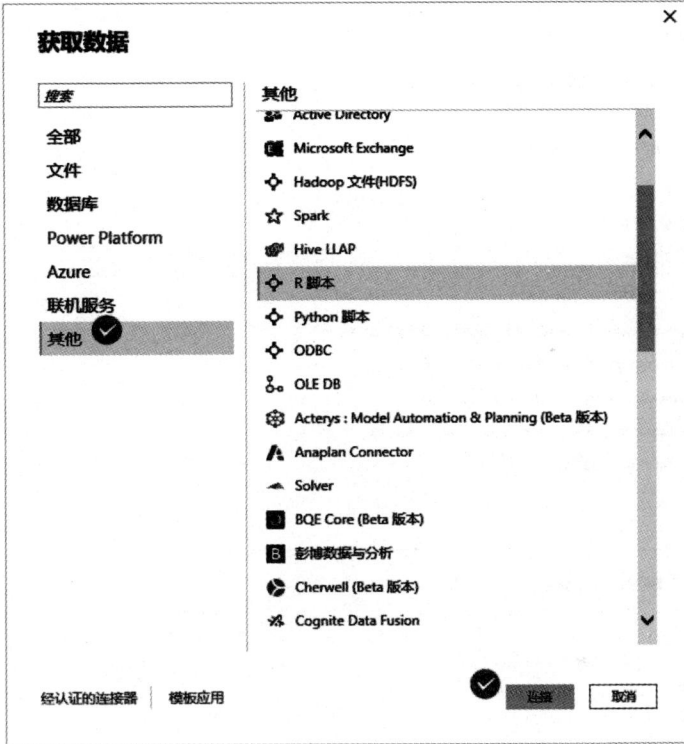

图 3-31

## 3.2.7 数据源设置

当 PowerBI 文件移动时，可能导致数据源路径发生变化，此时，我们需要重新对数据源进行设置：

点击【主页】选项卡 - 【转换数据】按钮，在下拉菜单中选择【数据源设置】（图 3-32）。

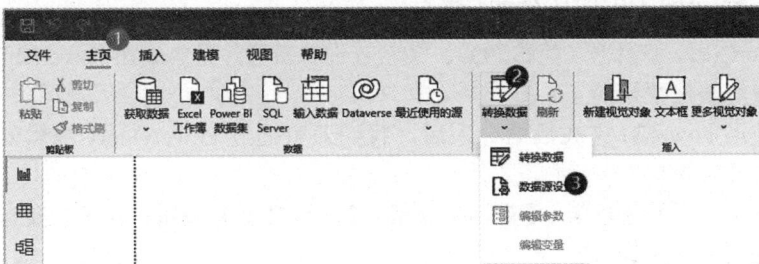

图 3-32

在打开的【数据源设置】窗口，即可根据实际情况更改相应数据源（图 3-33）。

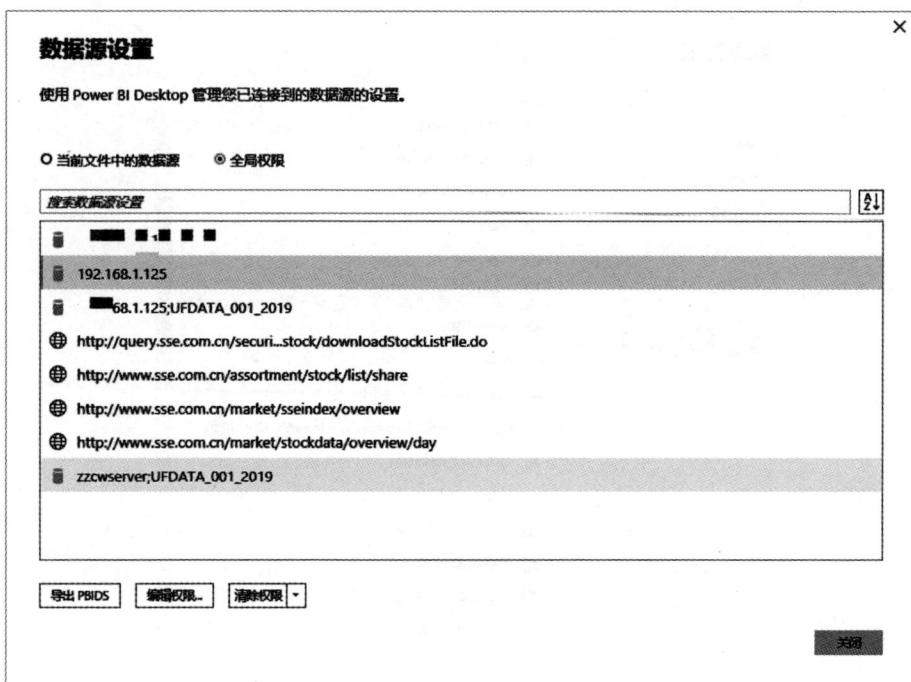

图 3-33

# 3.3 PowerQuery 转换数据

目前，传统的 Excel 软件已经不能满足企业复杂的业务数据处理需求。基于此，微软在 Excel 2016 版本中内置了 PowerQuery 插件工具，并在推出 PowerBI Desktop 产品后，将之整合，命名为【转换数据】菜单。

PowerQuery 中的任何操作都将转换为 M 语言表示。

## 3.3.1 PowerQuery 编辑器

PowerQuery 编辑器（简称 PQ），又名查询编辑器，是集成在 PowerBI DeskTop 中用来清洗整理数据的工具。

当使用 PowerBI 完成数据导入后，我们即可通过 PowerQuery 编辑器对数据进行清洗及转换。

点击【主页】选项卡 -【查询】分组 -【转换数据】按钮，在下拉菜单中选择【转换数据】（图 3-34）。

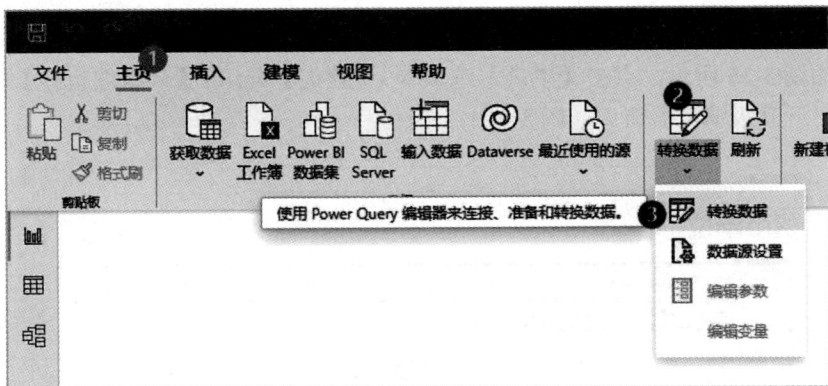

图 3-34

此时即可打开【PowerQuery 编辑器】，相关界面如图 3-35 所示。

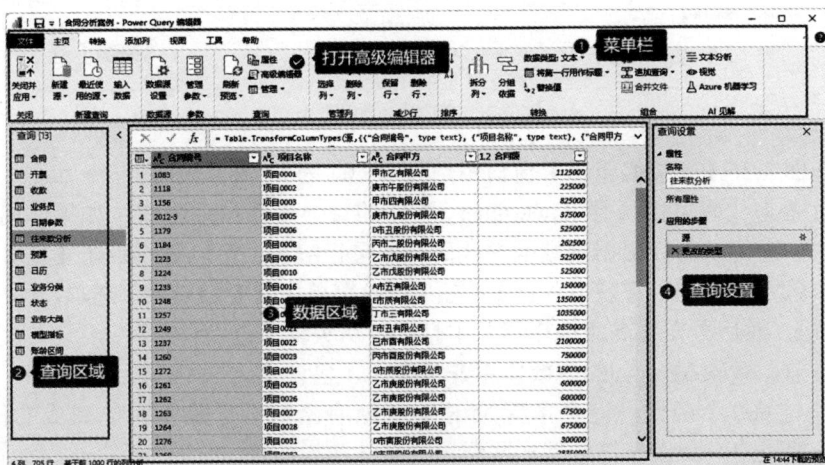

图 3-35

在图 3-35 中，我们可将 PowerQuery 编辑器分为四个区域：

（1）菜单栏——包括文件、主页、转换、添加列、视图、工具等菜单选项，可执行各类数据整理命令及操作。

（2）查询区域——显示导入的各类【查询】，即利用 PowerQuery 连接、导入或录入的各类数据文件。

（3）数据区域——显示对应选中【查询】的结果，可以根据【查询设置】步骤显示各步骤执行后的结果。

（4）查询设置——包括【属性】及【应用的步骤】两部分。在【应用的步骤】中，会自动记录 PQ 编辑器的每一步操作，若想删除任一步骤，可点击步骤前的" ⊠ "按钮。单击每一步骤，在【数据区域】可显示对应结果。

### 3.3.2　高级编辑器与 M 语言

如图 3-35 所示，点击【主页】选项卡 -【查询】分组 -【高级编辑器】按钮，即可打开高级编辑器窗口（图 3-36）。

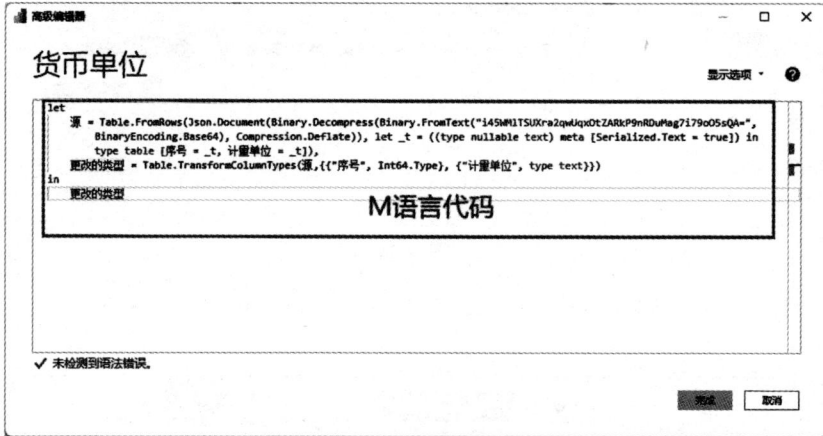

图 3-36

在图 3-36【高级编辑器】窗口中，显示的即为 M 语言代码。

M 语言代码可由执行 PowerQuery 操作的每一步骤自动生成，如果您属于高级用户，也可以自行根据规则编写代码。如自行编写，可以通过点击【主页】选项卡 -【数据】分组 -【获取数据】按钮 - 下拉菜单中【空白查询】选项，建立【空白查询】，然后再在【高级编辑器】中打开，从头编写查询。

目前，微软 M 语言的函数体系非常庞大，包含了大约 90 个函数类别，总共涉及超过 600 个函数，完全掌握 M 语言的所有函数几乎是不可能完成的任务，作为一般用户，我们仅需掌握一些常用的语法结构即可。

以【案例 3-5】输入数据创建新表为例，常见的查询格式如下所示：

```
let
    源 = Table.FromRows(Json.Document(Binary.Decompress(Binary.FromText("
i45WMlTSUXra2qwUqxOtZARkP9nRDuMag7i79oO5sQA=", BinaryEncoding.
Base64), Compression.Deflate)), let _t = ((type nullable text) meta [Serialized.Text
= true]) in type table [ 序号 = _t, 计量单位 = _t]),
    更改的类型 = Table.TransformColumnTypes( 源 ,{{" 序号 ", Int64.Type}, {"
计量单位 ", type text}})
in
    更改的类型
```

具体译意如下：

| 步骤 | 描述 |
|---|---|
| Let | 表示一个查询的开始 |
| 源 | 创建输入一个查询表 |
| 过程步骤 | ；<br>1. 输入创建表内容；<br>2. 更改表头数据类型。 |
| in | 表示一个查询的结束 |
| 更改的类型 | 查询结束后，输出到【查询编辑器】中的结果使用"更改的类型"这个步骤的结果 |

如同常见的程序语言一样，我们也可使用"//"对 M 语言进行注释（后续 DAX 公式也可使用"//"进行注释）：

```
let                    //一个查询的开始
    源 = Table.FromRows(Json.Document(Binary.Decompress(Binary.FromText("
i45WMlTSUXra2qwUqxOtZARkP9nRDuMag7i79oO5sQA=", BinaryEncoding.
Base64), Compression.Deflate)), let _t = ((type nullable text) meta [Serialized.Text
= true]) in type table [ 序号 = _t, 计量单位 = _t]),
    更改的类型 = Table.TransformColumnTypes( 源 ,{{" 序号 ", Int64.Type}, {"
计量单位 ", type text}})
in                     //一个查询的结束
    更改的类型   // 输出结果
```

在了解了 M 语言常见的语法结构后，我们将通过具体案例讲述如何进行常见的数据清洗。

# 3.4  实战案例1——网易财经财报业绩数据批量抓取

在日常工作中，我们经常需要在网上摘抄一些数据，以供决策参考之用。下面，我们就以网易财经财报业绩预览为例，讲解如何从网络上抓取大数据。

【案例 3-6】抓取网易财经财报业绩预览数据

【案例数据】http://quotes.money.163.com/data/caibao/yjgl_ALL.html?reportdate=20210930&sort=publishdate&order=desc&page=0

【实现步骤】

STEP01：数据网页链接分析。

数据抓取日财报业绩预览共 187 页（图 3-37），其中，&page=0 对应网页编号，0-186 分别对应页码 1-187。

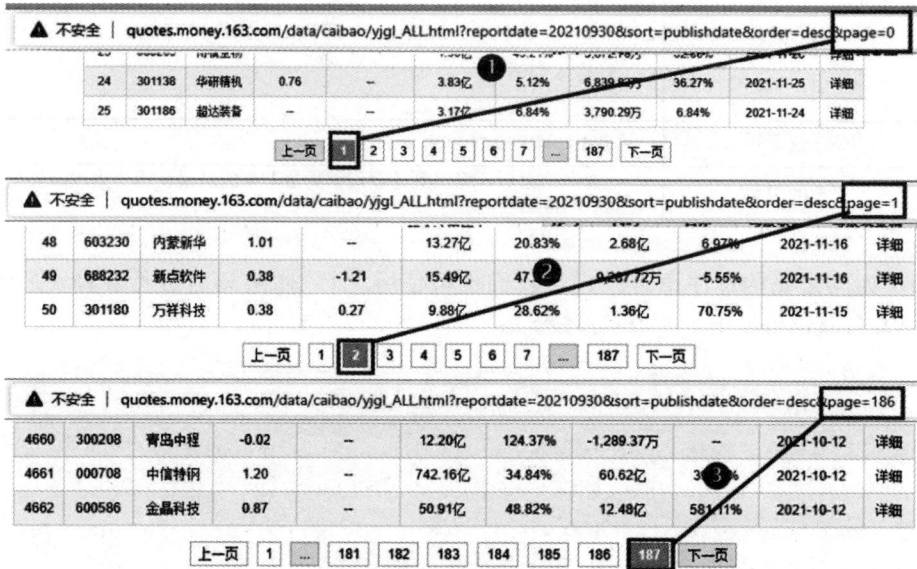

图 3-37

而网址中段的【reportdate=20210930&】则对应财报期间，如 20210930 为 2021 年度第 3 季度财报（图 3-38）。各期报表对应数值如下：

| 财报期 | 表示数值 | 备注 |
|---|---|---|
| 年报 | 年度 +1231 | 如 2020 年度年报，为 20201231 |
| 三季报 | 年度 +0930 | |
| 中报 | 年度 +0630 | |
| 一季报 | 年度 +0331 | |

由此，我们可以确定该网址链接中存在"财报期间""页码"两个变量。

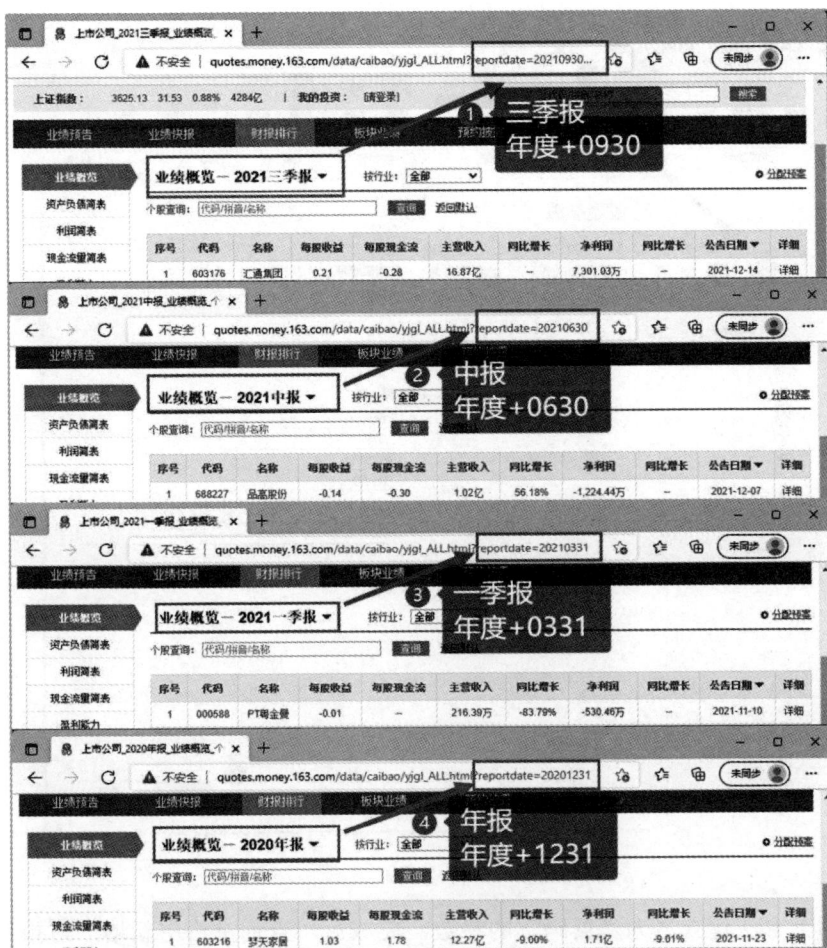

图 3-38

STEP02：将变量设置为参数后导入 Web 页。

（1）新建两个参数。

打开 PowerQuery 编辑器，点击【主页】选项卡-【参数】分组-【管理参数】按钮，在下拉菜单中选择【新建参数】（图 3-39）。新建名为"财报期间"的参数（类型选择"文本"，建议的值可为"任何值"，当前值可填"20201231"）；

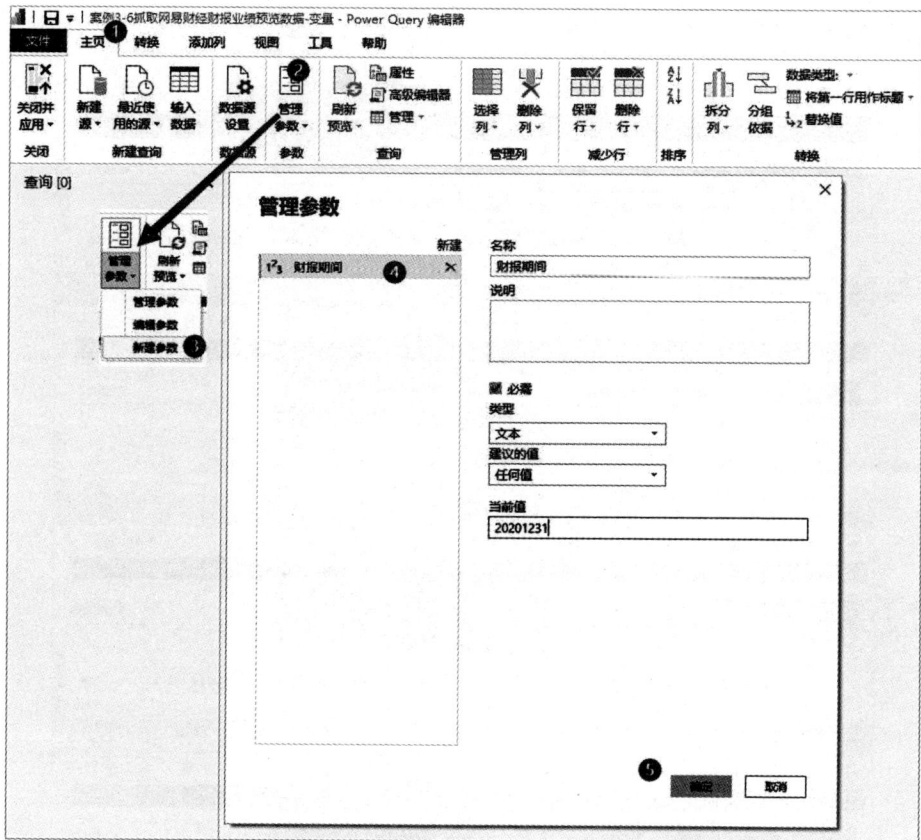

图 3-39

同上方法建立名为"页码"的参数，完成后，查询空格中新增"财报期间""页码"两个参数（图 3-40）。

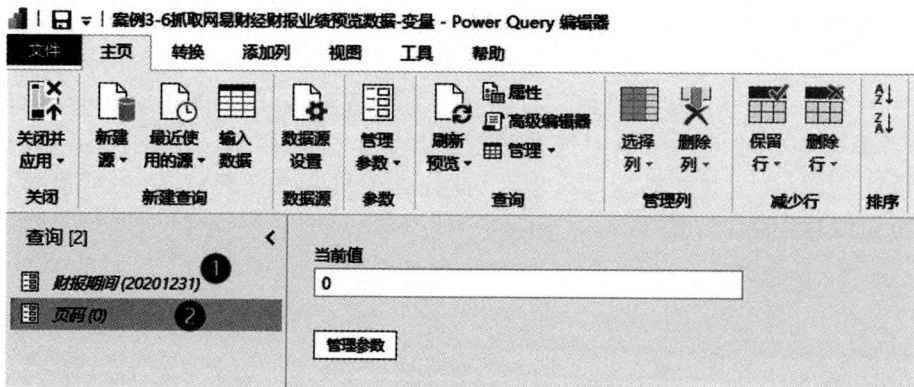

图 3-40

（2）导入 Web 页数据。

首先，我们将需要导入的数据网址 http://quotes.money.163.com/data/caibao/yjgl_ALL.html?reportdate=20210930&sort=publishdate&order=desc&page=0 拆解为四个部分：

| 项目 | 数据 |
|---|---|
| 前缀 1 | http://quotes.money.163.com/data/caibao/yjgl_ALL.html?reportdate= |
| 财报期间 | 20210930 |
| 前缀 2 | &sort=publishdate&order=desc&page= |
| 页码 | 0 |

其次，打开 PowerBI Desktop 应用程序，点击【主页】-【数据】分组 -【获取数据】-【Web】选项；

然后，如图 3-41 所示，切换导入选项为【高级】，并根据网址拆解情况将数据填写至【URL 部分】。需要注意的是，将"20210930"替换为【参数】财报期间，末位"0"替换为【参数】页码；

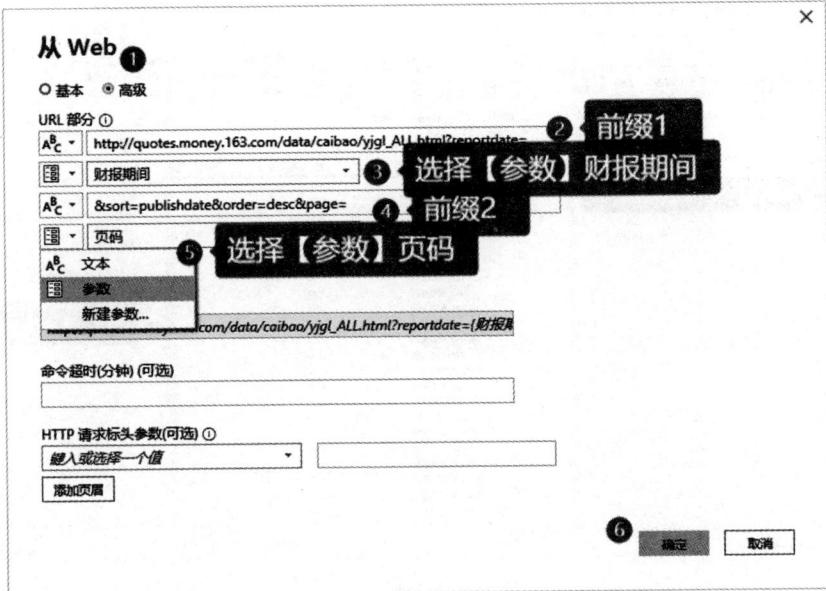

图 3-41

最后，在【导航器】中选择需要导入的表数据（图 3-42），点击【确定】。

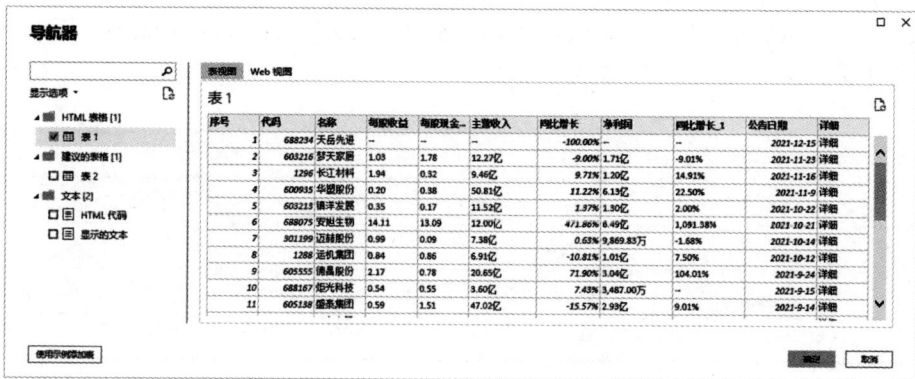

图 3-42

完成数据导入，即可在 PowerQuery 编辑器中看到名为"表 1"的查询；将导入的查询更名为"财报业绩预览"，并点击▧按钮撤销步骤"更改的类型（股票代码为文本格式）"（图 3-43）。

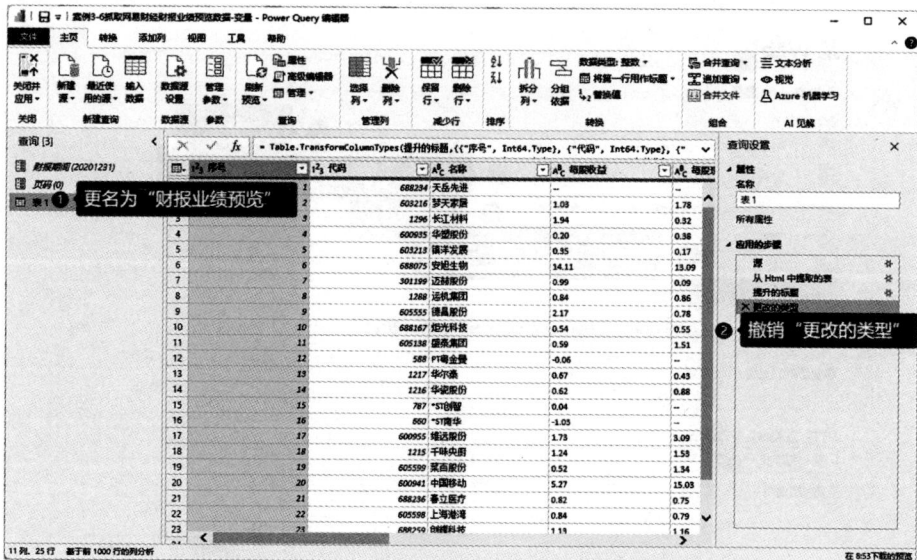

图 3-43

STEP03：自定义数据抓取函数。

选中查询"财报业绩预览"，右键菜单选择【创建函数······】（图 3-44）；

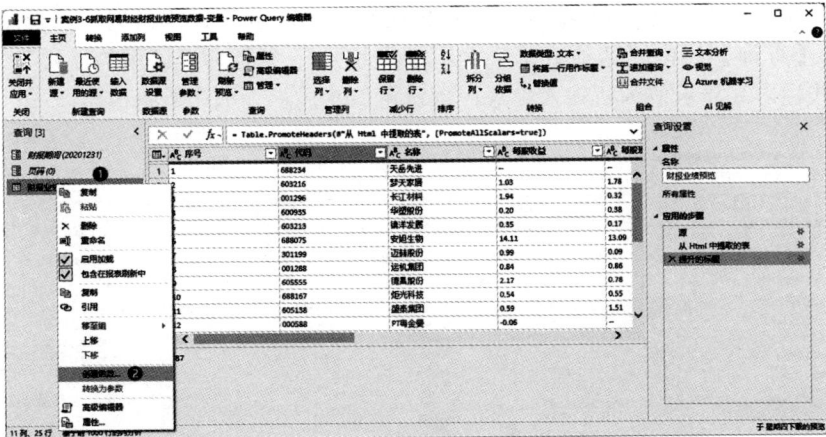

图 3-44

在随后的【创建函数】窗口输入函数名称，如"page"（图 3-45）；

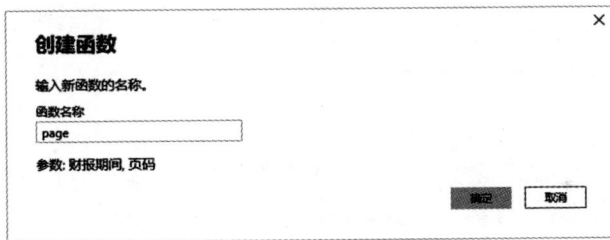

图 3-45

完成【创建函数】后，在查询栏内的查询分组中已增加名为"page"的函数（图 3-46）。

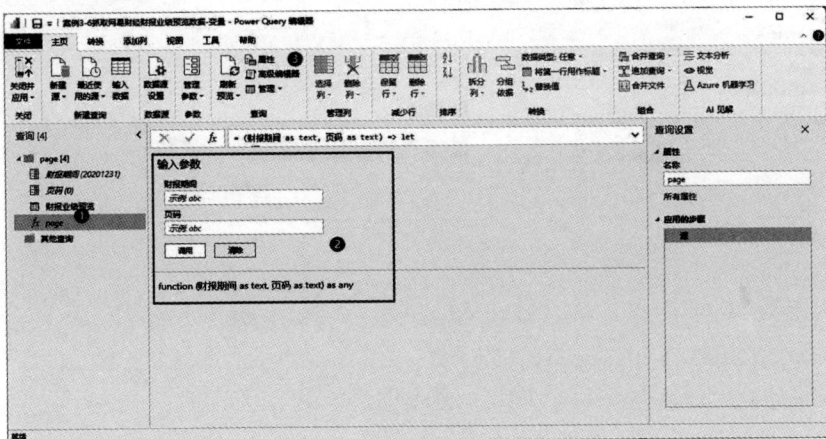

图 3-46

在图 3-46 中②输入参数位置输入相应参数，即可完成数据调用。如图 3-47 所示，【查询】栏内"其他查询"分组中即增加一个名为"调用的函数"查询，在公式栏内②显示值为所输入参数，预览窗口③显示为调用数据内容。

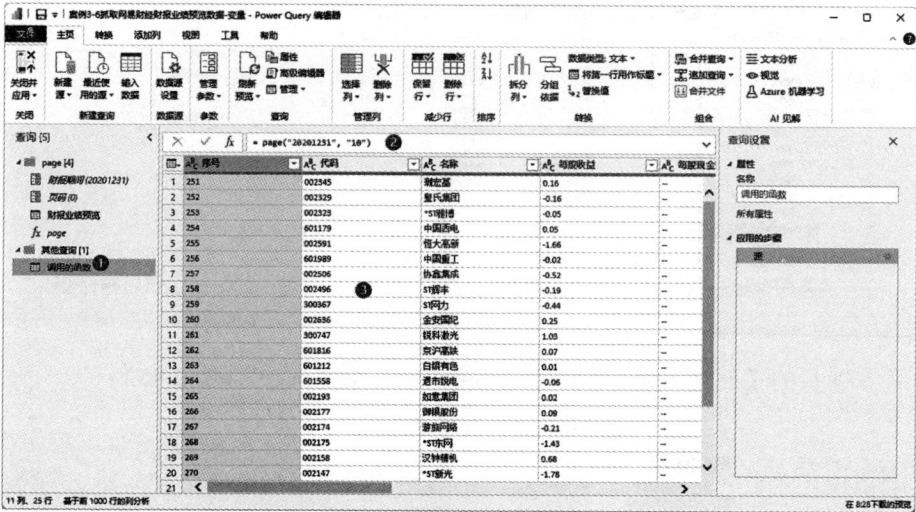

图 3-47

选中创建的"page"函数，点击【主页】选项卡 -【查询】分组 -【高级编辑器】按钮，随后将弹出【编辑函数】窗口（图 3-48）；

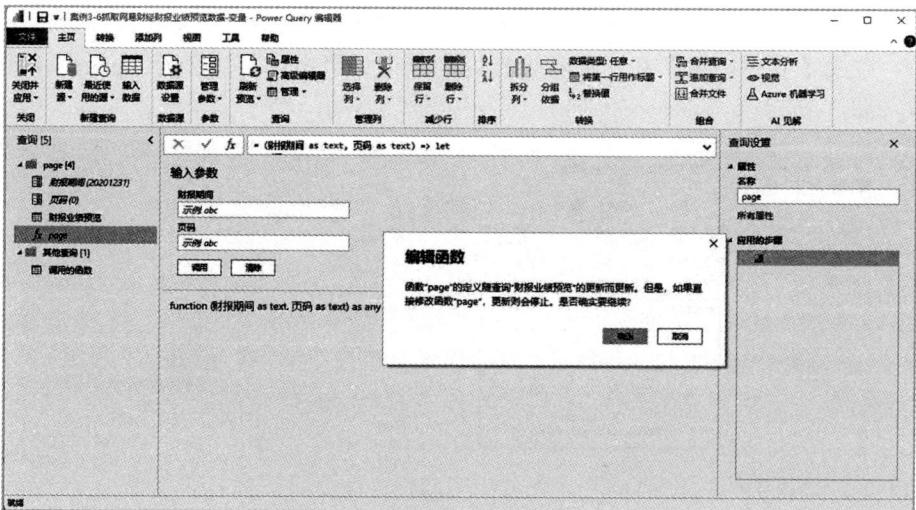

图 3-48

点击【确定】，在随后的【高级编辑器】窗口，即可查看相应代码（图 3-49）。

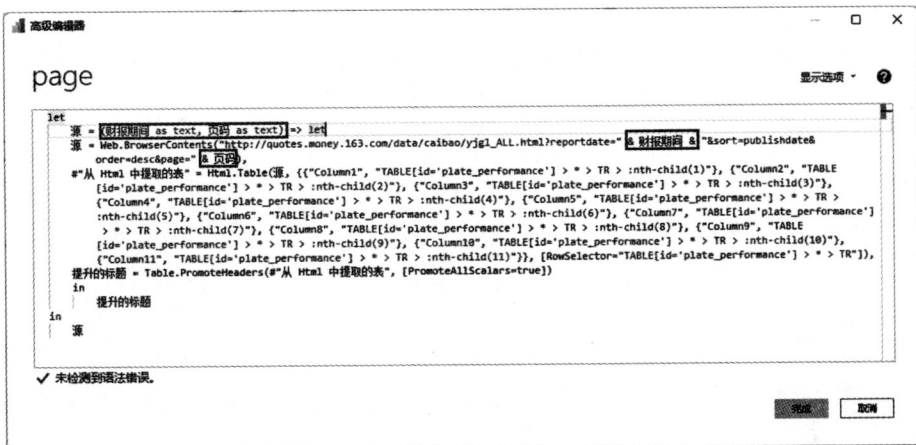

图 3-49

STEP04：抓取数据。

（1）创建调用页码列表。

点击【主页】选项卡 -【数据】分组 -【新建源】按钮，在下拉菜单中选择【空查询】（图 3-50）；

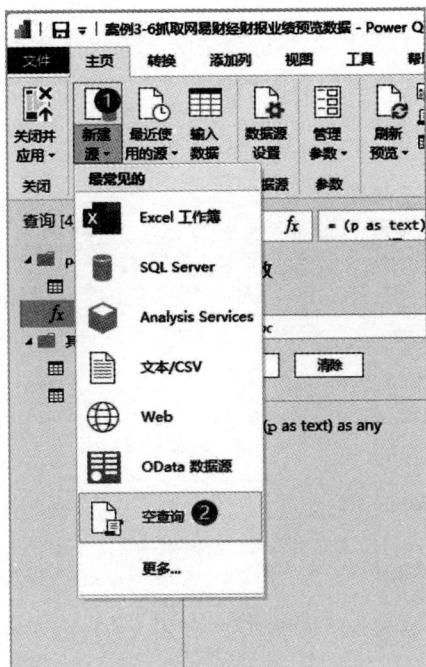

图 3-50

选中创建的空查询"查询 1",在公式栏内输入 ={0..186},即生成一个 0-186 的列表,选中列表,点击【转换】选项卡 -【转换】分组 -【到表】按钮,在随后弹出的窗口不做修改,点击【确定】(图 3-51);

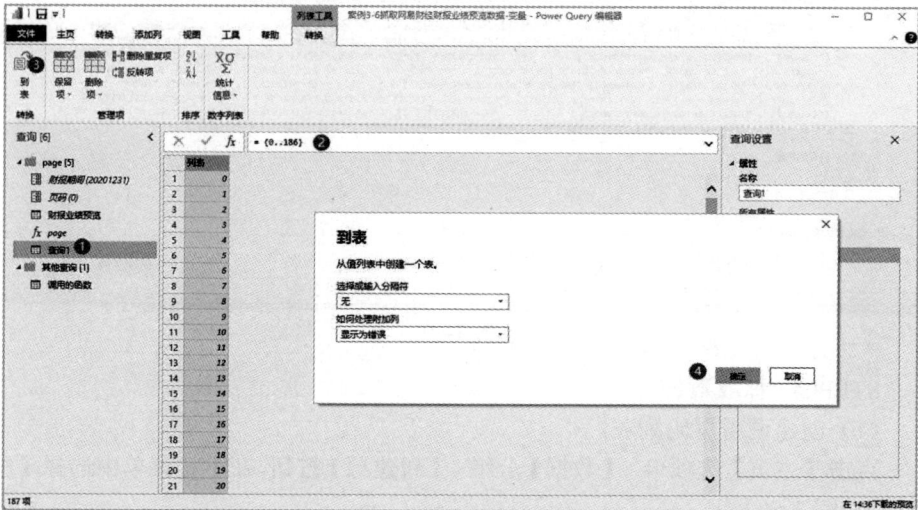

图 3-51

修改"查询 1"为"序号",并将列名更改为"序号"(此步骤视个人习惯而为,非必须),点击列名"序号"右侧下拉箭头,在菜单中选择数据格式为【文本】(图 3-52)。

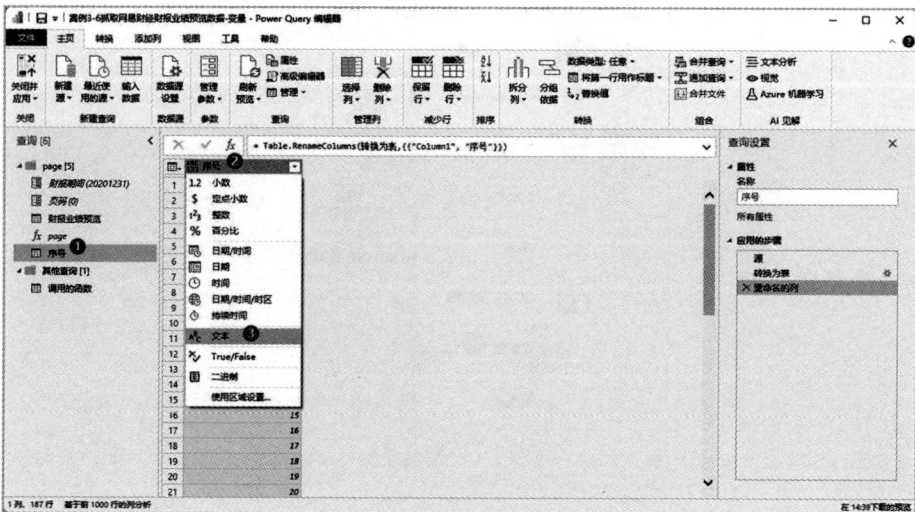

图 3-52

（2）调用自定义函数，获取全部数据。

选择已定义名为"页码"的查询，点击【添加列】选项卡 - 【常规】分组 - 【调用自定义函数】，在弹出的【调用自定义函数】窗口修改选项，点击【确定】（图 3-53）；

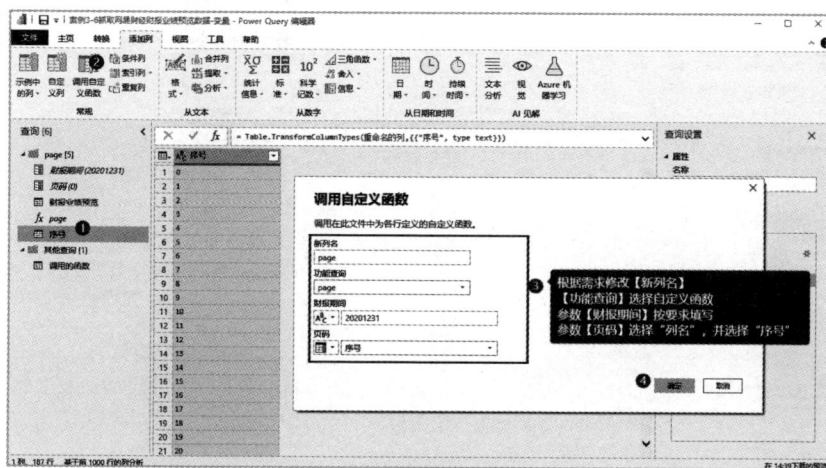

图 3-53

【调用自定义函数】完成后，在"页码"列后将新增一列名为"page"的新列，为根据页码调用的数据表；点击"⊞"展开按钮，在下拉框中选择需要展开的数据项，并选择【展开】选项，点击【确定】，系统数据调用即可完成（图 3-54）；

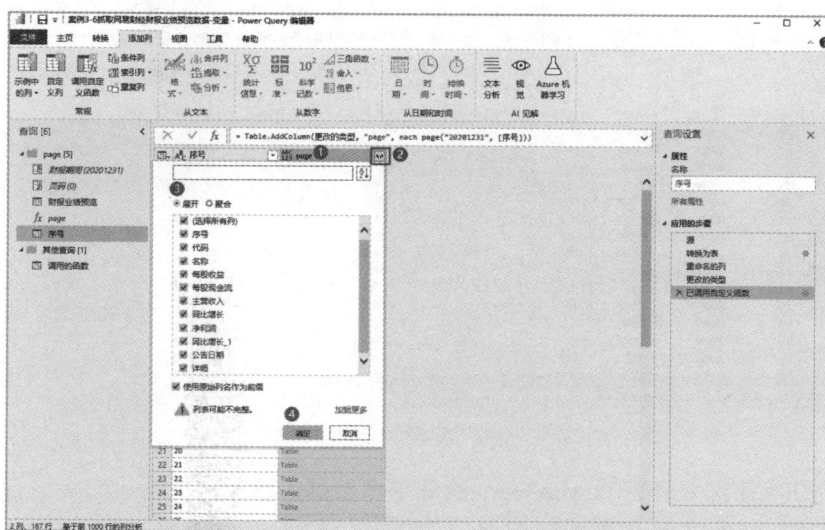

图 3-54

点击【主页】选项卡 - 【关闭】分组 - 【关闭并应用】按钮，即可完成最终数据调用（图 3-55）。

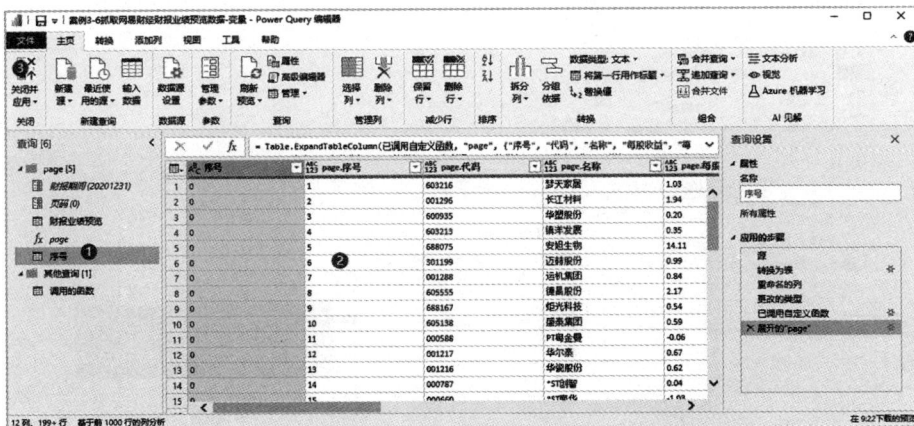

图 3-55

返回 PowerBI Desktop 主界面，如图 3-56 所示，切换至【数据】视图，选中已调用的"页码"数据表，即可查看本次抓取的 4668 行数据。

图 3-56

为使大家深入理解 PowerQuery 清洗整理数据的过程，下面我们将结合日常财务实务，进行案例讲解。

## 3.5 实战案例 2——社会保险数据清洗整理

【案例 3-7】社会保险数据清洗整理

【案例数据】书中案例 \ 第 3 章 \ 案例 3-7 社会保险数据清洗整理

【实现步骤】

STEP01：导入任一源数据工作表。

（1）打开 PowerBI Desktop 应用程序，点击【主页】-【数据】分组 -【Excel 工作簿】按钮，按照给定路径打开文件。图 3-57 所示为【案例 3-7 社会保险数据清洗整理】文件。

图 3-57

源数据工作簿中包括相同格式的 7 张工作表。

（2）如图 3-58 所示，在随后打开的【导航器】窗口中勾选需要导入的任一张工作表，点击【转换数据】。

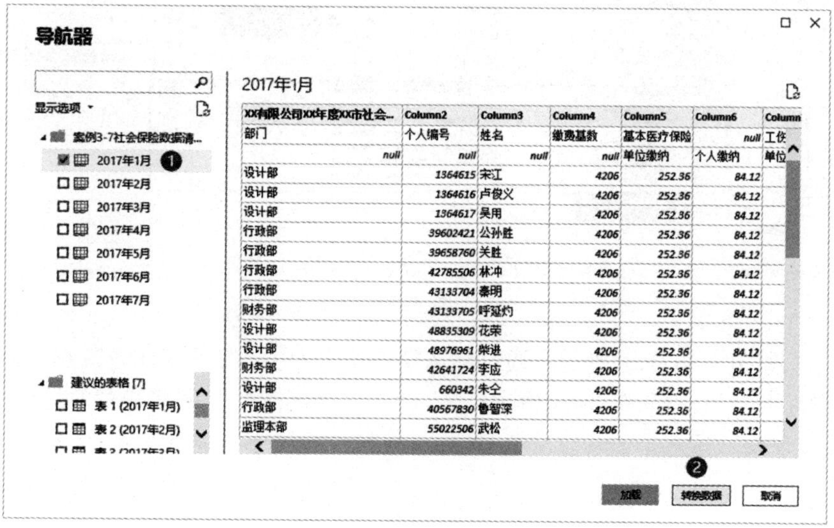

图 3-58

（3）随后，系统将进入 PowerQuery 编辑器界面，在左侧【查询】栏内新增名为"2017 年 1 月"的查询（图 3-59）。

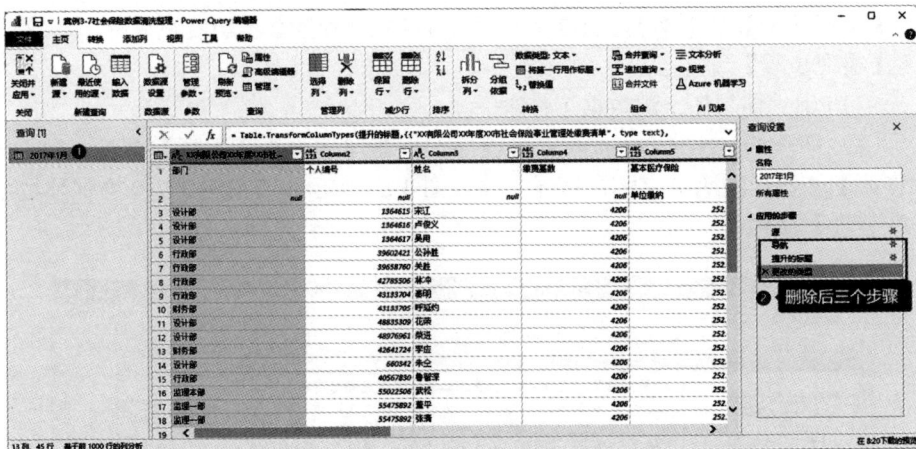

图 3-59

STEP02：调整导入数据源并展开，完成全部数据导入。

（1）如图 3-59 所示，删除后三个步骤，仅保留【源】一个步骤；

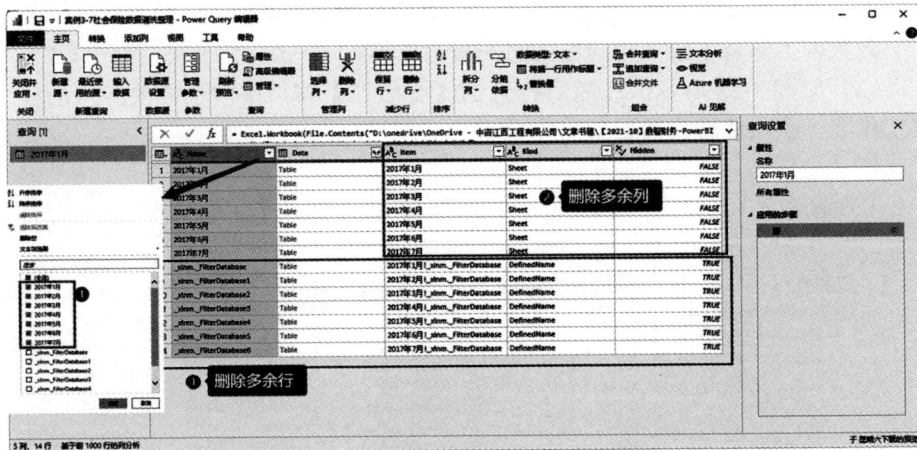

图 3-60

（2）如图 3-60 中①所示，通过筛选仅保留名为 1-7 月的工作表数据，并如②所示删除多余列，得到图 3-61 所示结果（新增"筛选的行""删除的列"两个步骤）；

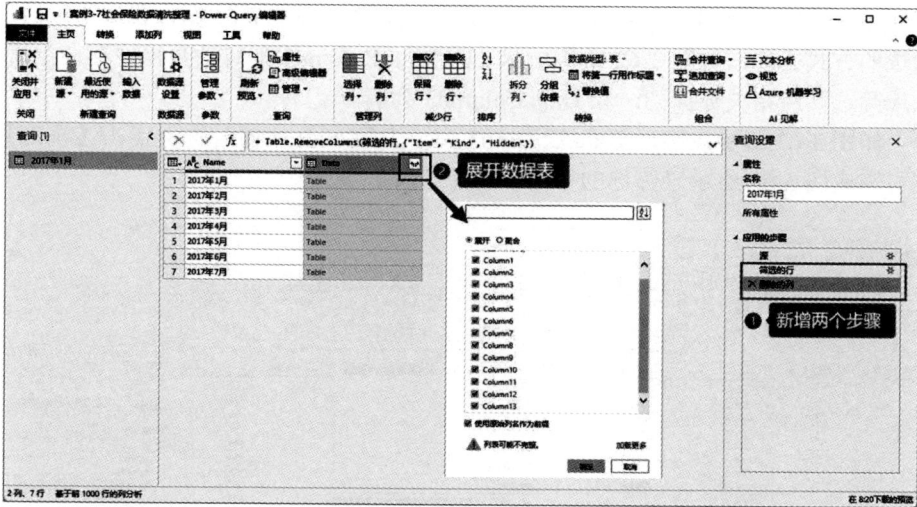

图 3-61

（3）点击图 3-61 中②所示展开按钮，选择"展开"，并勾选所有展开项目，点击【确定】，即可完成数据表的展开，得到图 3-62 所示的结果。

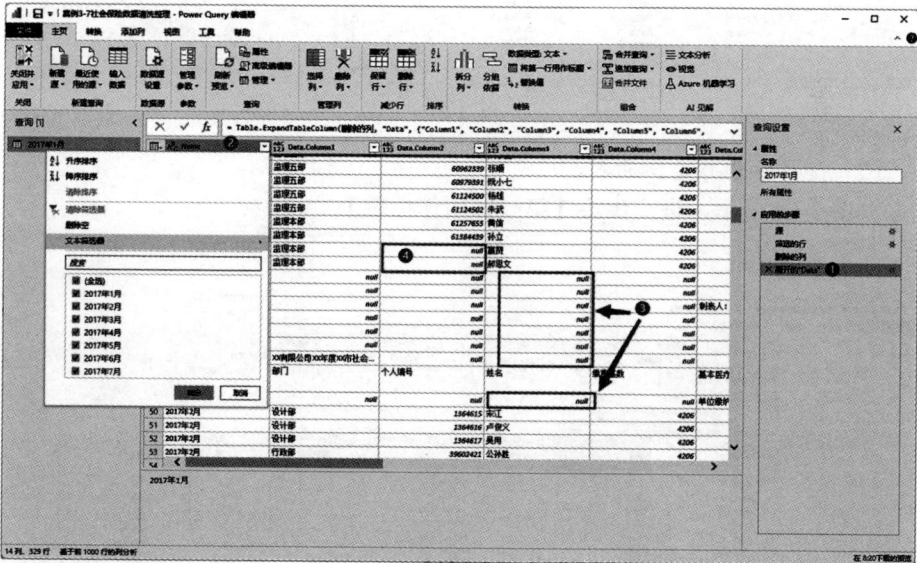

图 3-62

STEP03：通过筛选得到最终清洗数据。

（1）筛选去除为空的 Null 值。

对已导入的数据进行分析，如图 3-62 所示，通过筛选第一列名为"Name"列，可知系统已完成全部工作表数据的导入，但尚存在大量空值数据，我们可以通过筛选的方式去除。如图 3-62 中④所示，因 Data.Column2 列有效数据中存在空值，故应筛选其后相关数据列，如 Data.Column3 列等。

如图 3-63 所示，筛选 Data.Column3 列，去除 Null 值前勾选，点击【确定】，即可完成图 3-64 所示"筛选的行 1"步骤。

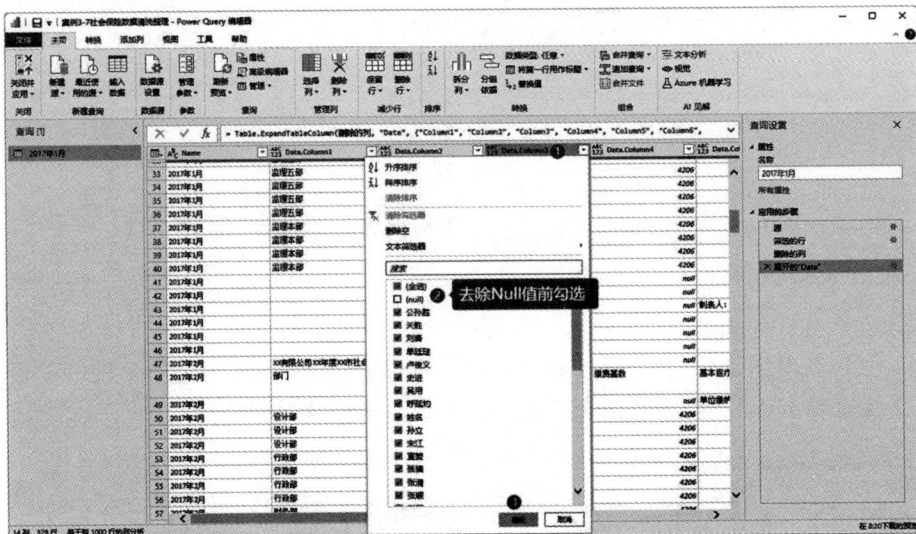

图 3-63

（2）提升标题并重新命名。

如图 3-64 所示，进一步将【第一行用作标题】；

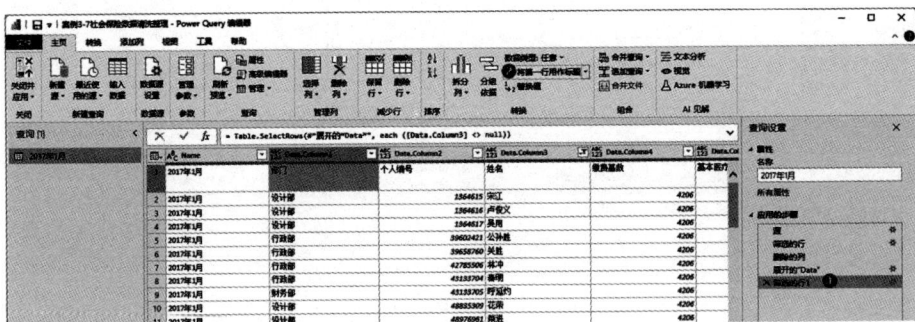

图 3-64

系统将自动生成图 3-65 中①所示"提升的标题"及"更改的类型"两步骤；继续对行标题进行重命名，图 3-65 中②相应重命名代码如下：

= Table.RenameColumns( 更改的类型 ,{{" 基本医疗保险 "," 基本医疗保险 - 单位 "}, {"Column7"," 基本医疗保险 - 个人 "}, {" 工伤保险 "," 工伤保险 - 单位 "}, {"Column9"," 工伤保险 - 个人 "}, {" 生育保险 "," 生育保险 - 单位 "}, {"Column11"," 生育保险 - 个人 "}, {" 失业险 "," 失业险 - 单位 "}, {" 大额医疗 #(lf) 保险 "," 大额医疗保险 - 单位 "}})

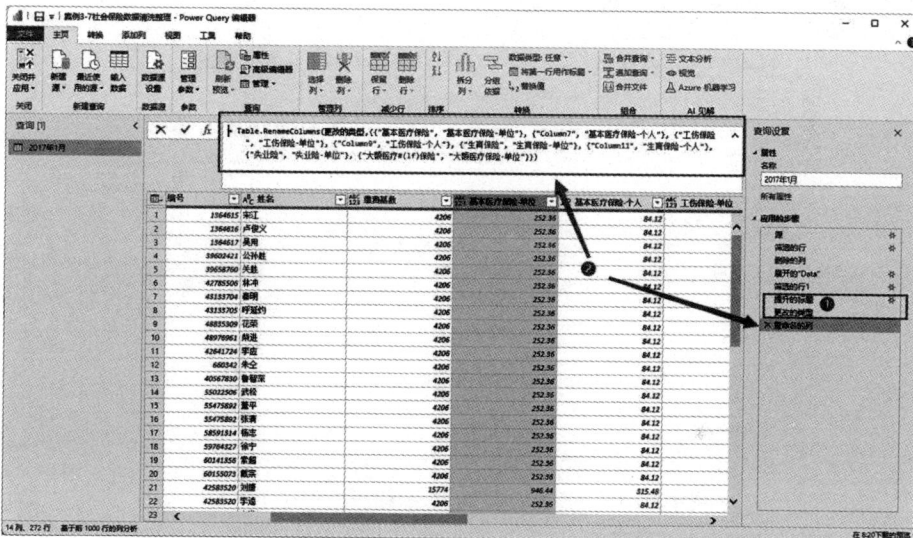

图 3-65

（3）删除无用的数据列"工伤保险 - 个人""总金额"（图 3-66）。

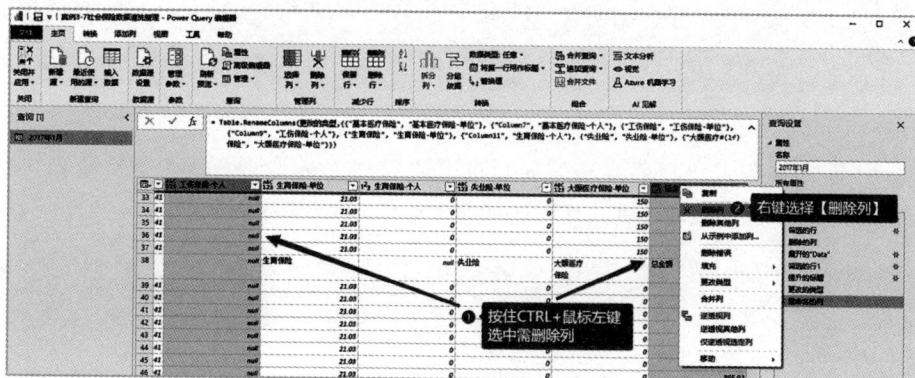

图 3-66

（4）更改字段数据类型。

如图 3-67 所示，点击字段左侧图标，在下拉列表中选择相应字段类型，进行更改。

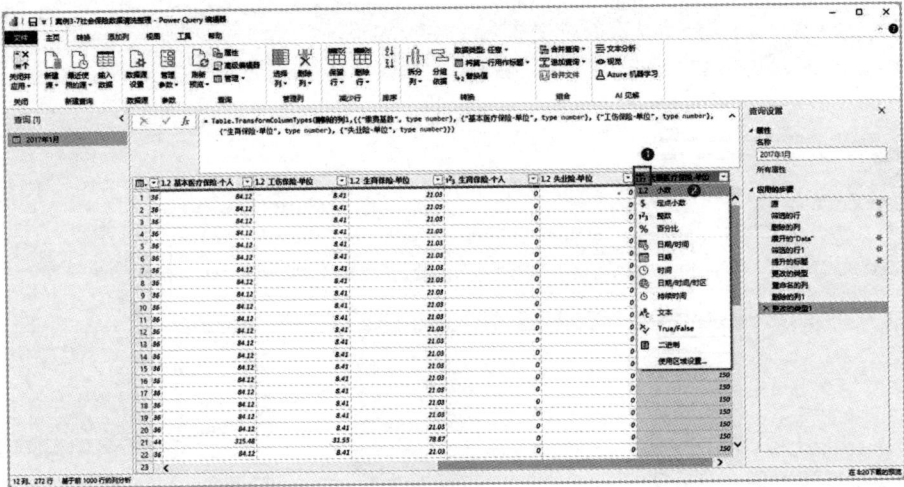

图 3-67

本步骤"更改的类型 1"操作完成后具体代码如下：

```
= Table.TransformColumnTypes( 删除的列 1,{{" 缴费基数 ", type number},
{" 基本医疗保险 - 单位 ", type number}, {" 工伤保险 - 单位 ", type number}, {"
生育保险 - 单位 ", type number}, {" 失业险 - 单位 ", type number}, {" 大额医疗
保险 - 单位 ", type number}})
```

（5）再次去除导入的多余表头。

如图 3-68 所示，我们发现导入数据中尚存在多余表头数据，可再次通过筛选方式去除，该步骤完成后具体代码如下：

```
= Table.SelectRows( 更改的类型 1, each ([ 姓名 ] <> " 姓名 "))
```

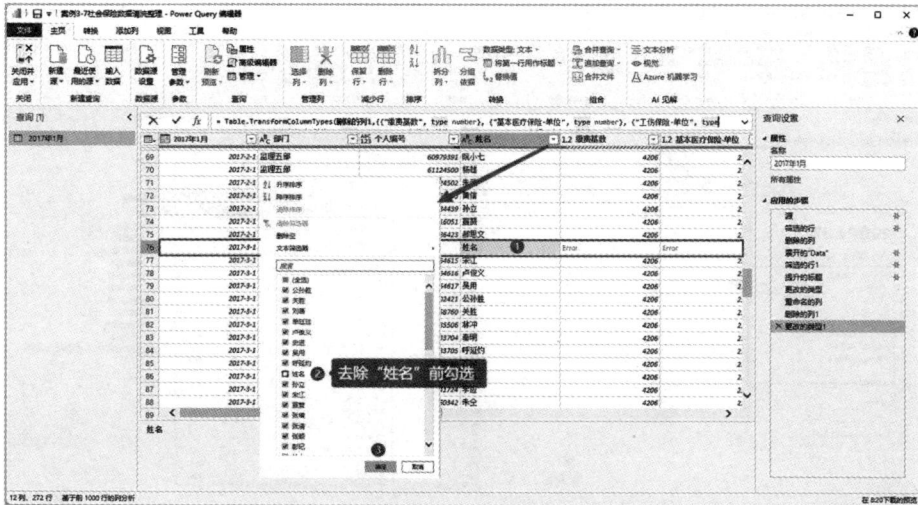

图 3-68

（6）逆透视将数据转化为一维表。

选中姓名列后的所有数据列，进行数据【逆透视列】操作，具体操作如图 3-69
所示；

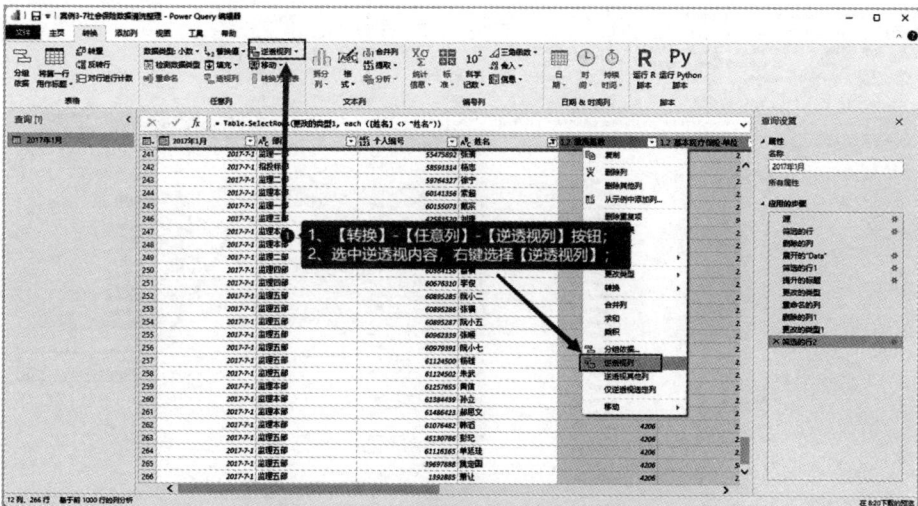

图 3-69

逆透视完成后，如图 3-70 中①所示，数据将转化为一维表形式。

（7）拆分数据列。

如图 3-70 中②所示，"基本养老保险 - 单位""基本养老保险 - 个人"等多项
数据可使用分隔符"-"拆分为两个部分。

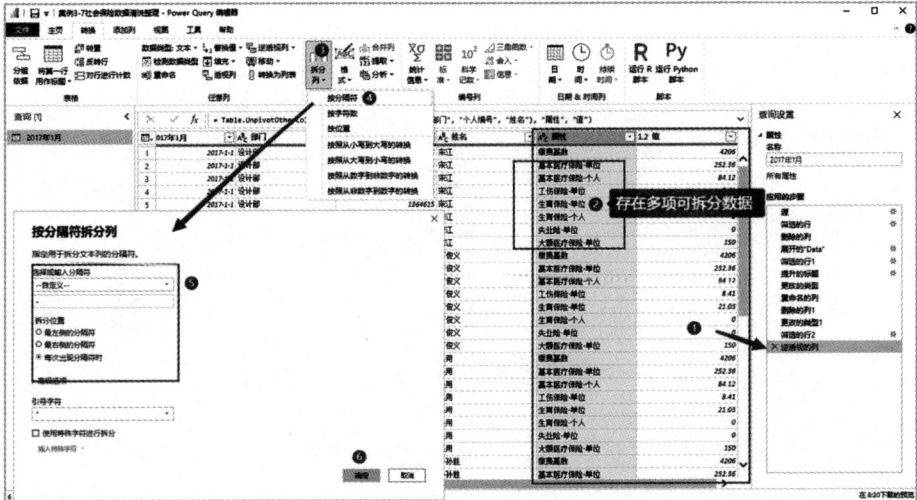

图 3-70

此时，我们可选择"属性"列，点击【转换】选项卡 - 【任意列】分组 - 【拆分列】按钮，在下拉菜单中选择【按分隔符】，在随即弹出的窗口中如⑤所示填列参数，点击确定，即可完成数据拆分（图 3-71）。

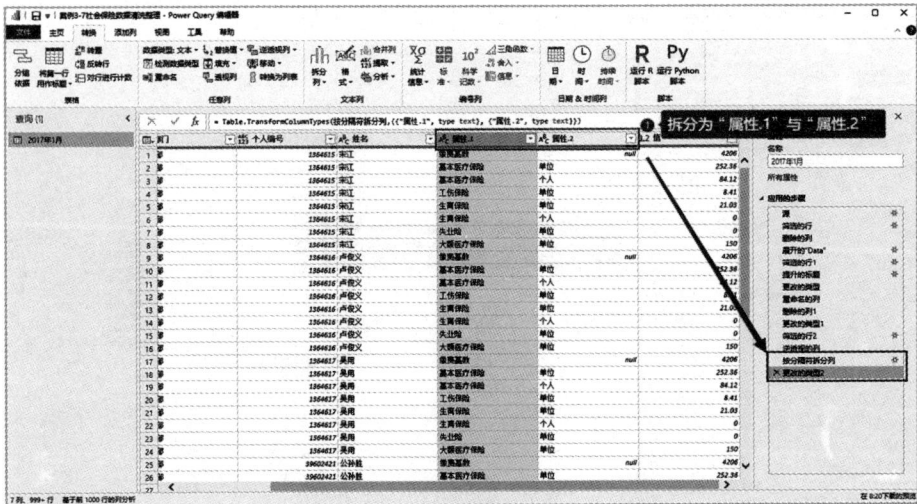

图 3-71

（8）再次重命名各列，具体代码如下：

```
= Table.RenameColumns( 更改的类型 2,{{"2017 年 1 月 ","" 会计期 "}, {"
属性 .1",""类型 "}, {" 属性 .2",""承担主体 "}, {" 值 ",""金额 "}})
```

完成后，点击【主页】选项卡 - 【关闭】分组 - 【关闭并应用】，即可完成清洗并加载。

STEP04：对数据进行多维度分析。

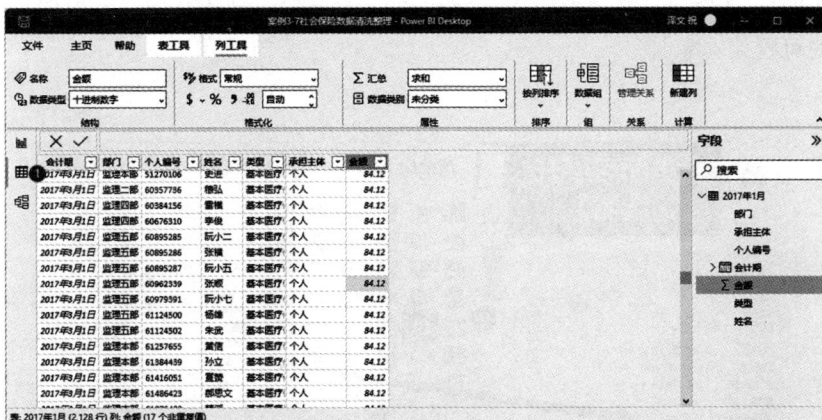

图 3-72

如图 3-72 所示，将主界面切换至【数据】视图，即可查看导入数据。

在完成数据导入后，很多时候我们无须建模，就可像使用 Excel 数据透视表一样分析数据。

将 PowerBI 切换至【报表】视图，如图 3-73 所示，右侧【字段】栏内即呈现刚才导入的数据表及字段，以供分析使用。

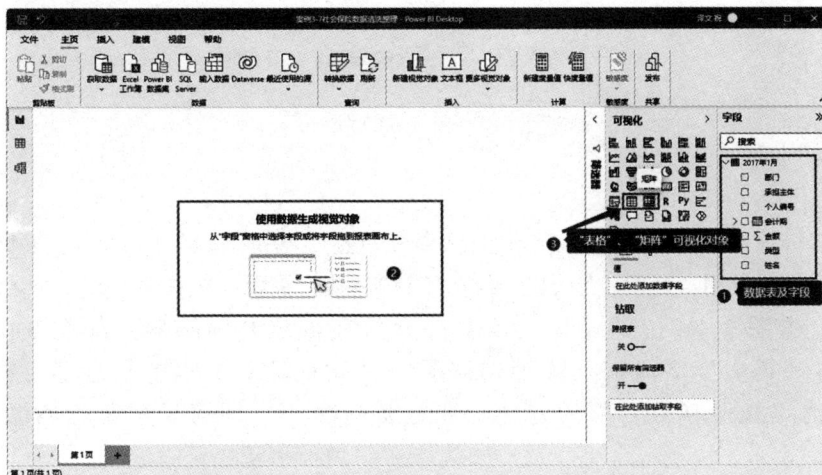

图 3-73

我们可根据画布上的提示，从"字段"窗格中选择字段或将字段拖至画布，即可生成相应视觉分析对象。

使用【可视化】栏目所列示的可视化对象，可切换不同的可视化效果。

如图 3-74 所示，将"部门""金额"两个字段拖入画布区域，即可生成【表】式样的可视化对象。

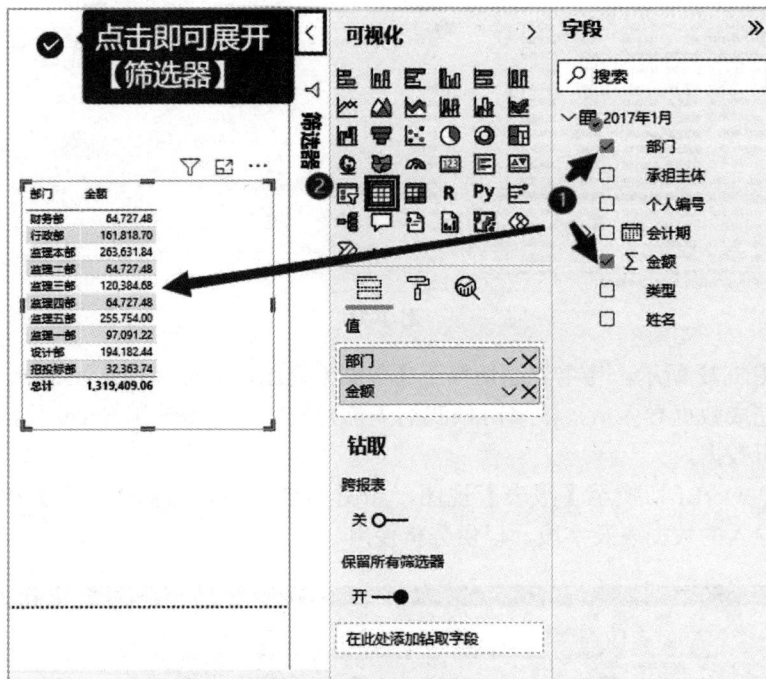

图 3-74

值得注意的是，在图 3-74 中汇总金额包括"缴费基数"的金额，并非实际缴纳的社保费用，此时，我们需要将"缴费基数"剔除出统计金额。

点击图 3-74 中的【筛选器】展开按钮，展开筛选器，如图 3-75 所示，将"类型"字段拖入【筛选器】中"此视觉对象上的筛选器"栏目，并取消"缴费基数"前的勾选，在视觉对象中，即可显示正确的缴费总金额。

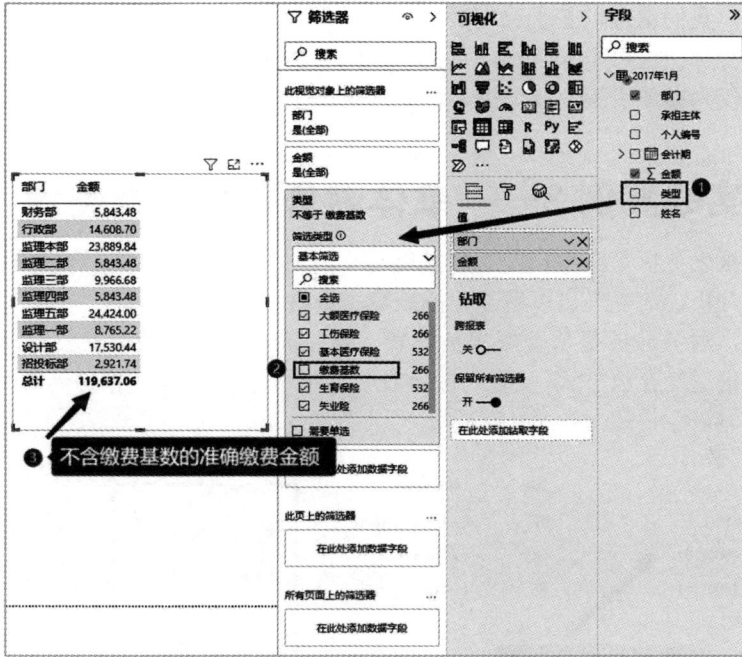

图 3-75

如图 3-76 所示，我们还可将【可视化】对象切换为"矩阵"，并将【可视化】栏目切换至【字段】选项卡，进而制作部门、承担主体缴费明细表。

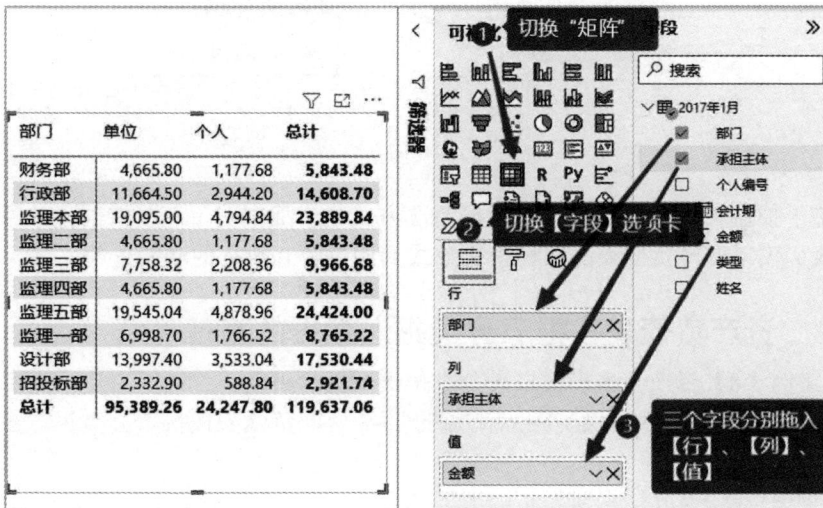

图 3-76

当然，我们也可以基于已有数据维度、颗粒度，生成不同组合的数据分析图表，如每个部门、每个人、不同月份、不同费种的数据组合分析等。

以上仅为抛砖引玉，相信更多惊喜，将产生于您的创意。

# 3.6　实战案例 3——单体财务报表清洗整理

财务报表分析是财务日常必修技能之一，财务人员想要通过构建模型，实现快速报表分析，前提是可以智能化的获取、清洗、整理数据。

通常，财务分析是基于资产负债表、损益表、现金流量表三表数据的分析，根据报表报送及存放方式，又分为按报表分类报送，按会计期间报送两类（图 3-77）。

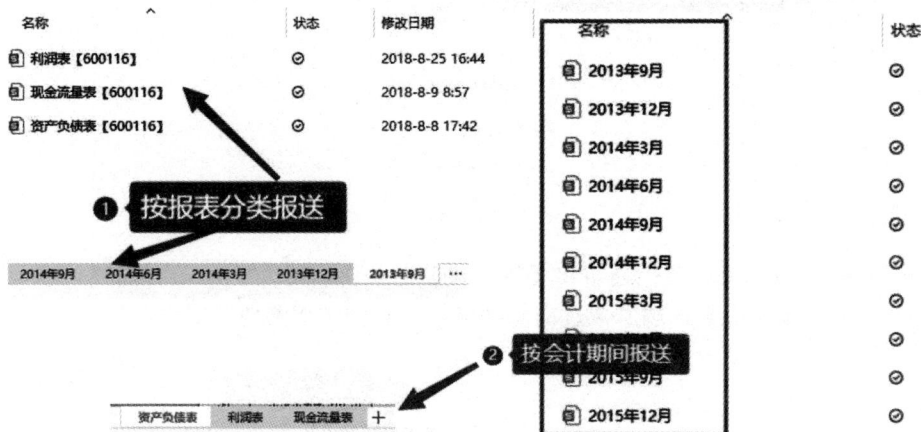

图 3-77

鉴于损益表、现金流量表的数据清洗方式与实战案例 1 高度雷同，故不再赘述，我们仅以资产负债表的两种报送方式为例讲解其数据的清洗过程。

## 3.6.1　资产负债表按报表分类报送数据的整理

【案例 3-8】资产负债表按报表分类报送数据的整理

【案例数据】书中案例 \ 第 3 章 \ 案例 3-8 资产负债表按报表分类报送数据的整理

【整理思路】

根据财会〔2019〕6 号《财政部关于修订印发 2019 年度一般企业财务报表格式的通知》，如图 3-78 所示，资产负债表标准格式为左右分列式：

**资产负债表**

| | | | | 会企 01 表 | |
| 编制单位: | | ___年___月___日 | | 单位：元 | |
| 资产 | 期末余额 | 上年年末余额 | 负债和所有者权益（或股东权益） | 期末余额 | 上年年末余额 |
|---|---|---|---|---|---|
| 流动资产： | | | 流动负债： | | |
| 货币资金 | | | 短期借款 | | |
| 以公允价值计量且其变动计入当期损益的金融资产 | | | 以公允价值计量且其变动计入当期损益的金融负债 | | |
| 衍生金融资产 | | | 衍生金融负债 | | |
| 应收票据 | | | 应付票据 | | |
| 应收账款 | | | 应付账款 | | |
| 预付款项 | | | 预收款项 | | |
| 其他应收款 | | | 应付职工薪酬 | | |
| 存货 | | | 应交税费 | | |
| 持有待售资产 | | | 其他应付款 | | |

图 3-78

按照常规清洗方法是无法将其转化为一维表的，基于此，我们需要转换思路，将左、右两侧数据分两次清洗，再进行合并，即可实现完整的报表清洗整理工作。具体清洗思路总结如下（图 3-79）：

注意事项：

➢ 返回"源"，重新选择清洗表格；

➢ 会计期的提取；

➢ 分左右两栏提取；

➢ 筛选条件的组合；

➢ 追加为新的查询。

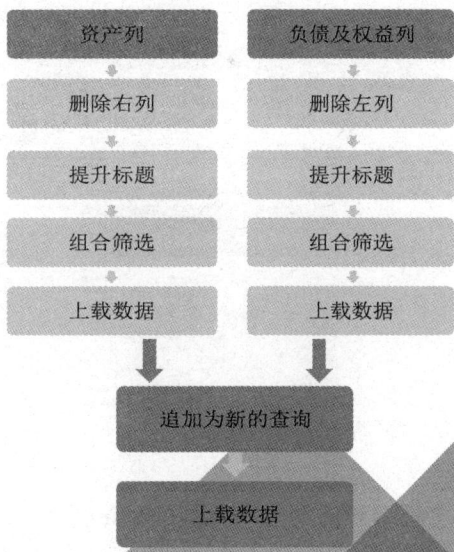

图 3-79

【实现步骤】

STEP01：导入任一源数据工作表。

（1）打开 PowerBI Desktop 应用程序，点击【主页】-【数据】分组 -【Excel

工作簿】按钮，按照给定路径打开图 3-80 所示【资产负债表 600116】文件；

图 3-80

（2）同样参照图 3-58，在随后打开的【导航器】窗口中勾选需要导入的任一张工作表，如"2013 年 9 月"，点击【转换数据】；

（3）随后，系统将进入 PowerQuery 编辑器界面，在左侧【查询】栏内新增相应名称如"2013 年 9 月"的查询（图 3-81）。

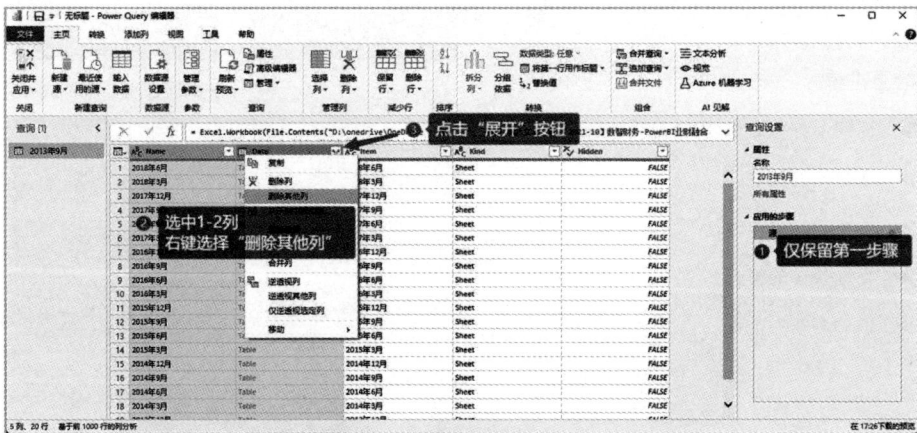

图 3-81

STEP02：调整导入数据源并展开，完成全部数据导入。

（1）如图 3-81 所示，删除后三个步骤，仅保留【源】一个步骤；

（2）如图 3-81 中②所示，选中前 1-2 列，并在右键菜单中选择【删除其他列】；

（3）点击图 3-81 中③所示展开按钮，选择"展开"，并勾选所有展开项目，点击【确定】，即可完成数据表的展开，得到图 3-82 所示的结果。

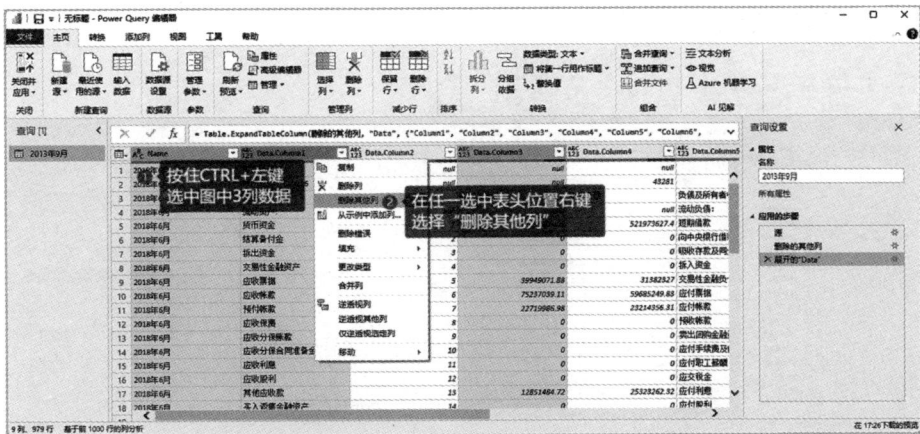

图 3-82

STEP03：通过筛选得到最终清洗数据。

（1）如图 3-82 所示，按住 CTRL+ 鼠标左键，选中图中所示 3 列数据，在任一选中表头位置右键菜单中选择"删除其他列"，得到图 3-83 所示结果。

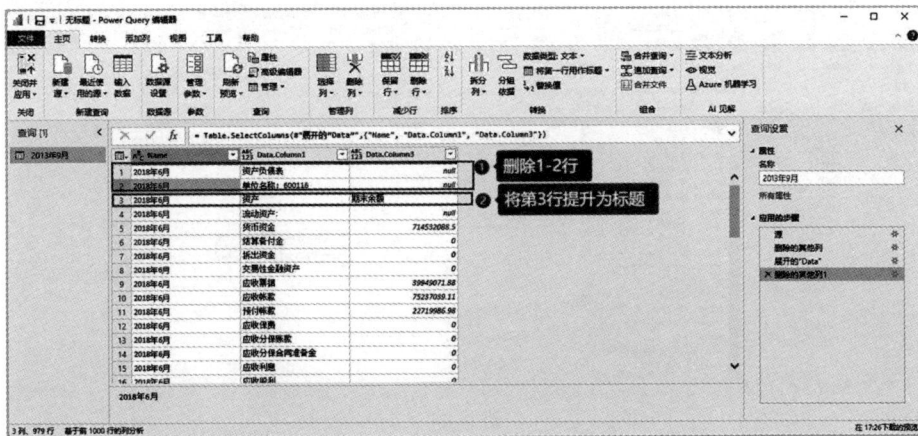

图 3-83

（2）如图 3-84 所示，点击【主页】选项卡 -【减少行】分组 -【删除行】下拉菜单中【删除最前面几行】，在随后弹出的【删除最前面几行】窗口中填写"2"行，点击【确定】，删除 1-2 行无效表头数据；随后，点击【主页】选项卡 -【转换】分组 -【将第一行用作标题】，得到图 3-85 所示结果。

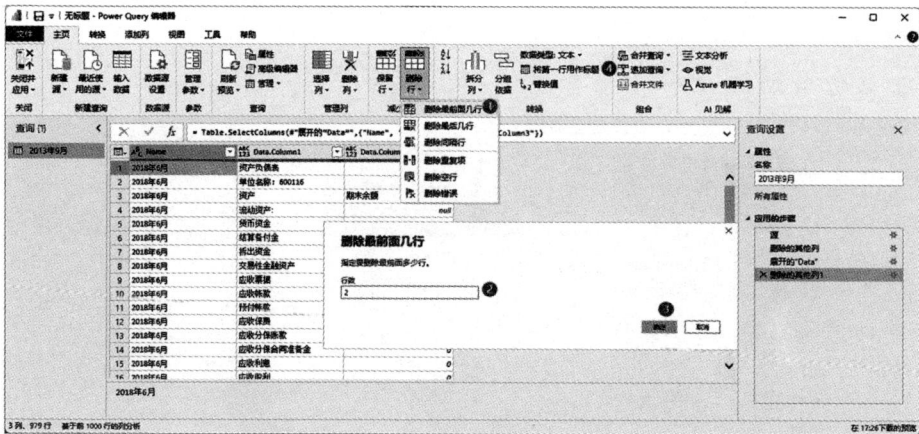

图 3-84

（3）点击"资产"列筛选按钮，去除"null"等无效值勾选，即可得到完整的资产列有效数据。

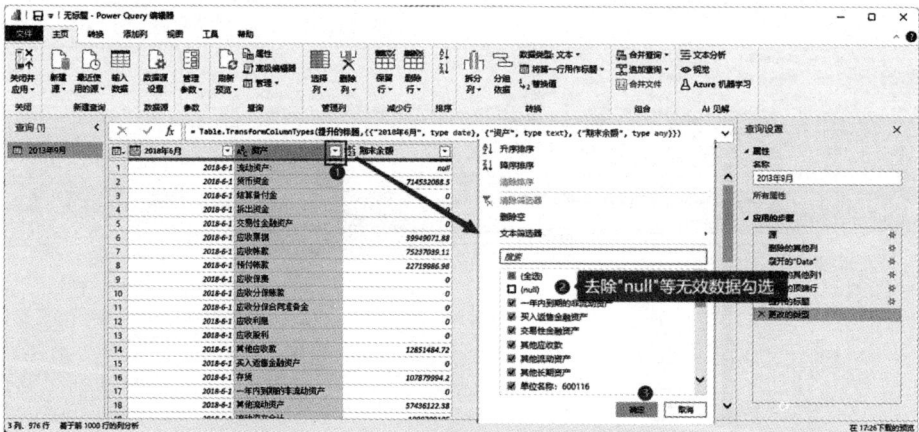

图 3-85

筛选操作具体代码如下：

```
= Table.SelectRows( 更改的类型 , each ([ 资产 ] <> null and [ 资产 ] <> " 单
位名称: 600116" and [ 资产 ] <> " 流动资产:" and [ 资产 ] <> " 流动资产合计 "
and [ 资产 ] <> " 资产 " and [ 资产 ] <> " 资产总计 " and [ 资产 ] <> " 资产负债
表 " and [ 资产 ] <> " 非流动资产合计 " and [ 资产 ] <> " 非流动资产!'))
```

（4）对数据列重命名、修改数据格式。

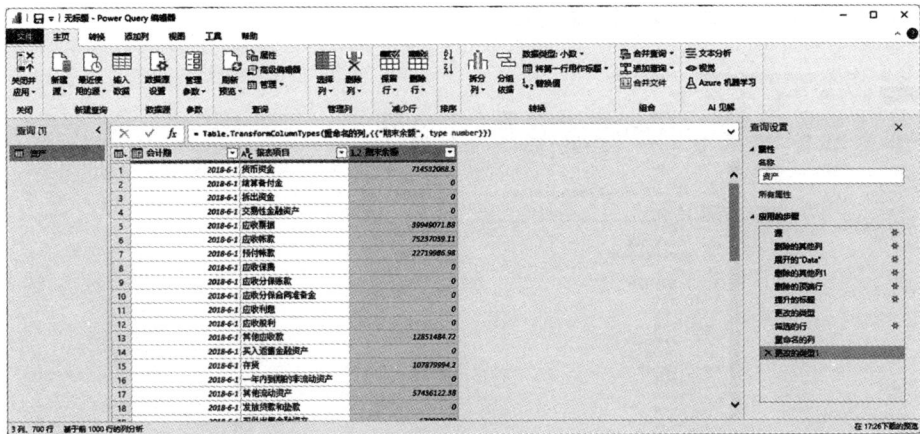

图 3-86

其中，重命名操作代码如下：

```
= Table.RenameColumns(筛选的行,{{"2018 年 6 月","会计期"},{"资产",
"报表项目"}})
```

更改的类型 1 步骤代码如下：

```
= Table.TransformColumnTypes(重命名的列,{{"期末余额",type number}})
```

完成操作后，效果如图 3-86 所示。

STEP04：重复 STEP01~STEP03 步骤，完成右侧资产方数据的导入，并将导入的查询命名为"负债及权益"。

筛选操作具体代码如下：

```
= Table.SelectRows(删除的列1, each ([Data.Column5] <> null and [Data.
Column5] <> "归属于母公司所有者权益合计" and [Data.Column5] <> "所有
者权益（或股东权益）:" and [Data.Column5] <> "流动负债合计" and [Data.
Column5] <> "流动负债:" and [Data.Column5] <> "股东权益合计" and [Data.
Column5] <> "负债及所有者权益" and [Data.Column5] <> "负债合计" and
[Data.Column5] <> "负债和股东权益合计" and [Data.Column5] <> "长期负债
合计" and [Data.Column5] <> "非流动负债:"))
```

完后操作后，效果如图 3-87 所示。

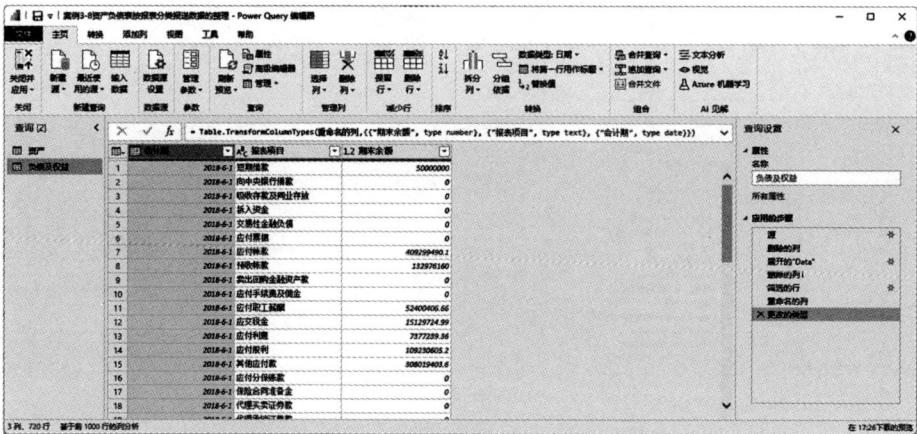

图 3-87

STEP05：合并资产、负债及权益查询。

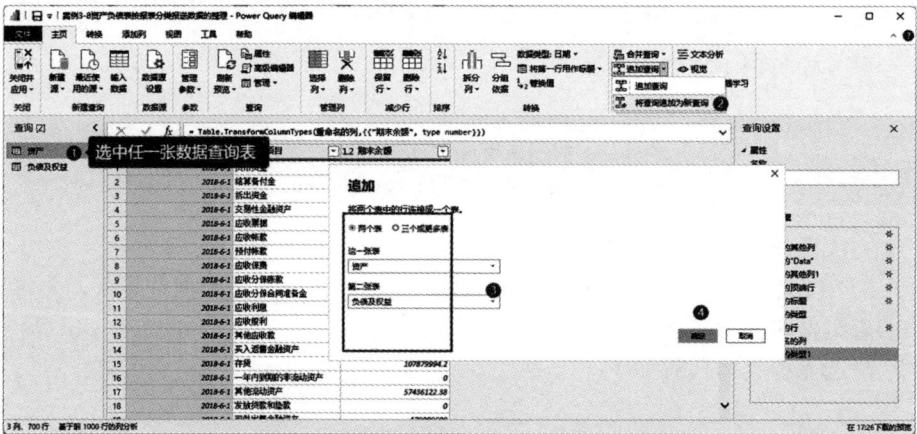

图 3-88

如图 3-88 所示，选中"资产""负债及权益"中任一查询，点击【主页】选项卡 -
【组合】分组 -【追加查询】按钮，在下拉菜单中选择【将查询追加为新查询】。

在随后弹出的【追加】窗口，按图 3-88 中③所示，填列相关选项，点击【确
定】，即可生成新的完整查询。我们可将新查询重命名为"资产负债表"，效果如
图 3-89 所示。

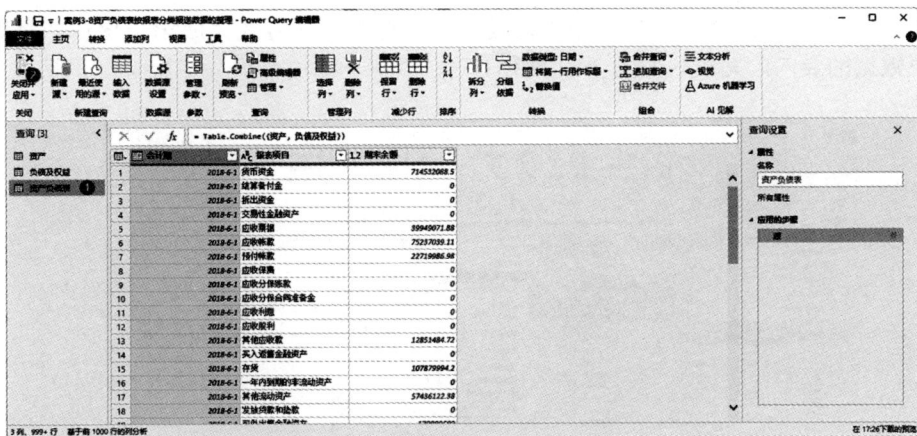

图 3-89

完成后，点击【关闭并应用】按钮，即可完成数据的加载，将其追加为模型数据表，供分析使用。

## 3.6.2 资产负债表按会计期间报送数据的整理

【案例 3-9】资产负债表按报表分类报送数据的整理

【案例数据】书中案例 \ 第 3 章 \ 案例 3-9 资产负债表按会计期间分类报送数据的整理

【整理思路】

如图 3-90 所示，资产负债表按会计期间分类报送时，会在一个文件夹中存放多个会计期间的报表，因此，我们可将其视为【从文件夹导入】方式与单体资产负债表清洗动作的组合，其整理思路如下：

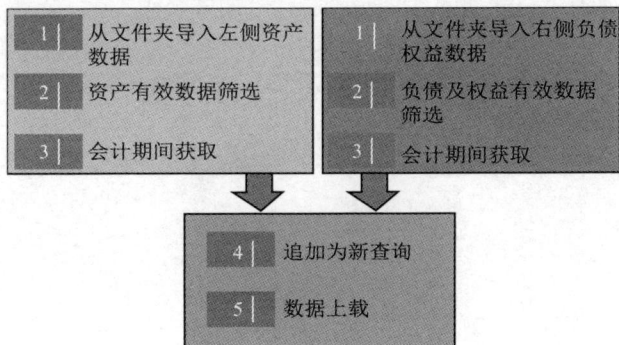

图 3-90

【实现步骤】

STEP01：从文件夹导入左侧资产数据。

参照 3.2.2 从文件夹导入步骤，使用从文件夹导入方式完成第一次资产负债表数据的导入，完成后如图 3-91 所示；

图 3-91

将导入查询重命名为"资产"，并保留 1、2、4 有效列，删除其他列。

STEP02：资产有效数据筛选。

如图 3-92 所示，对第 2 列数据进行筛选，筛选动作完成后代码如下：

```
= Table.SelectRows( 更改的类型 , each ([ 资产负债表 ] <> null and [ 资产负债表 ] <> "单位名称：600116" and [ 资产负债表 ] <> "流动资产:" and [ 资产负债表 ] <> "流动资产合计" and [ 资产负债表 ] <> "资产" and [ 资产负债表 ] <> "资产总计" and [ 资产负债表 ] <> "非流动资产合计" and [ 资产负债表 ] <> "非流动资产:"))
```

重命名各列为"会计期间""报表项目""期末余额"。

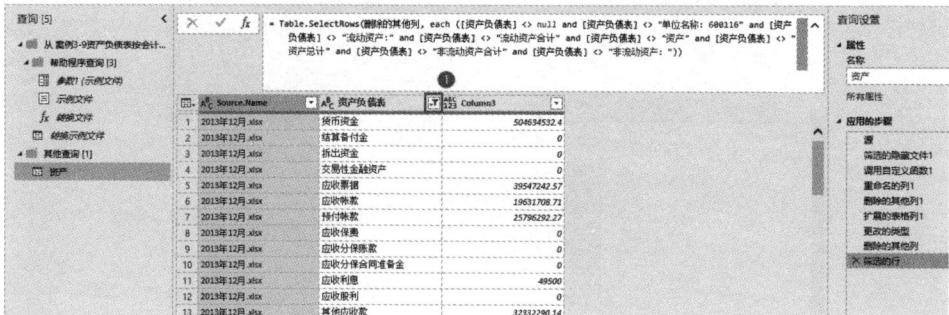

图 3-92

STEP03：会计期间获取。

如图 3-93 所示，选中需获取的数据列，点击【转换】选项卡 -【文本列】分组 -【提取】按钮，在下拉菜单中选择【分隔符之前的文本】；

在随后弹出的【分隔符之前的文本】窗口，输入"."，点击【确定】；

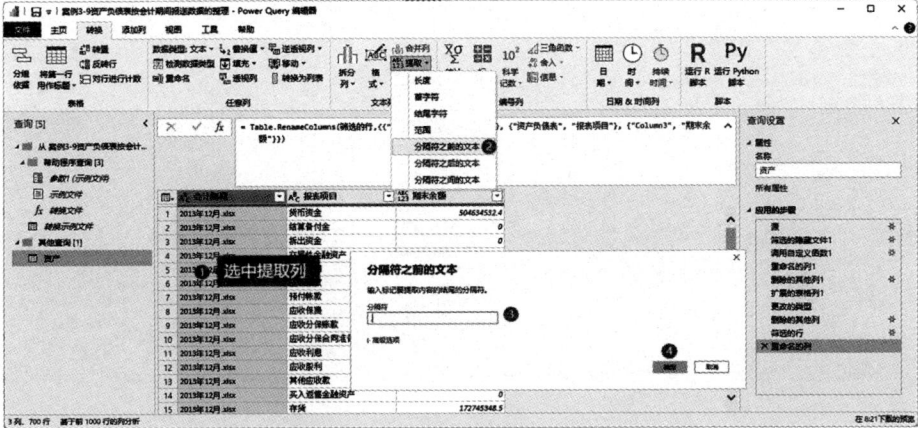

图 3-93

如图 3-94 所示，对数据类型进行相应修改，确认无误后，点击【关闭并应用】，即可完成资产方数据整理。

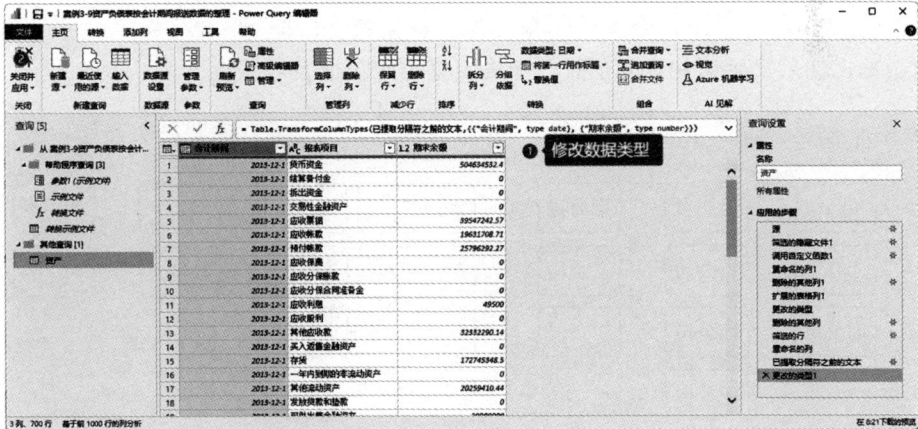

图 3-94

STEP04：重复 SETP01~SETP03 步骤，完成负债及权益侧数据整理，并将查询命名为"负债及权益"。

STEP05：参照【案例3-8】资产负债表按报表分类报送数据的整理中 SETP05 完成【将查询追加为新查询】操作。

操作完成，点击【关闭并应用】按钮，即可将数据追加为模型数据表，供分析使用。

# 3.7 实战案例4——集团财务报表清洗整理

集团财务报表的数据清洗方式与单体财务报表的合并方式大体类似。一般集团会要求各成员单位按期报送相关报表，然后按照一定规则分类存储。

如图3-95所示，左侧采用的是分年度存储数据，此时，我们可先合并各年度数据，然后采用追加合并形式，形成完整的集团报表数据纬度。

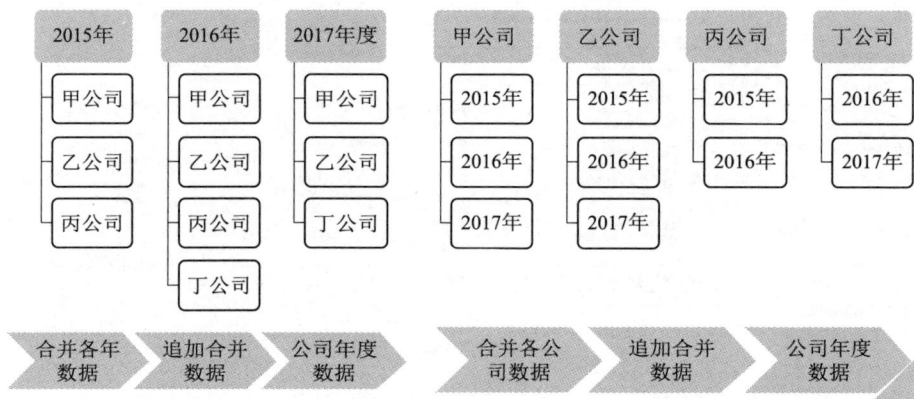

图 3-95

同理，右侧采用的分公司法人主体存储数据，我们可先分别合并某单体公司的数据，然后追加合并形式生成完整的集团报表数据。两种方式达到的效果完全一致。

下面我们以某集团公司损益表合并为例，进行集团合并操作的讲解。

【案例 3-10】集团企业财务报表清洗整理

【案例数据】书中案例\第 3 章\案例 3-10 集团企业报表汇总

STEP01：完成三个年度损益表的导入。

参照 3.2.2 从文件夹导入步骤，使用从文件夹导入方式分三次完成 2015 年—2017 年度损益表的导入及清洗。完成后，效果如图 3-96 所示。

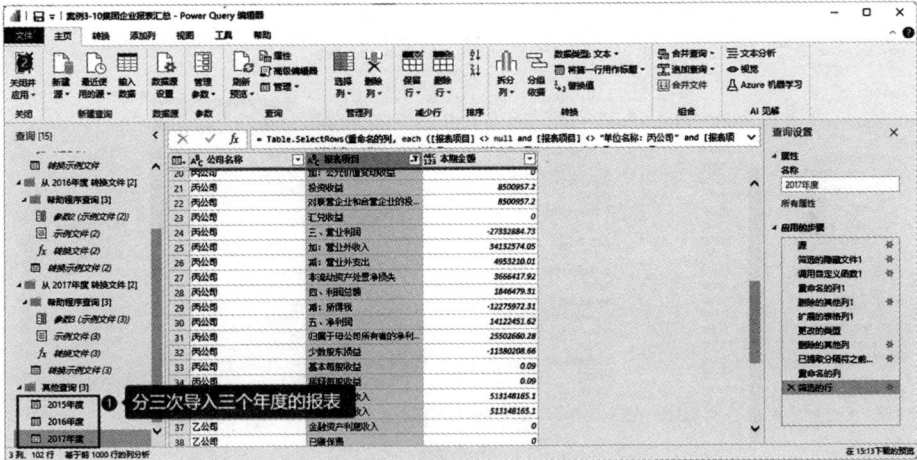

图 3-96

STEP02：在各年度报表中添加日期格式的"会计期间"列。

图 3-96 所示的数据在相关查询中并不存在会计期间纬度，这时，需要我们手动添加，如图 3-97 所示。

图 3-97

点击【添加列】选项卡 -【常规】分组 -【示例中的列】，在下拉菜单中选择【从所有列】。此时，数据区域将新增一个文本列，输入日期格式的会计期间值，如 2015 年度则输入"2015-12-31"，连续输入多次，直至系统判断正确填充整列，并将列名修改为"会计期间"，点击【确定】。

将"会计期间"列改为日期格式，完成后效果如图 3-98 所示。

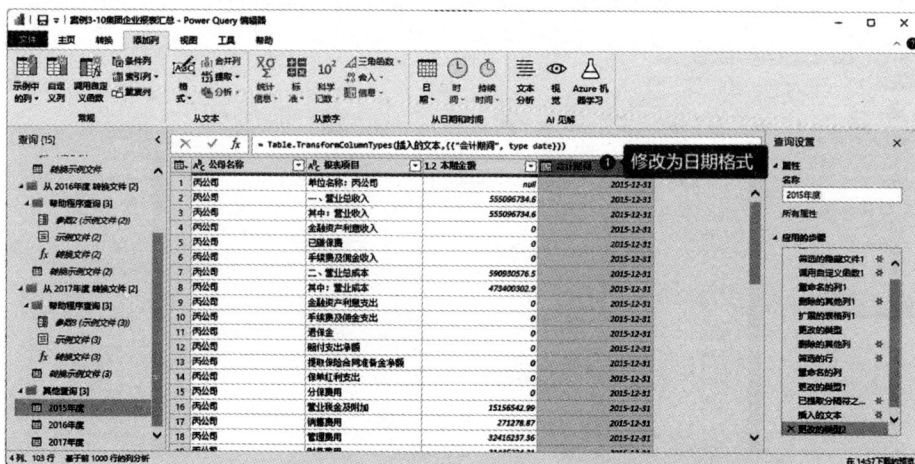

图 3-98

采用相同的方法，逐个完成其他年度报表"会计期间"列的添加。

STEP03：采用【将查询追加为新查询】形式，合并生成完整的集团损益表数据。完成后，效果如图 3-99 所示。

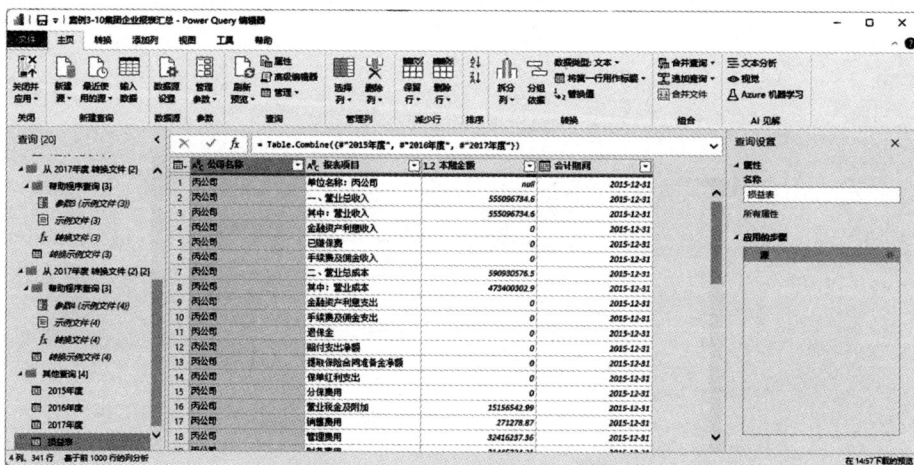

图 3-99

【注意事项】

1. 集团报表格式的统一；

2. 报表填报口径的统一；

3. 抵消分录单独设置一张报表，作为独立公司报表添加。最终形成完整的合并抵消后财务报告。

# 4

## 模型构建，功能框架显雏形

数据建模指的是对现实世界各类数据的抽象组织，是 PowerBI 的核心功能之一，由原集成于 Excel 中的 PowerPivot 加载项整合演进而来。在数据分析过程中，数据建模的目的在于将现有元数据组织成所需要的数据信息，并对其进行抽象分析，以找出其内在联系。

在传统的商业智能中，数据建模通常需要 IT 专业人员进行。而在 PowerBI 中，微软为用户提供了一套简便且易于理解的操作界面，从而使非计算机专业人士也能进行相关的工作，使 PowerBI 进一步贴近业务，消除沟通障碍。

PowerBI 在建模过程中，通常遵循的程序如图 4-1 所示：

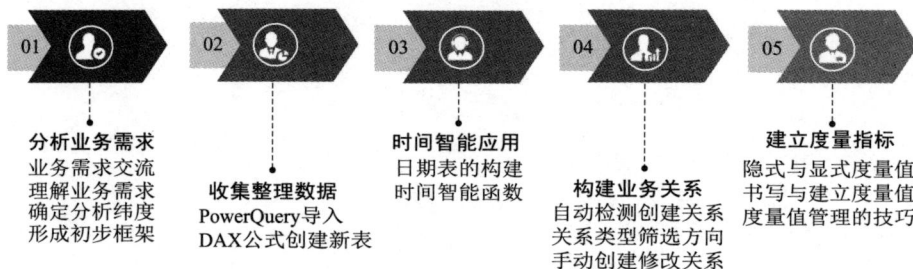

| 01 | 02 | 03 | 04 | 05 |
|---|---|---|---|---|
| **分析业务需求**<br>业务需求交流<br>理解业务需求<br>确定分析纬度<br>形成初步框架 | **收集整理数据**<br>PowerQuery导入<br>DAX公式创建新表 | **时间智能应用**<br>日期表的构建<br>时间智能函数 | **构建业务关系**<br>自动检测创建关系<br>关系类型筛选方向<br>手动创建修改关系 | **建立度量指标**<br>隐式与显式度量值<br>书写与建立度量值<br>度量值管理的技巧 |

图 4-1

## 4.1 分析业务需求，确定模型构架

业务需求针对的是公司，描述的是公司想如何解决用户的问题，如何满足用户的欲望，从而使利益最大化。

例如，我们需要建立一个合同管理系统，其主要业务需求包括：

➢ 管理每个合同的执行情况，包括开票、收款、应收款等情况；

➤ 对每个会计期的业务情况进行统计，包括各类业务的收入、开票、收款等情况；

➤ 对每个业务员的业绩进行核算；

➤ ……

根据上述需求，我们大致可以确定模型的架构如图 4-2 所示：

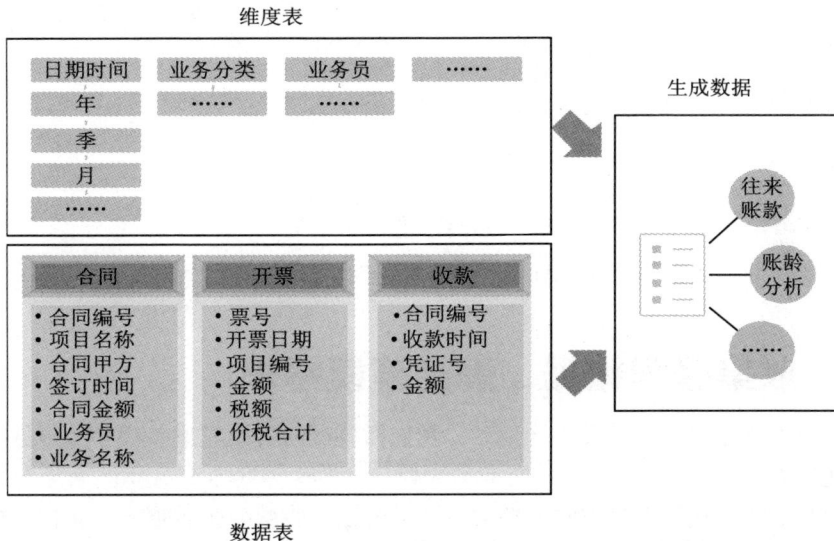

图 4-2

模型中须包括以下数据表：

➤ 合同基础信息登记表：登记合同的编号、项目名称、甲方、签订时间、业务分类的名称、业务员、合同金额等信息；

➤ 开票信息表：登记项目编号、开票日期、票号、金额、税额、价税合计等信息；

➤ 收款信息表：登记合同编号、收款时间、凭证号、收款金额等信息。

另外，模型中还须涉及相关分析纬度，包括：

➤ 日期时间：包括年度、季度、月份、周、日等不同纬度；

➤ 业务分类：根据公司业务实际情况而定；

➤ 业务员：包括业务员部门、分管领导、业务员姓名等不同分析纬度；

➤ ……

再如，我们需要搭建一个报表分析模型，分析三大报表及其相关指标情况，以全面解析企业的底子、面子与日子，了解其实力、能力与活力。

由此，我们的模型中所需要的数据主要情况如图 4-3 所示：

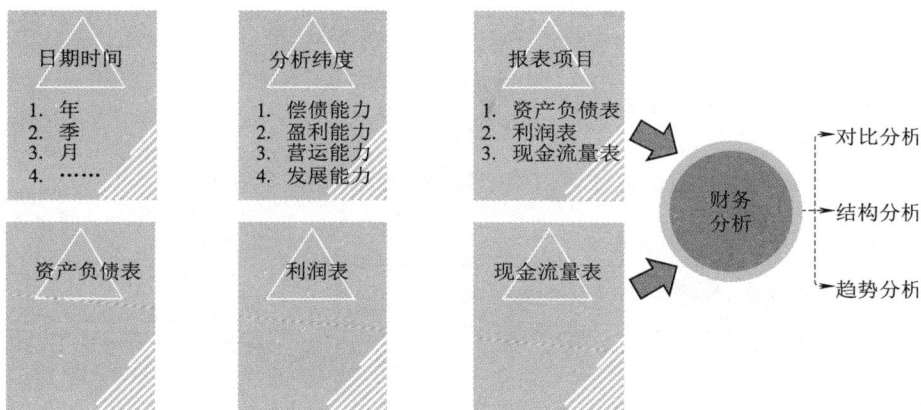

图 4-3

总之，分析模型搭建须以业务需求为导向，确定模型构架。

# 4.2　收集整理数据，满足建模需求

在根据业务需求确定模型构架后，我们需要做的就是收集整理相关数据，以满足建模需求。

如在建立合同管理模型时，针对合同、开票、收款三张数据表，我们可根据公司实际情况收集数据。比如：已有合同管理系统的，可采用数据库直接读取数据的方式；未有合同管理系统、采用 Excel 表格登记的，可通过导入清洗 Excel 表格的方式采集数据。

对于业务分类、业务员等分析纬度，我们可以采用【3.2.5 输入数据创建新表】的形式设定纬度表；

对于日期表，我们可以根据分析纬度自行设定。

在搭建报表分析模型时我们需要：

第一，将分析所涉及期间的资产负债表、利润表、现金流量表按照要求，清洗整理为所需要的格式；

第二，根据三大报表所列示的项目，整理出所需要分析的报表项目列表，以供后续使用；

第三，根据需求，建立并标记日期表；

第四，根据报表分析需求，确定偿债能力、盈利能力、营运能力、发展能力等分析纬度；

第五，模型构建完毕，我们方可采用对比分析、结构分析、趋势分析等多种财务分析方法，对报表进行全面系统的分析。

## 4.3 日期表的建立，不可或缺环节

在收集整理数据环节，我们多次提到时间表的建立与标记。在 PowerBI 中，时间作为最重要的数据分析变量，为财务管理数据分析提供了强大的工具支持。

利用 PowerBI 制作报表，时间日期是一个非常重要的纬度。如【4.1 分析业务需求，确定模型构架】中的"合同管理系统"与"报表分析模型"两个案例，其中都涉及会计期间数据的统计与对比。

以【案例 4-1】报表分析模型为例（详见【4.3.1 使用 Excel 制作日期表】），Calendar 为日期表，资产负债表、利润表、现金流量表等多张数据表，均含有日期时间列。

同时，PowerBI Desktop 在后台工作时，能够自动识别表示日期的列，并能够代表用户为模型创建日期层次结构和其他启用元数据。如图 4-4 所示，①、②所标识处均自动生成日期层次结构，而③所标识处则未生成日期层次结构。

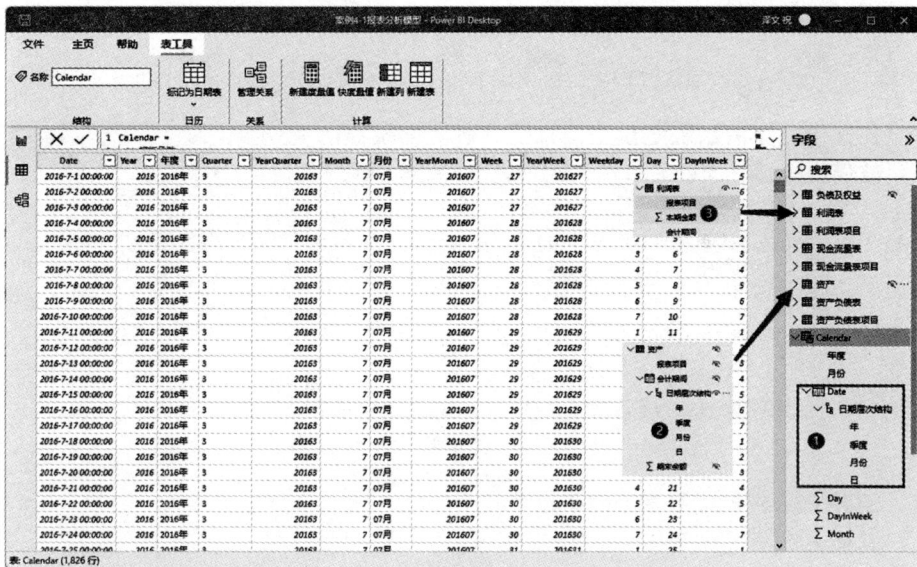

图 4-4

从分析角度看，系统后台自动建立的层次结构可能并非我们所要的最终效果，这时，就需要我们自建日期表，以实现相关目的。

自建日期表通常有三种方式：

（1）使用 Excel 制作后导入；

（2）使用 M 语言生成；

（3）使用 DAX 函数制作。

同时，需要遵循两个原则：

（1）起讫日期涵盖事实表的所有日期；

（2）日期是连续且不重复的。

## 4.3.1 使用 Excel 制作日期表

【案例 4-1】使用 Excel 制作日期表

【案例数据】书中案例 \ 第 4 章 \ 案例 4-1 使用 Excel 制作日期表

【实现步骤】

STEP01：参照图 4-5 输入表头，点击【插入】选项卡 -【表格】分组 -【表格】
按钮，插入表格。

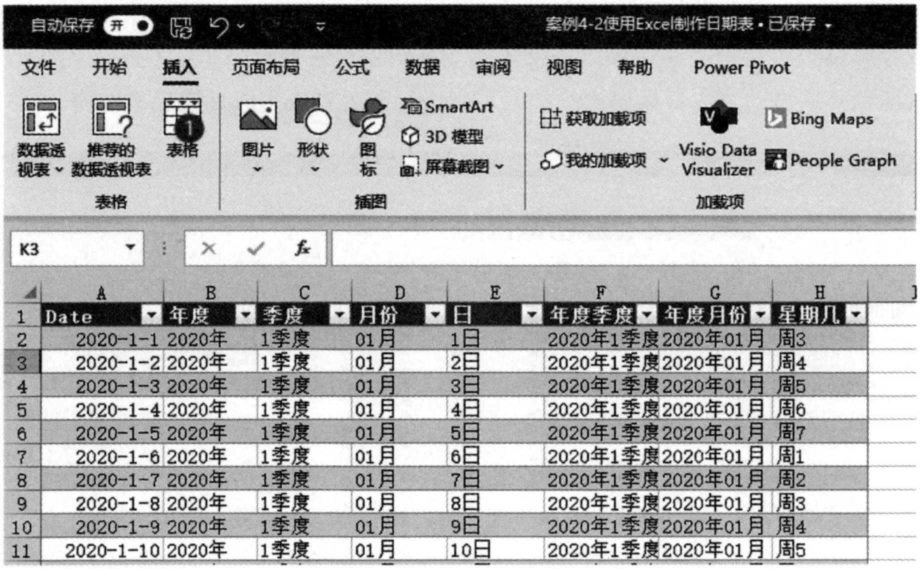

图 4-5

STEP02：根据需要填充"date"日期列。

其他各列公式如下：

```
年度 =YEAR([@date])&" 年 "
季度 =LEN(2^MONTH([@date]))&" 季度 "
月份 =RIGHT("0"&MONTH([@date]),2)&" 月 "
日 =DAY([@date])&" 日 "
年度季度 =[@ 年度 ]&[@ 季度 ]
年度月份 =[@ 年度 ]&[@ 月份 ]
星期几 =" 周 "&WEEKDAY([@date],2)
```

STEP03：参照【3.2.1 从单个文件导入】章节，导入制作好的数据表，即完成日期表的建立。

## 4.3.2　使用 M 语言生成日期表

【案例 4-2】使用 M 语言生成日期表

【案例数据】书中案例 \ 第 4 章 \ 案例 4-2 使用 M 语言生成日期表 .pbix

【实现步骤】

STEP01: 新建空查询。点击【主页】选项卡 -【数据】分组 -【新建源】按钮，在下拉菜单中选择【空查询】(图 3-50)。

STEP02: 在高级编辑器中修改代码。点击【主页】选项卡 -【查询】分组中【高级编辑器】按钮，在随后打开的【高级编辑器】中将内容全部删除，并输入下列代码:

```
(optional 请输入开始年份 as number,
optional 请输入结束年份 as number)=>
let
x = 请输入开始年份 ,
y = if 请输入结束年份 = null
then 请输入开始年份 else 请输入结束年份 ,
begin_date = if x = null
then #date(Date.Year(DateTime.LocalNow()),1,1)
else #date(x,1,1),
end_date = if y = null then #date(Date.Year(DateTime.LocalNow()),12,31)
else #date(y,12,31),
list = {1..Number.From(end_date)-Number.From(begin_date)+1},
dates = List.Transform( list , (item)=> Date.AddDays(begin_date,item-1) ),
table = Table.TransformColumnTypes(Table.RenameColumns(Table.
FromList(dates,
Splitter.SplitByNothing(), null, null, ExtraValues.Error),{{"Column1"," 日 期 "
}}),{{" 日 期 ", type date}}),
year_id = Table.AddColumn(table," 年 度 ", each Text.From(Date.Year([ 日
期 ]))&" 年 "),
quarter_name = Table.AddColumn(year_id, " 季 度 ", each Text.From(Date.
QuarterOfYear([ 日期 ]))&" 季度 "),
month_id = Table.AddColumn(quarter_name, " 月份 ", each Text.PadStart
(Text.From(Date.Month([ 日期 ])),2,"0")&" 月 "),
```

```
    data_id=Table.AddColumn(month_id," 日 ", each Date.Day([ 日期 ]), type number),
    year_quarter_id = Table.AddColumn(data_id, " 年度季度 ", each Text.From
([ 年度 ])&[ 季度 ]),
    year_month_id = Table.AddColumn(year_quarter_id, " 年度月份 ", each Text.From
([ 年度 ])&[ 月份 ]),
    day_in_week = Table.AddColumn(year_month_id, " 星期几 ", each Number.
Mod (Date.DayOfWeek([ 日期 ])+6,7)+1, type number)
    in
    day_in_week)
```

STEP03：选中建立的查询，按照提示在"输入参数"栏目内，输入起讫日期，
点击【调用】（图 4-6），即可生成一个名为"调用的函数"的日期表查询。

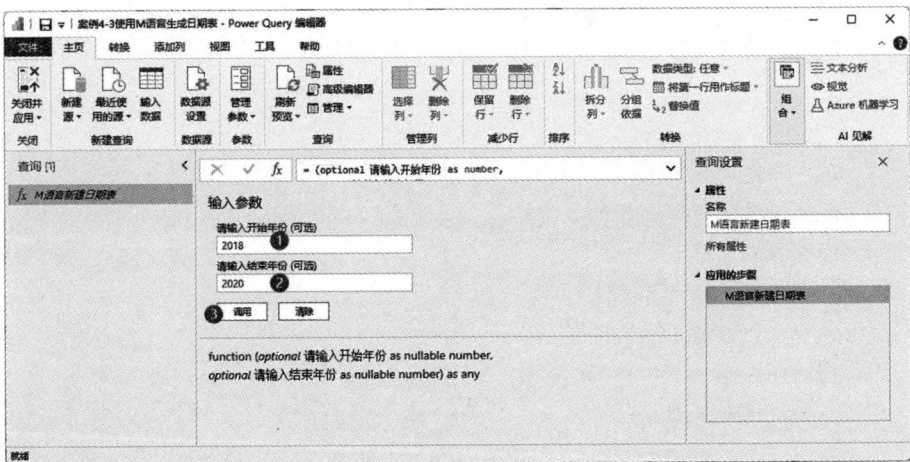

图 4-6

## 4.3.3  使用 DAX 生成日期表

在 PowerBI Desktop 中，我们可以采用新建表的方式，建立日期表。

【案例 4-3】使用 DAX 生成日期表

【案例数据】书中案例 \ 第 4 章 \ 案例 4-3 使用 DAX 生成日期表 .pbix

【实现步骤】

STEP01：在数据视图状态下，如图 4-7 所示，点击【建模】选项卡 -【计算】
分组 -【新表】按钮，即可创建新表。

图 4-7

STEP02：将公式栏中内容替换为相应 DAX 函数代码，完成后回车或点击"√"即可完成日期表的创建（图 4-8）。

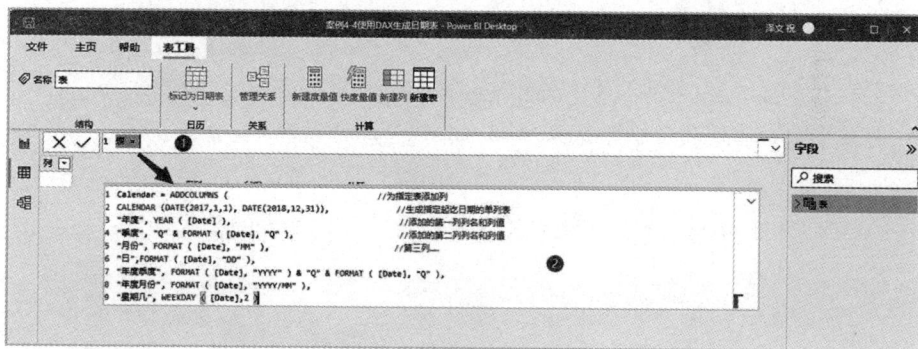

图 4-8

DAX 函数创建日期表方式通常有以下三种：

（1）ADDCOLUMNS 与 CALENDAR 函数组合；

（2）GENERATE 和 CALENDAR 函数组合；

（3）GENERATE 与 CALENDARAUTO 函数组合。

各种 DAX 函数具体使用方法及代码如下。

（1）ADDCOLUMNS 与 CALENDAR 函数组合

ADDCOLUMNS 的作用是为指定的表添加列，其用法如下：

ADDCOLUMNS（表，列名，表达式……）

【参数】

第一个参数为表，或者返回表的表达式；

第二个和第三个参数为添加的第一列列名和计算列的表达式；

第三个和第四个参数为添加的第二列列名和计算列的表达式；

以此类推……

【返回值】

表，包含原始表和新添加列的新表。

CALENDAR 在此处的作用为生成一个单列日期表，其用法如下：

【语法】

CALENDAR( 开始日期 , 结束日期 )

【参数】

第一个参数为开始日期，可以是返回日期时间值的任何 DAX 表达式；

第二个参数为结束日期，可以是返回日期时间值的任何 DAX 表达式。

【返回值】

返回一个表，该表的单个列为"Date"，其中包含一组连续的日期。日期范围从指定的开始日期到指定的结束日期，包括这两个值。

注意：开始日期应小于结束日期，否则返回错误。

ADDCOLUMNS 与 CALENDAR 函数组合生成日期表的公式如下：

```
Calendar = ADDCOLUMNS (                                      // 为指定表添加列
CALENDAR (DATE(2017,1,1), DATE(2018,12,31)),                // 生成指定起讫日期的单列表
" 年度 ", YEAR ( [Date] ),                                    // 添加的第一列列名和列值
" 季度 ", "Q" & FORMAT ( [Date], "Q" ),                      // 添加的第二列列名和列值
" 月份 ", FORMAT ( [Date], "MM" ),                            // 第三列……
" 日 ",FORMAT ( [Date], "DD" ),
"年度季度", FORMAT ( [Date], "YYYY" ) & "Q" & FORMAT ( [Date], "Q" ),
"年度月份", FORMAT ( [Date], "YYYY/MM" ),
" 星期几 ", WEEKDAY ( [Date],2 )
```

（2）GENERATE 和 CALENDAR 函数组合。

GENERATE 的用途为生成两个表的笛卡尔积表。

【语法】
　　GENERATE(< 表 1>, < 表 2>)
【参数】
　　表 1：任何返回表的 DAX 表达式；
　　表 2：任何返回表的 DAX 表达式。
【返回值】
　　返回一个表，根据表 1 和表 2 的计算结果生成相应的笛卡尔积表。
【注意】
　　如果对表 1 中当前行的表 2 求值返回一个空表，则结果表将不包含表 1 中的当前行。这与 GENERATEALL（）不同，在 GENERATEALL（）中，表 1 中的当前行将包含在结果中，而与表 2 相对应的列将该行具有空值。
　　表 1 和表 2 中的所有列名称必须不同，否则将返回错误。

在 GENERATE 和 CALENDAR 公式组合生成日期表方案中，我们还用到 VAR 与 RETURN 公式组合。

VAR 是 VARIABLE 的缩写，意思为变量，任何一个编程语言中，变量都是一个非常重要的基础概念，DAX 也是一种编程语言，当然也会存在变量这个概念。我们可以将变量理解为照相机，它会为我们定格记忆。

VAR 的主要作用包括：

第一，简化度量值的书写，并便于理解；

第二，定义变量完成运算以后结果可以被电脑记忆，需要的话可以随时调用，而无须重新运算，能大大提升 DAX 的运算性能；

第三，定义的变量可以多次重复引用，只要注意定义和引用的顺序即可。

VAR 结果的输出需要通过 RETURN 完成，使用 RETURN 可以调用其以前的 VAR 语句中定义的变量。

VAR—RETURN 组合的使用方法如下：

【语法】
　　VAR < 名称 > = < 表达式 >
　　[VAR < 名称 2> = < 表达式 2> [...]]
　　RETURN < 结果表达式 >

【参数】

名称：变量的名称（或标识符）。在变量命名时，不支持定界符。例如，"varName"或[varName]，将导致错误。

支持的字符集：az，AZ，0-9。

其中0-9不能作为第一个字符，否则无效。

__（双下划线）可以用作标识符名称的前缀。

不支持其他特殊字符。

不允许使用保留关键字。

不允许使用现有表的名称。

不允许有空格。

表达式：DAX表达式，返回标量或表值。

结果表达式：使用定义变量的表达式。

【返回值】

VAR返回包含表达式参数结果的命名变量。

利用RETURN可将VAR的定义变量名在另一表达式中使用。

【注意】

作为参数传递给VAR的表达式可以包含另一个VAR声明。

在本例组合中，我们还利用了ROW公式，其用法如下：

【表达式】

ROW(<名称>,<表达式>[[,<名称>,<表达式>]…])

【参数】

名称：给予此列的名称，包含在双引号内；

表达式：任何返回要填充的单个标量值的DAX表达式。

【返回值】

包括单一行的表

【注意】

参数必须始终以【名称】和【表达式】对的形式出现。

GENERATE和CALENDAR公式组合生成日期表公式如下：

```
Calendar =
GENERATE (
CALENDAR ( DATE ( 2017, 1, 1 ), DATE ( 2018, 12, 31 ) ),
VAR currentDay = [Date]
VAR year = YEAR ( currentDay )
VAR quarter = "Q" & FORMAT ( currentDay, "Q" )
VAR month = FORMAT ( currentDay, "MM" )
VAR day = DAY( currentDay )
VAR weekid = WEEKDAY ( currentDay,2)
RETURN ROW (
" 年度 ", year ,
" 季度 ",quarter,
" 月份 ", month,
" 日 ", day,
" 年度季度 ", year&quarter,
" 年度月份 ", year&month,
" 星期几 ", weekid
)
)
```

此公式中，逻辑思路如下（图 4-9）：

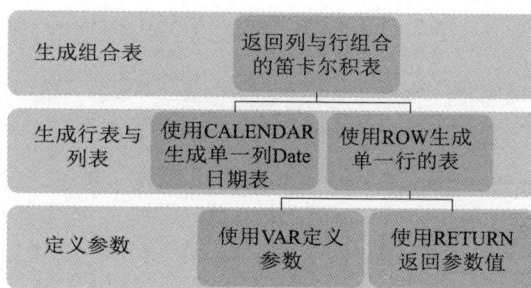

图 4-9

（3）GENERATE 与 CALENDARAUTO 函数组合。

与 GENERATE 和 CALENDAR 公式组合生成日期表的方案不同，GENERATE 与 CALENDARAUTO 函数组合将 CALENDAR 替换为 CALENDARAUTO，并且，CALENDARAUTO 没有指定起止日期，这就是 CALENDARAUTO 函数的厉害之处，

它可以自动检测模型中其他表的所有日期，生成一个单列日期表，并且其生成的日期涵盖所涉及日期的整年。

CALENDARAUTO 用法如下：

**【表达式】**

　　CALENDARAUTO([ 会计年度结束月份 ])

**【参数】**

　　会计年度结束月份：返回从 1 到 12 的整的任何 DAX 表达式。如果省略，则默认为日历表模板中为前用户指定的值（如果存在）；否则为默认值，默认认为 12。

**【返回值】**

　　返回一个带有名为 " Date" 的单列的表，其中包含一组连续的日期。日期范围是根据模型中的数据自动计算的。

**【注意事项】**

　　日期范围的计算如下：

　　未在计算列或计算表的模型中的最早日期被视为 MinDate。

　　模型中不在计算列或计算表的最新日期被视为 MaxDate。

　　返回的日期范围是与 MinDate 关联的会计年度的开始到与 MaxDate 关联的会计年度的结束之间的日期。

　　如果模型中计算列或计算表均不包含日期和时间值，则返回错误。

GENERATE 和 CALENDARAUTO 公式组合生成日期表公式如下：

```
Calendar =
GENERATE (
CALENDARAUTO(),
VAR currentDay = [Date]
VAR year = YEAR ( currentDay )
VAR quarter = FORMAT ( currentDay, "Q" )
VAR month = FORMAT ( currentDay, "MM" )
VAR day = DAY( currentDay )
VAR weekid = WEEKDAY ( currentDay,2)
RETURN ROW (
" 年度 ", year&" 年 ",
" 季度 ",quarter&" 季度 ",
```

```
" 月份 ", month&" 月 ",
" 日 ", day,
" 年度季度 ", year&"Q"&quarter,
" 年度月份 ", year&month,
" 星期几 ", weekid
)
```

## 4.3.4 标记日期表

完成日期表的制作后，我们需要对日期表进行标记。只有完成日期表的标注，系统方能在后期建模时有效地使用时间智能函数。标记方法大致分两类：

1. 使用右键菜单进行标记

在【字段】栏内，选择需要标记的日期表，右键选择【标记为日期表】-【标记为日期表】（图 4-10）。

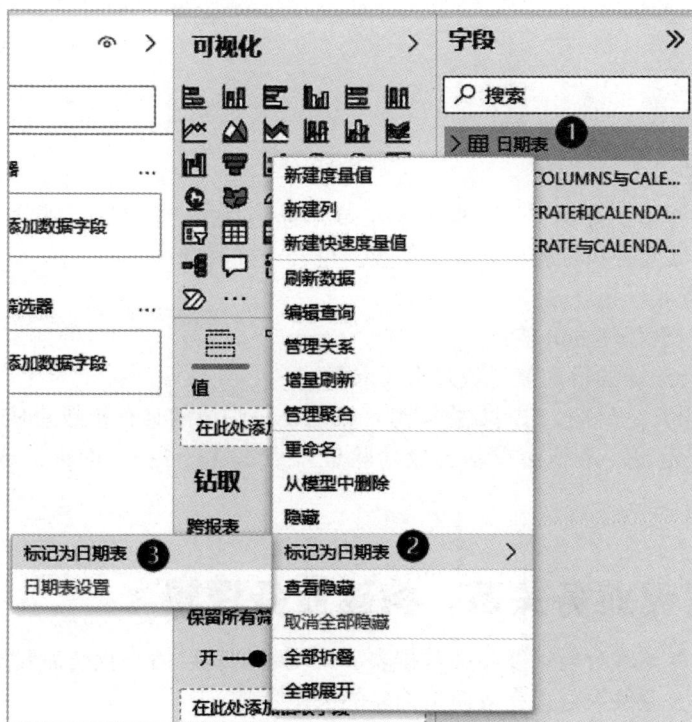

图 4-10

2. 在数据视图下标注

在【数据】视图模式下，如图 4-11 所示，选择需要标记的日期表，点击【表工具】选项卡 -【日历】分组中【标记为日期表】，在下拉菜单中选择【标记为日期表】；

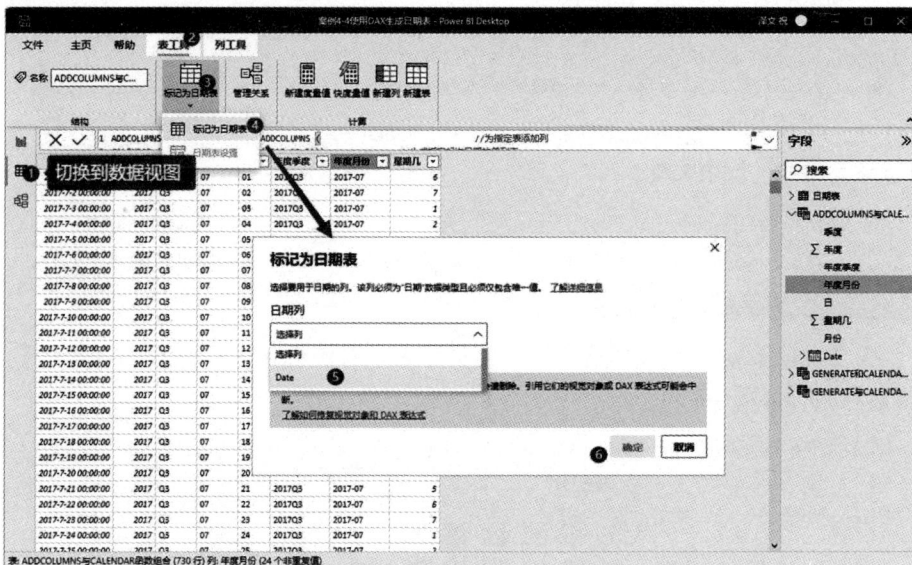

图 4-11

在随后弹出的【标记为日期表】菜单中选择并指定日期列，此时，PowerBI 将对该列及其数据执行验证，以确保数据符合下列规则：

➢ 包含唯一值；

➢ 不包含任何 null 值；

➢ 包含连续的日期值（从开头到末尾）；

➢ 如果它是日期 / 时间数据类型，则它在每个值间具有相同的时间戳。

如验证无误，系统会提示已成功验证，点击【确定】，即可完成日期表的标记。

# 4.4　搭建业务关系，构建业务逻辑

完成业务需求分析以及相关数据表、维度表的获取后，我们需要建立相关数据表之间的关联关系，以完成模型构建的关键步骤。

在构建关联关系之前，我们有必要对相关数据表以及关系的分类进行大致的了解。

## 4.4.1 表及关系的分类

### 4.4.1.1 表的分类

为便于数据建模及分析，通常我们将表分为维度表与事实表两类，其中：

维度表：用于存放具有独立属性和层次结构的数据，通常由维度编码和对应的维度说明（标签）组成，一般是对事实的描述信息，其主要特征包括：

➢ 范围很宽（具有多个属性、列比较多）；

➢ 与事实表相比，行数相对较小；

➢ 内容相对固定。

例如用户、商品、日期、地区等。

从关系视图来看，维度表通常处于视图的"1"端。

事实表：表格里存储能体现实际数据或详细数值的数据，一般由维度编码和事实数据组成。事实表中的每行数据代表一个业务事件（如合同模型中的收款、开票等）。"事实"这个术语表示的是业务事件的度量值（可统计次数、个数、金额等）。事实表的特征包括：

➢ 数据量非常大；

➢ 内容相对较窄，列数较少；

➢ 经常发生变化，每天会新增加很多。

例如销售数据、收款、开票、存货出入库数据等。

从关系视图来看，事实表通常处于视图的"*"端。

### 4.4.1.2 关系分类

在数据建模任务中，首要任务是对数据关系进行管理，通过在不同表数据之间创建关系，可增强数据分析的功能。在 PowerBI 中，关系通常基于两个数据表之间同一属性字段的创建，如图 4-12 中①所示。关系类型主要有以下几类：

多对一（*：1）【或称为一对多（1：*）】。这是最常见的默认关系类型，意味着一个表中的列可具有一个值的多个实例，而另一个相关表（常称为查找表或维度表）仅具有一个值的一个实例。

一对一（1：1）。即一个表中的列仅具有特定值的一个实例，而另一个相关表也是如此。

多对多关系。借助复合模型，可以在表之间建立多对多关系，从而消除表中对唯一值的要求。

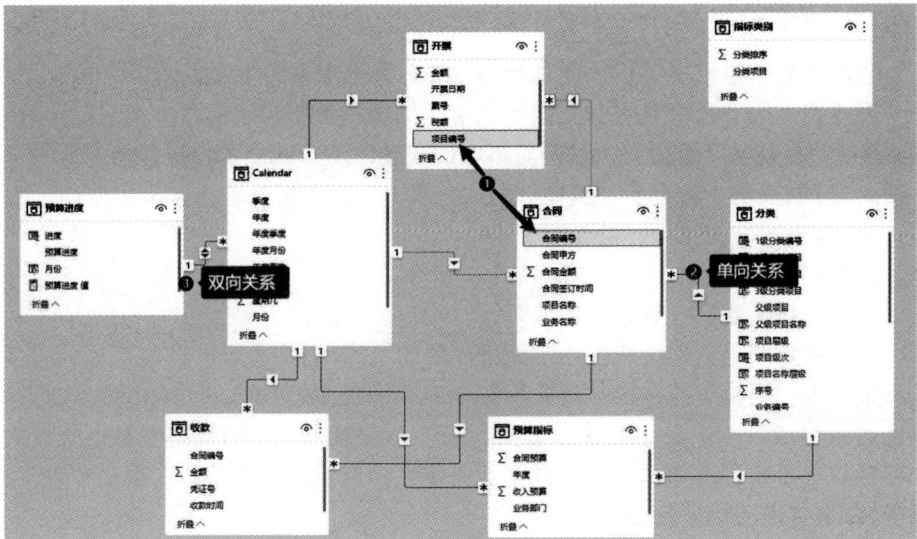

图 4-12

在 PowerBI 关系设置过程中，我们还需注意对交叉筛选器方向进行设置，其主要存在单向和双向两种类型。

双向：是最常见的默认方向，意味着为进行筛选，两个表均被视为一个表。双向非常适用于其周围具有多个查找表的单个表，这通常称为星型架构配置（一个具有多个查找表或维度表的中心表）。但是，如果您的两个或更多表格也具有查找表（部分查找表共有），则"双向"设置不适合，这种情况下，应避免"双向"设置，如图 4-12 中③所示。

单向：连接表中的筛选选项适用于将求值总和的表。如果你在 Excel 2013 或更早的数据模型中导入 PowerPivot，则所有关系都将具有单个方向，如图 4-12 中②所示。

## 4.4.2 关系模型的布局

关系模型的布局理论源自数据仓库的方法论，在 PowerBI 中，关系模型布局主要有两种：星形布局及雪花形布局。

星形布局模式：也称数据立方体或多维模式，是最简单的数据仓库架构。星形模式由一个或多个事实表引用任何数量的维度表，被认为是重要的特殊情况雪花模式（图 4-13）。

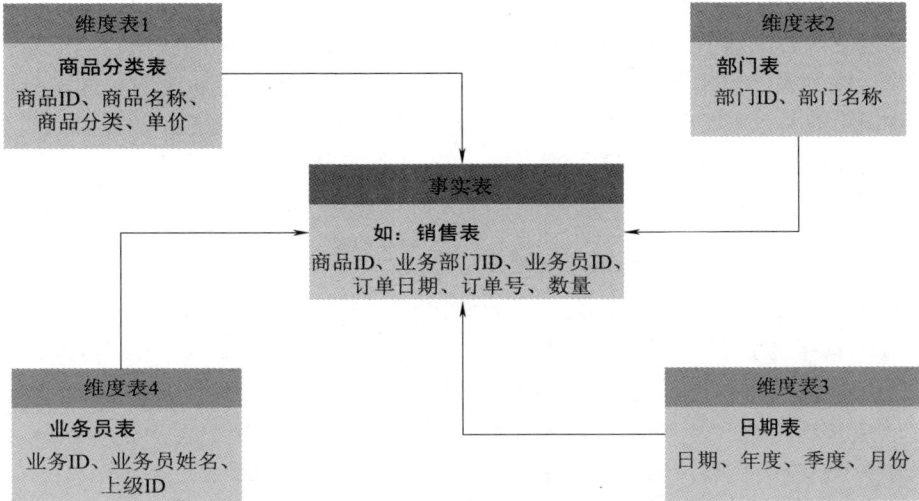

图 4-13

雪花形布局模式：雪花模式的实体关系图类似雪花的形状，其特点是在事实表外侧有多层维度表，每个维度可能串起多个维度表，如同雪花一样由中心向外延伸（图 4-14）。

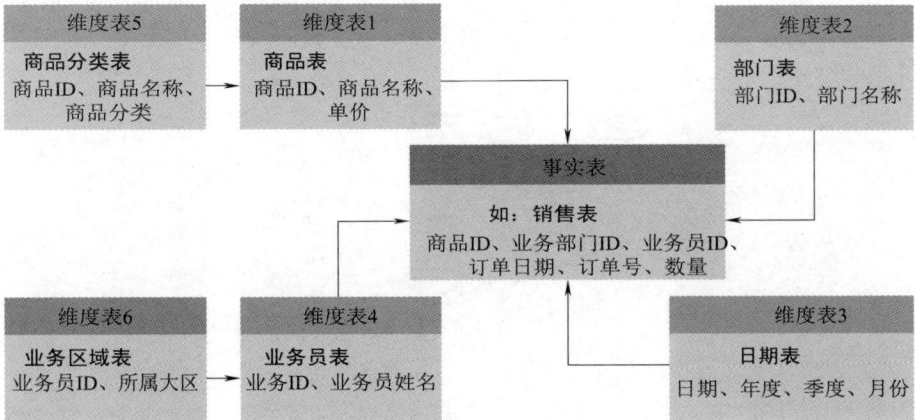

图 4-14

总体来说，星形布局模式结构相对简单，易于掌控，模型相对简单时推荐使用；雪花形布局适合处理相对复杂的逻辑结构。两种布局模式可根据模型分析逻辑按需选用。

### 4.4.3　模型关系的创建

在 PowerBI 中，创建关系就是通过各种方式建立表与表之间的联系。通常，在数据导入的过程中，PowerBI 即可基于各表字段及数据之间的联系自动识别并创建一些关系。但由于字段名称表述不一致，以及通用描述等原因（如序号），自动识别的关系可能并非我们想要的，或者存在一些错误，这时，就需要我们对模型关系进行手动创建或修改调整。

#### 4.4.3.1　自动检测创建关系

【案例 4-4】自动检测创建关系

【案例数据】书中案例 \ 第 4 章 \ 案例 4-4 合同管理 - 原始数据 .xlxs

【实现步骤】

STEP01：打开 PowerBI Desktop 应用程序，导入给定案例数据文件中的"合同""开票""收款""预算""业务大类""业务类型"六张数据表，并用 DAX 公式新建"日期表"后，切换至【模型】视图，如图 4-15 所示。

STEP02：在图 4-15 中，我们可以看到：

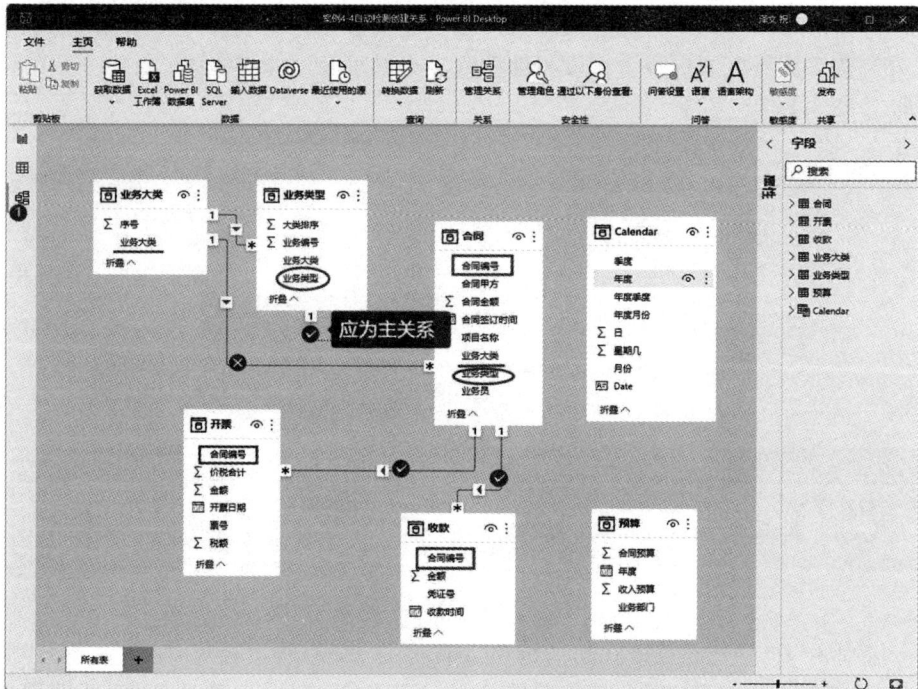

图 4-15

（1）由于存在"合同编号"相同字段，"合同"（维度表）、"收款"（事实表）、

"开票"（事实表）三个表自动创建了1对多关系；

（2）"业务大类"与"合同"之间因存在"业务大类"相同字段，形成1对多关系；"业务类型"与"合同"之间因存在"业务类型"相同字段，也形成1对多关系；但因"业务大类""业务类型""合同"三表之间互为关系，故自动检测时"业务大类"与"合同"为主关系（实线），而"业务类型"与"合同"为从关系（虚线）。而在模型中，正确关系应为"业务类型"与"合同"为主关系，"业务大类"与"业务类型"为次级关系；

（3）导入的"预算表"、日期表"Calendar"并未与其他表创建关联关系。

### 4.4.3.2　手动创建修改关系

【案例4-5】自动检测创建关系

【案例数据】书中案例 \ 第4章 \ 案例4-5 手动创建修改关系 .bpix

【实现步骤】

STEP01：删除错误关系。将上个案例文件另存为案例4-5 手动创建修改关系 .bpix，切换至【模型】视图，参照图4-16删除错误关系。

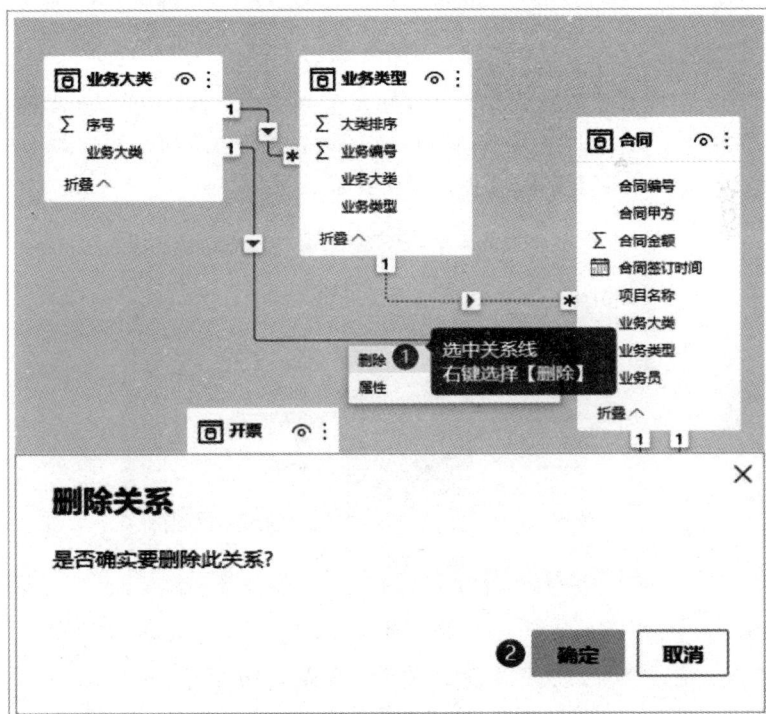

图 4-16

STEP02：修改"业务类型"与"合同"之间关系为可用状态。如图 4-17 所示，选中关系虚线，双击打开【编辑关系】窗口，勾选【使此关系可用】选项，点击【确定】，即可使关系虚线变为实线，变为可用状态。

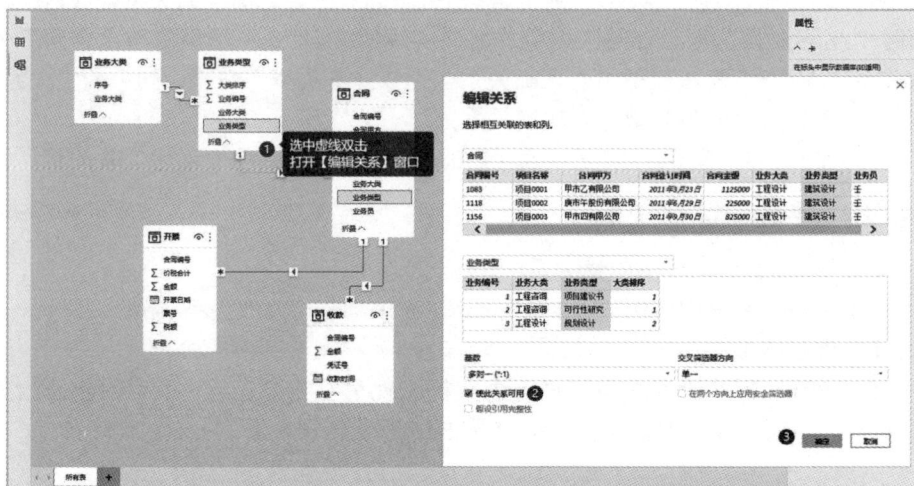

图 4-17

STEP03：拖拽方式创建关系。在【模型】视图中，我们可以通过拖拽方式创建表之间的关联。如图 4-18 所示，将日期表"Calendar"中【Date】字段拖拽至"合同"表【合同签订日期】字段之上，即可建立关系。

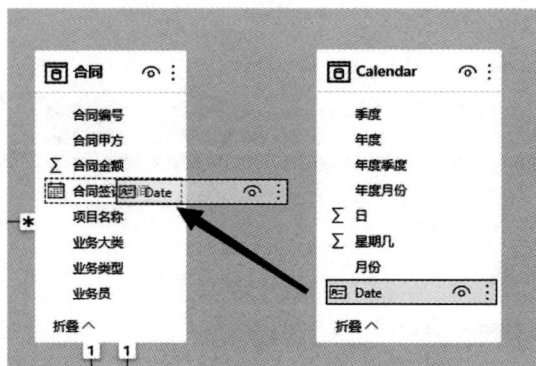

图 4-18

STEP04：通过【管理关系】创建关系，如图 4-19 所示。
方式一：点击【主页】选项卡 -【关系】分组 -【管理关系】按钮；
方式二：选中任意表单，在右键菜单中选择【管理关系】。

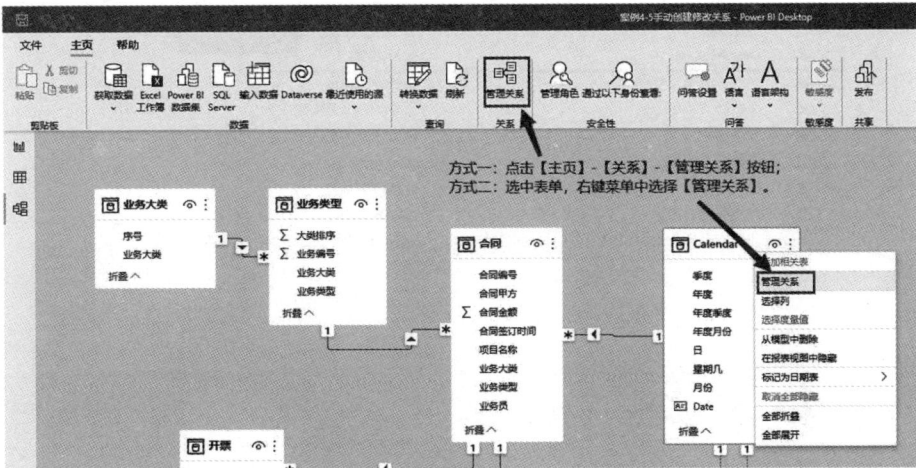

图 4-19

　　在随后打开的【管理关系】窗口，如图 4-20 所示，点击【新建】按钮，将弹出【创建关系】窗口；设置日期表"Calendar"中【Date】字段与预算表中【年度】字段之间的关系，点击确定，【创建关系】窗口关闭。

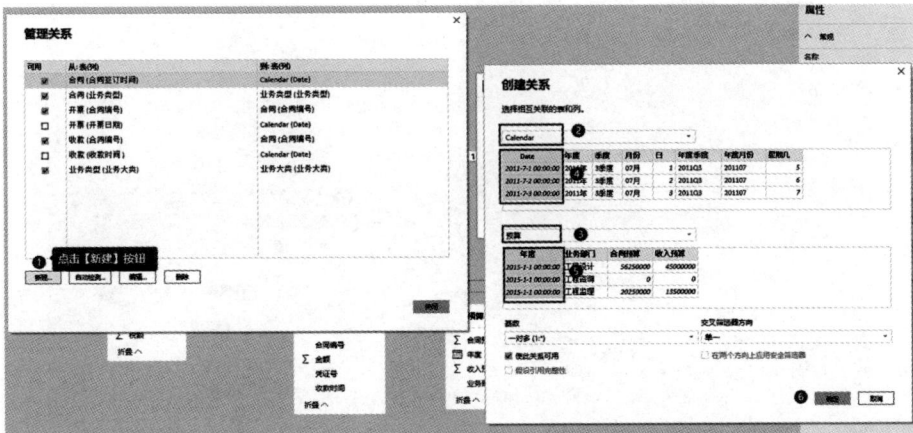

图 4-20

　　返回【管理关系】界面，我们发现图 4-21 所示新增一条关系，点击【关闭】，即可完成关系创建。

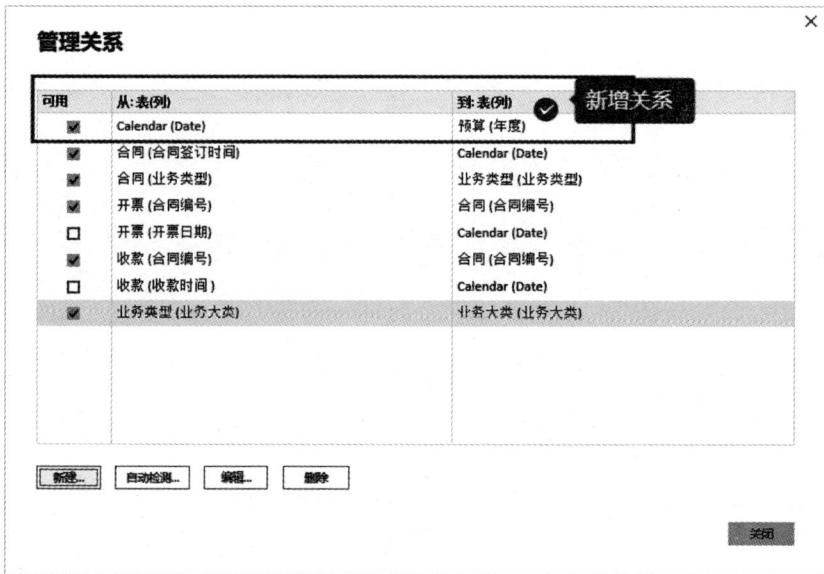

图 4-21

所有关系创建完毕后，全部关系视图如图 4-22 所示。

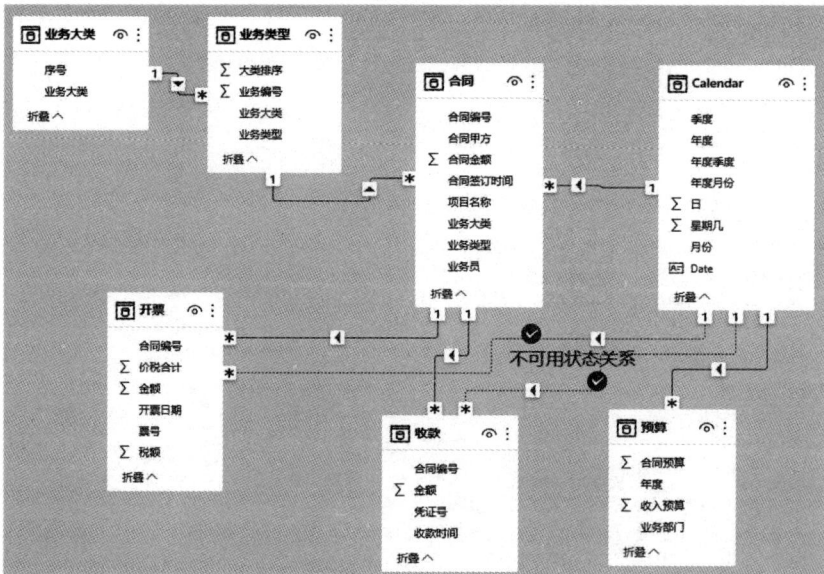

图 4-22

其中："开票"与日期表"Calendar"、"收款"与日期表"Calendar"的关系为虚线状态，即不可用状态；在不可用状态下书写度量值时不会产生上下文筛选效果，我们可以采用 USERELATIONSHIP 使关系在度量值中启用。

## 4.4.4　添加计算表及计算列

完成关系的创建与修改，模型已经初具雏形，但尚不能完全满足我们下一步的分析需求。这时，我们需要使用 DAX 函数给模型添加相关计算表及计算列，以满足分析需求。

延续上例，合同模型我们需要计算出往来款余额，以及对应往来款的账龄情况。此时，我们需要增加会计期起讫时间账龄区间的定义、以及日期参数的定义表格，同时需要生成往来款计算及账龄分析表。

【案例 4-6】添加计算表及计算列

【案例数据】书中案例 \ 第 4 章 \ 案例 4-6 添加计算表及计算列 .bpix

【实现步骤】

STEP01：创建账龄区间定义及日期参数定义表。具体数据如下：

### 账龄区间定义表

| 序号 | 账龄区间 |
| --- | --- |
| 1 | 30 天以内 |
| 2 | 30-90 天 |
| 3 | 90-180 天 |
| 4 | 180 天 -1 年 |
| 5 | 1-2 年 |
| 6 | 2 年以上 |

### 日期参数定义表

| 起讫日期 | 备注 |
| --- | --- |
| 2017-01-01 | 会计期开始日 |
| 2017-12-31 | 会计期结束日 |

运用已经完成的【案例 4-5】手动创建修改关系 .bpix 文件，我们可使用两种方式创建数据表。

第一，按照【3.2.5 输入数据创建新表】给模型中添加相关数据，在此不做赘述；

第二，使用 DAX 函数创建数据表。

以创建账龄区间定义表为例，具体原理如下（图 4-23）：

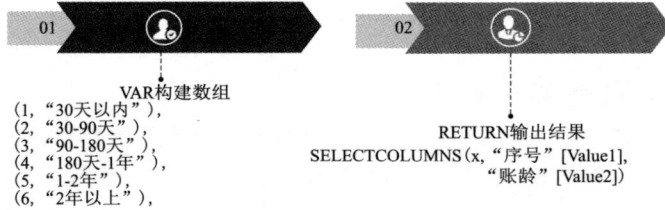

图 4-23

```
账龄区间 =
var x =
{
    (1 , "30 天以内 "),
    (2 , "30-90 天 "),
    (3 , "90-180 天 "),
    (4 , "180 天 -1 年 "),
    (5 , "1-2 年 "),
    (6 , "2 年以上 ")
}
return
SELECTCOLUMNS(x ," 序号 ",[Value1]," 账龄 ",[Value2])
```

STEP02：明确往来款计算业务逻辑。

假设本例中收入确认时点与开票时点相同，且不存在税会差异，则每一项目的逻辑关系如下：

开票金额 = 收入金额。

并且，

当开票 > 收款时，应收款 = 开票 – 收款；

当开票 < 收款时，预收款 = 收款 – 开票；

则往来款计算表逻辑关系如图 4-24 所示：

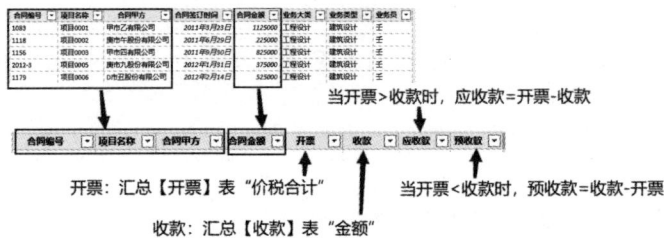

图 4-24

明确业务逻辑后，我们会形成图 4-25 所示清晰的计算步骤：

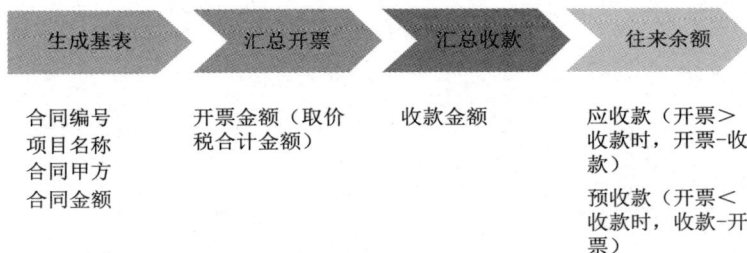

| 生成基表 | 汇总开票 | 汇总收款 | 往来余额 |
|---|---|---|---|
| 合同编号<br>项目名称<br>合同甲方<br>合同金额 | 开票金额（取价税合计金额） | 收款金额 | 应收款（开票＞收款时，开票-收款）<br>预收款（开票＜收款时，收款-开票） |

图 4-25

STEP03：使用 SUMMARIZE 生成往来款计算基表。

在【报表】视图下，点击【建模】选项卡 -【计算】分组 -【新建表】按钮（或在【数据】视图下点击【表工具】选项卡 -【计算】分组 -【新建表】），这时在公式栏内将出现"表 ="字样，将公式替换为如下代码：

往来款 = SUMMARIZE(' 合同 ',' 合同 '[ 合同编号 ],' 合同 '[ 项目名称 ],' 合同 '[ 合同甲方 ],' 合同 '[ 合同金额 ])

回车或点击"√"，即生成一张名为"往来款"的计算表（图 4-26）。

图 4-26

SUMMARIZE 用法如下：

【语法】

SUMMARIZE(< 表 >, < 现有列的限定名称 >[, < 现有列的限定名称 >]…[, < 汇总列名称 >, < 表达式 >]…)

【参数】

表：任何返回数据表的 DAX 表达式。

现有列的限定名称：（可选）现有列的限定名称，将使用该列中找到的值创建摘要组。此参数不能是表达式。

汇总列名称：给予总计或汇总列的名称，包含在双引号内。

表达式：任何返回单个标量值的 DAX 表达式，其中，表达式将计算多次（针对每行 / 上下文）。

【返回值】

其中包含现有列的限定名称、参数的选定列和由名称参数设计的汇总列的表。

【注意】

每一定义名称的每列必须具有一个对应的表达式，否则将返回错误。第一个参数 name 定义了结果中此列的名称。第二个参数 expression 定义了所执行的用来获取该列中每行的值的计算。

现有列的限定名称必须在表或表的相关表中。

每个名称都必须用双引号引起来。

此函数按一个或多个现有列的限定名称，列的值将一组选定行组合成一个摘要行集，针对每一组返回一行。

在本例中，因为合同表中“合同编号”“项目名称”均为唯一值，“合同额”也是唯一值，故不须使用【汇总表达式】进行汇总即可得出数据。如果我们采用【汇总表达式】，改为下列代码，所得出的计算结果也完全一致。

```
往来款 2 = SUMMARIZE(' 合同 ',
' 合同 '[ 合同编号 ],' 合同 '[ 项目名称 ],' 合同 '[ 合同甲方 ]," 合同额 ",SUM
(' 合同 '[ 合同金额 ]))
```

STEP04：利用计算列生成“开票”列数据。

在【数据】视图下，点击【列工具】选项卡 -【计算】分组 -【新建列】按钮（图 4-27），输入如下代码：

```
开票 = sumx(
        FILTER(' 开票 ',' 往来款 '[ 合同编号 ]=' 开票 '[ 合同编号 ]
&&' 开票 '[ 开票日期 ]<=MAX(' 日期参数定义 '[ 起讫日期 ])),
        ' 开票 '[ 价税合计 ])
```

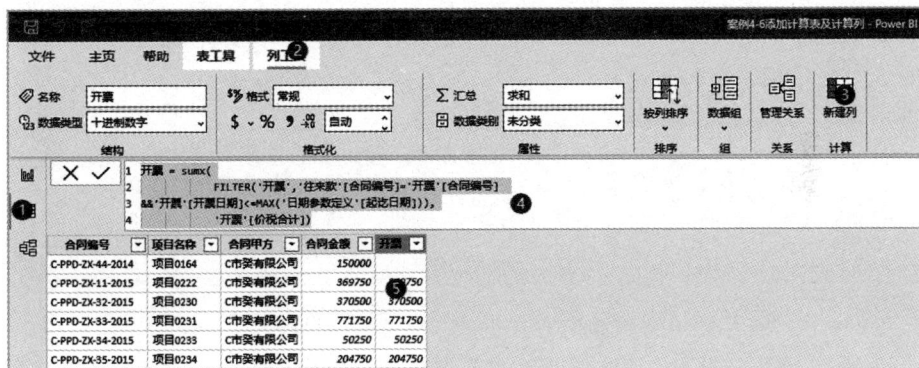

图 4-27

SUMX 的作用是返回为表中每一行计算的表达式之和，其用法如下：

【语法】
    SUMX(< 表 >,< 表达式 >)
【参数】
    表：包含该表达式计算所针对的行的表。
    表达式：要对表中每一行计算的表达式。
【返回值】
    采用逐行计算方式，根据表达式计算出值，输出值格式为小数。
【注意】
    SUMX 函数采用表或返回表的表达式作为其第一个参数；第二个参数是
包含您要求和的数字的列或者计算结果为列的表达式。只会将列中的数字计
算在内，空白、逻辑值和文本将被忽略。

除 SUMX 外，MAXX、MINX、AVERAGEX、COUNTAX 等函数的用法也
大体如此。

FILTER 在此处用作筛选表，具体用法如下：

【语法】
　　FILTER(< 表 >,< 筛选条件 >)
【参数】
　　表：要筛选的表。此表还可以是产生的结果是表的表达式。
　　筛选条件：要为该表的每一行计算的布尔表达式。例如，[Amount] > 0
或 [Region] = "France"
【返回值】
　　只包含筛选行的表。
【注意】
　　您可以使用 FILTER 减少表中要使用的行数，并且在计算中仅使用特定
数据。FILTER 不单独使用，而是用作在要求表作为参数的其他函数中嵌入的
函数。

STEP05：采用相同的计算列方式生成"收款"列数据。

在【数据】视图下，点击【列工具】选项卡 -【计算】分组 -【新建列】按钮
（图 4-28），输入如下代码：

```
收款 = sumx(
            FILTER(' 收款 ','  往来款 '[ 合同编号 ]=' 收款 '[ 合同编号 ] &&'
收款 '[ 收款时间 ]<=MAX(' 日期参数定义 '[ 起讫日期 ])),
            ' 收款 '[ 金额 ])
```

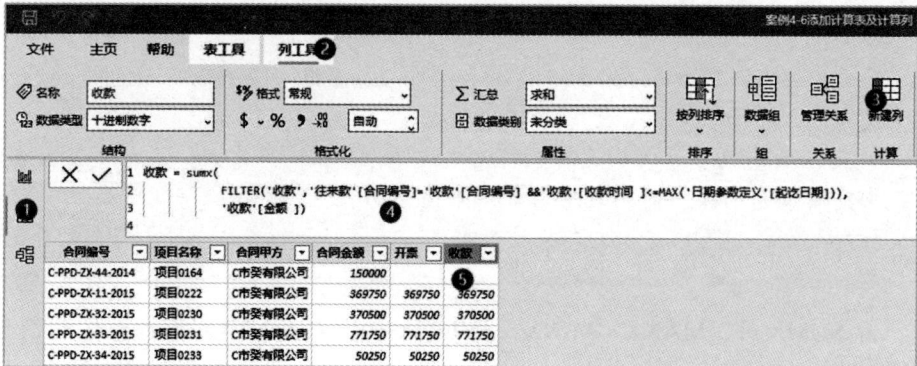

图 4-28

STEP06：计算往来款余额。

同样采用新建计算列方式，计算往来款余额。根据开票与收款之间的逻辑关系，生成应收款或预收款余额。相关代码如下：

$$应收款 = if(\ '往来款\ '[\ 开票\ ]>\ '往来款\ '[\ 收款\ ],$$
$$'往来款\ '[\ 开票\ ]-\ '往来款\ '[\ 收款\ ],$$
$$0)$$

预收款列代码如下：

$$预收款 = if(\ '往来款\ '[\ 开票\ ]<\ '往来款\ '[\ 收款\ ],$$
$$'往来款\ '[\ 收款\ ]-\ '往来款\ '[\ 开票\ ],$$
$$0)$$

完成后效果如图 4-29 所示：

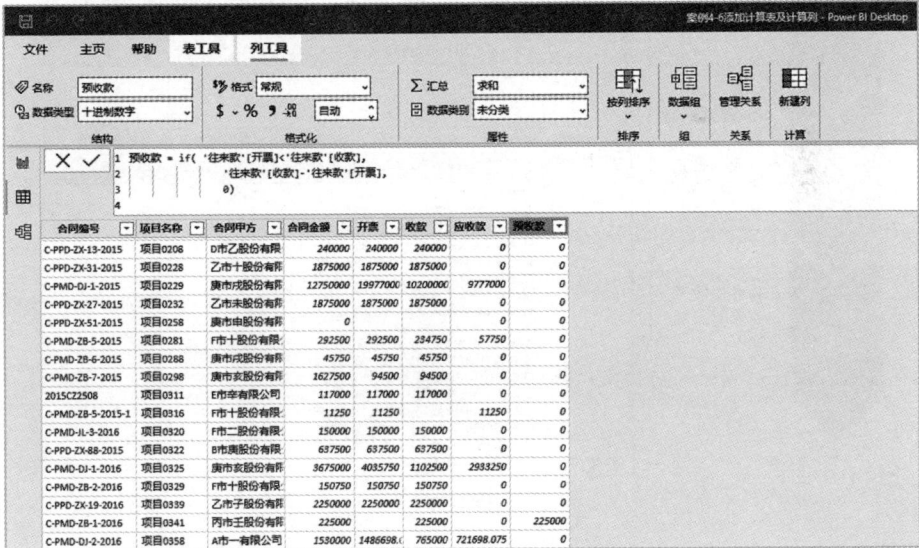

图 4-29

STEP07：明确往来款账龄计算逻辑。

计算账龄一般有票款核销、时间判断两种方式，其区别如图 4-30 所示。

假设当前日期1月31日，两种方法区别：

| 项目 | 日期 | 开票 | 收款 | 应收 |
|------|------|------|------|------|
| A | 1月1日 | 10,000.00 | 5,000.00 | 5,000.00 |
| A | 1月10日 | 10,000.00 | – | 10,000.00 |

票款核销

| 账龄 | 金额 |
|------|------|
| 30天 | 5,000.00 |
| 21天 | 10,000.00 |

时间判断

| 账龄 | 金额 |
|------|------|
| 21天 | 15,000.00 |

结论：
1）票款核销方式结果最精确，但需进行票款核销，相对复杂；
2）时间判断方式基于最后一笔业务的发生时间进行计算，简便易行，但无法实现账龄分段计算，准确性稍差

图 4-30

在本例中，为简化计算，我们采用时间判断的方式。

明确计算方式后，我们按照图 4-31 所示程序计算账龄。

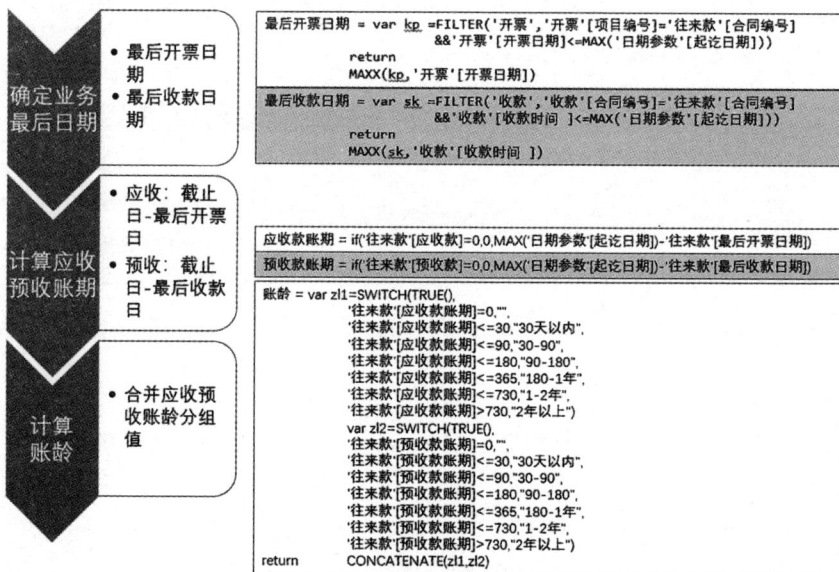

图 4-31

第一步，在【确定业务最后日期】中，我们首先使用 FLITER 函数在"开票"表筛选出项目编号等于当前数据行中合同编号，同时开票日期小于或者等于截止日期的数据，并得出一张新表；然后，再基于这张表，逐行计算"开票日期"的最大值，即为本项目最后开票的日期。同理，求出最后收款日期。

第二步，在【计算应收预收账期】时，我们使用 IF 函数进行判断，当"应收款"余额为 0 时，则不必计算应收账期；余额不为 0 时，我们采用设定截止日期减第

一步计算出的最后开票日，即得出应收款账期。运用同样的方法，我们得出预收款账期。

第三步，在【计算账龄】时，我们采用了 SWITCH 函数判断账龄区间。SWITCH 函数的功能与 IF 相同，只是书写更加简洁。在很多场景下，需要进行判断的条件只有两三种，这时使用 IF 函数相对简单；但在判断条件三条以上时，还使用 IF 函数进行书写，就会出现多层嵌套引用的情况，给阅读和书写都带来不便。这时 SWITCH 函数就显得非常简洁、方便。SWITCH 有两种使用方法。

第一，当判断条件为是否相等时，可采用如下方式：

```
季节 = SWITCH ('Calendar'[ 季度 ],
            "1 季度 "," 春 ",
            "2 季度 "," 夏 ",
            "3 季度 "," 秋 ",
            "4 季度 "," 冬 ",
            BLANK()
)
```

第二，当判断条件为区间值时，可参照如下写法：

```
账龄 = var zl1=SWITCH(TRUE(),
                ' 往来款 '[ 应收款账期 ]=0,"",
                ' 往来款 '[ 应收款账期 ]<=30,"30 天以内 ",
                ' 往来款 '[ 应收款账期 ]<=90,"30-90 天 ",
                ' 往来款 '[ 应收款账期 ]<=180,"90-180 天 ",
                ' 往来款 '[ 应收款账期 ]<=365,"180 天 -1 年 ",
                ' 往来款 '[ 应收款账期 ]<=730,"1-2 年 ",
                ' 往来款 '[ 应收款账期 ]>730,"2 年以上 ")
        var zl2=SWITCH(TRUE(),
                ' 往来款 '[ 预收款账期 ]=0,"",
                ' 往来款 '[ 预收款账期 ]<=30,"30 天以内 ",
                ' 往来款 '[ 预收款账期 ]<=90,"30-90 天 ",
                ' 往来款 '[ 预收款账期 ]<=180,"90-180 天 ",
                ' 往来款 '[ 预收款账期 ]<=365,"180 天 -1 年 ",
                ' 往来款 '[ 预收款账期 ]<=730,"1-2 年 ",
                ' 往来款 '[ 预收款账期 ]>730,"2 年以上 ")
        return
        CONCATENATE(zl1,zl2)
```

本例使用第二种方式，同时，我们分别定义了应收账龄（ZL1）、预收账龄（ZL2）两个变量，最后输出值时采用 CONCATENATE 进行文本组合，因为其中一个值必为空值，故合并结果与定义账龄区间完全一致。

SWITCH 函数释义如下：

【语法】

　　SWITCH(<表达式>, <常量值>, <常量值对应表达式>[, <常量值>, <常量值对应表达式>]···[, <否则结果>])

【参数】

　　•表达式：任何返回单个标量值的 DAX 表达式，其中，表达式将计算多次（针对每行/上下文）。

　　•常量值：要与"表达式"的结果匹配的常量值。

　　•常量值对应表达式：当"表达式"的结果与对应的"常量值"匹配时，要进行计算的任何标量表达式。

　　•不匹配结果：当"表达式"的结果与任何"常量值"参数不匹配时，要进行计算的任何标量表达式。

【返回值】

　　来自其中一个"常量值"表达式的标量值（如果与"常量值"有匹配），或者来自不匹配结果表达式（如果与任何常量值都不匹配）的标量值。

【注意】

　　所有常量值对应表达式以及不匹配结果表达式都必须属于相同数据类型。

CONCATENATE 函数的作用是将两个文本字符串联成一个文本字符串。函数释义如下：

【语法】

　　CONCATENATE(<文本 1>, <文本 2>)

【参数】

　　文本 1, 文本 2：要联接为单个文本字符串的文本字符串。字符串可以包括文本或数字，还可以使用列引用。

【返回值】

　　串联的字符串。

【注意】

　　DAX 中的 CONCATENATE 函数只接受两个参数。如果需要连接多列，则可以创建一系列计算；但更好的选择是，使用连接运算符 (&) 在一个更简单的表达式中连接所有这些列。

STEP08：一次性简化输出账龄。

如果您对 DAX 函数已经较为熟悉，为简化操作，可以将图 4-31 所示三大步骤合并一次性完成（图 4-32），代码如下：

```
账龄 =
    var kp =maxx(FILTER(' 开票 ',' 开票 '[ 合同编号 ]=' 往来款 '[ 合同编号 ]&&'
开票 '[ 开票日期 ]<=MAX(' 日期参数定义 '[ 起讫日期 ])),' 开票 '[ 开票日期 ])
                                            // 定义开票最大日期
    var sk = maxx(FILTER(' 收款 ',' 收款 '[ 合同编号 ]=' 往来款 '[ 合同编号 ]&&'
收款 '[ 收款时间 ]<=MAX(' 日期参数定义 '[ 起讫日期 ])),' 收款 '[ 收款时间 ])
                                            // 定义收款最大日期
    var arzq = if(' 往来款 '[ 应收款 ]=0,0,MAX(' 日期参数定义 '[ 起讫日期 ])-kp)
                                            // 应收账期
    var drzq = if(' 往来款 '[ 预收款 ]=0,0,MAX(' 日期参数定义 '[ 起讫日期 ])-sk)
                                            // 预收账期
    VAR zl = var zl1=SWITCH(TRUE(),         // 判断应收款账龄区间
            arzq=0,"",
            arzq<=30,"30 天以内 ",
            arzq<=90,"30-90",
            arzq<=180,"90-180",
            arzq<=365,"180-1 年 ",
            arzq<=730,"1-2 年 ",
            arzq>730,"2 年以上 ")
        var zl2=SWITCH(TRUE(),              // 判断预收款账龄区间
            drzq=0,"",
            drzq<=30,"30 天以内 ",
            drzq<=90,"30-90",
            drzq<=180,"90-180",
            drzq<=365,"180-1 年 ",
            drzq<=730,"1-2 年 ",
            drzq>730,"2 年以上 ")
        return
        CONCATENATE(zl1,zl2)                // 合并输出账龄
    return
    zl                                      // 二次输出
```

在本例中，我们使用两次RETURN输出，说明在DAX函数中，变量是可以多次引用、多次输出的。当然，在这里VAR zl步骤中其实可以直接使用定义变量zl1、zl2，而在输出时，仅输出一次【CONCATENATE(zl1,zl2) // 合并输出账龄】即可。

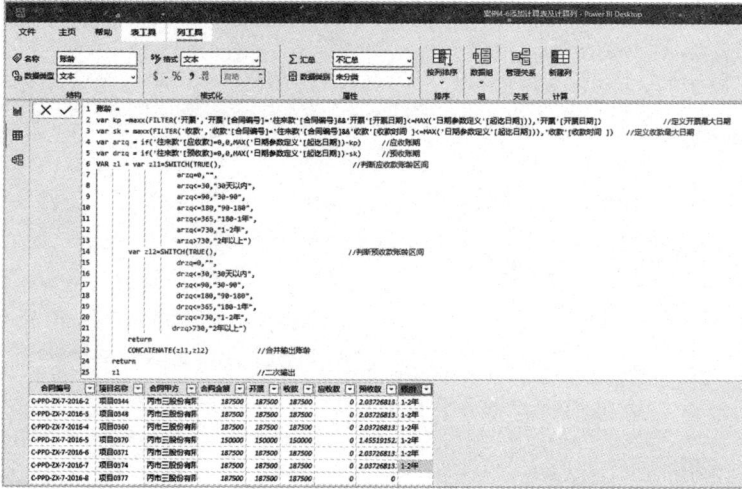

图 4-32

STEP09：模型最终关系。

将"往来款"数据表中【合同编号】字段与"合同"数据表中【合同编号】字段、"往来款"数据表中【账龄】字段与"账龄"数据表中【账龄】字段之间建立好关系，至此，模型最终关系形成（图4-33）。

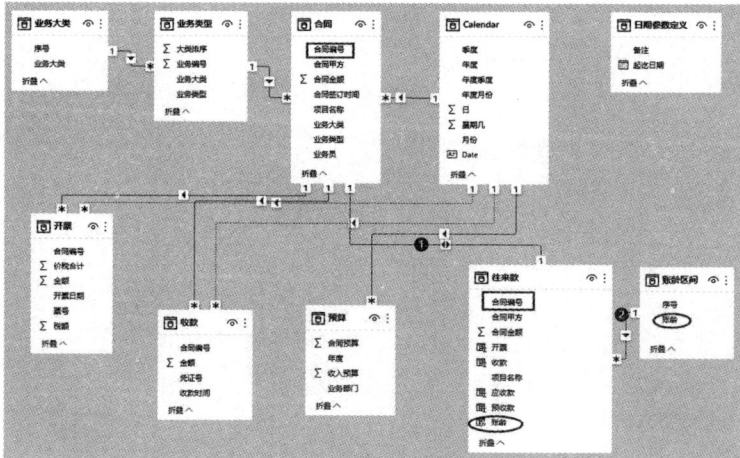

图 4-33

## 4.5　建立度量指标，形成指标体系

经过前面的铺垫，模型关系基本搭建完成。接下来，我们需要利用 DAX 数据分析表达式对模型数据进行提取、加工、筛选及整理，以期达到数据分析的目的。

利用 DAX 数据分析表达式（也称 DAX 函数），可以生成度量值、计算列与计算表。其实，计算列与计算表在本章前面内容中已经讲述，其功能与作用大家也有所了解。下面，我们就再次总结 DAX 数据分析表达式的相关知识。

### 4.5.1　认识 DAX 数据分析表达式

DAX 数据分析表达式（Data Analysis Expressions），是微软 SQL Server Analysis services（SSAS）与 Microsoft PowerPivot 的一种编程语言，它最早于 2010 年随同 PowerPivot 发布，后来被整合至 PowerBI 中。它的使用方法与常规的 Excel 函数有很多相似之处，可以对数据进行算术运算、关系运算或者逻辑运算等。对于经常使用 Excel 的财务相关从业人员来说，DAX 语言掌握应该很容易。但是涉及诸如当前计算列表、迭代以及筛选等高级概念时，就会比较复杂。一旦您消化理解了这些概念，问题就会变得简单，所以我们需要有耐心，多利用时间去熟悉它。如果书中有看不懂的地方，要坚持按照步骤做，当您完成所有步骤，一切都会变得简单。

同时，DAX 与 Excel 使用的函数又有着本质的区别。Excel 的函数是针对某一区间进行运算的，例如指定计算 A1 到 A5 这区间内数字的总和；而 DAX 是针对整个表或者列进行计算的。在 PowerBI 中，您无法直接指定只计算某几列数值之和，如果不用 FILTER（过滤）方法的话，求和就只能对整个列的所有数值求和。

要学习 DAX 语言，我们首先需要了解 DAX 的书写规则、支持数据类型、Syntax（语法），Functions（函数）和 Context（上下文）等基本概念。

#### 4.5.1.1　书写规则和语法

书写规则如下（图 4-34）：

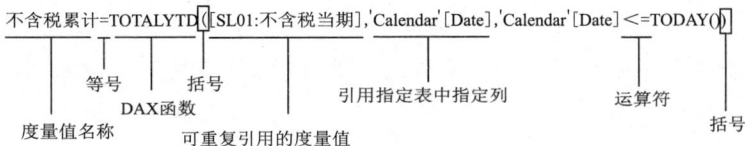

图 4-34

➤ 书写 DAX 公式以度量值名称开始，我们在通过【建模】选项卡下【计算】分组中按钮新建度量值、列、表时，公式栏会首先显示"度量值 ="、"列 ="或者"表 ="。相应的名称可以根据我们的需要进行修改；

➤ "="表示公式的开头，完成计算后将返回结果；

➤ "="右边是输入的公式。在输入公式时，使用单引号"'"引用表；使用中括号"[ ]"表示引用度量值或者列。需要重点提示的是，在引用表列时，建议采用表名加字段名的形式（如 'Calendar'[Date]）；而在引用度量值时，建议直接书写度量值（如 [SL01：不含税当期]）。因为引用列时如果不加入表名，不同表可能存在重复字段名称（即列名），由于度量值存放位置的调整，可能会产生一些不可预见的错误，导致度量值不可用或计算值错误。

书写语法如下：

在书写 DAX 公式时，我们应养成良好的书写习惯，特别是在公式很长、逻辑关系复杂时，冗长的公式并不利于阅读和理解。这时我们可以用 Shift+Enter 组合键、Ctrl+Enter 组合键或者 Alt+Enter 组合键进行换行，使用 Tab 键或空格键调整间距，使公式变得整齐美观，易于理解（图 4-35）。

```
1   XC:预算进度 = SWITCH(true,
2                   SELECTEDVALUE('DY: 预算进度'[月份])="01月",[XC:预算]/12,
3                   SELECTEDVALUE('DY: 预算进度'[月份])="02月",[XC:预算]/12*2,
4                   SELECTEDVALUE('DY: 预算进度'[月份])="03月",[XC:预算]/12*3,
5                   SELECTEDVALUE('DY: 预算进度'[月份])="04月",[XC:预算]/12*4,
6                   SELECTEDVALUE('DY: 预算进度'[月份])="05月",[XC:预算]/12*5,
7                   SELECTEDVALUE('DY: 预算进度'[月份])="06月",[XC:预算]/12*6,
8                   SELECTEDVALUE('DY: 预算进度'[月份])="07月",[XC:预算]/12*7,
9                   SELECTEDVALUE('DY: 预算进度'[月份])="08月",[XC:预算]/12*8,
10                  SELECTEDVALUE('DY: 预算进度'[月份])="09月",[XC:预算]/12*9,
11                  SELECTEDVALUE('DY: 预算进度'[月份])="10月",[XC:预算]/12*10,
12                  SELECTEDVALUE('DY: 预算进度'[月份])="11月",[XC:预算]/12*11,
13                  SELECTEDVALUE('DY: 预算进度'[月份])="12月",[XC:预算]/12*12,
14                  [XC:预算]
15  )
```

图 4-35

命名要求如下：

➤ 无论在 PowerPivot 或 PowerBI 中，每一个数据表的名称都必须唯一，列的名称在每个表中也必须唯一。并且，所有对象的名称都不区分大小写，如 SALES 和 Sales 所表示的均为同一个表。

➤ 以下字符在对象的名称中无效：.,;':/\*|?&%$!+=()[]{}<>。

**DAX 运算符和常量**

| 运算符类型 | 符号 | 用途 |
|---|---|---|
| 括号运算符 | () | 优先顺序<br>参数分组 |
| 算术运算符 | +<br>−<br>*<br>/<br>^ | 加<br>减 / 求反<br>乘<br>除<br>求幂 |
| 比较运算符 | =<br>><br><<br>>=<br><=<br><> | 等于<br>大于<br>小于<br>大于等于<br>小于等于<br>不等于 |
| 文本串联运算符 | & | 串联 |
| 逻辑运算符 | &&<br>‖<br>! | 与<br>或<br>求反（非） |

### 4.5.1.2　支持的数据类型

DAX 中共使用整数、小数、货币、True/False、文本、日期 / 时间、空白 / Null、表数据八种数据类型。

➤ 整数

表示 64 位（八字节）整数值。由于它是一个整数，其小数位数右侧没有数字，它支持 19 位数，从 $-2^{63}$ 到 $2^{63}-1$ 之间的整数。

➤ 小数

支持双精度浮点数，需注意的是 DAX 中有效位数限制为 17 位小数位。

➤ 货币

DAX 中货币类型内部存储为 64 位整数值除以 10 000，数据类型允许值介于 $-2^{63}/10\ 000$ 到 $(2^{63}-1)/10\ 000$ 之间，并且具有四位小数固定精度。

➤ True/False

布尔类型，True 或者 False 值。

➤ 文本

Unicode 字符数据字符串。可以是字符串、数字或文本格式表示的日期，其最大字符串长度为 268 435 456 Unicode 字符（256 Mega 字符）或 536 870 912 字节。

➤ 日期 / 时间

表示日期和时间值。日期 / 时间值是以十进制数类型进行存储的，因此您实际上可以在这两种类型之间进行转换。日期的时间部分存储为 1/300 秒（3.33ms）的整数倍的分数。支持 1900 年和 9999 年之间的日期。

> 空白 /Null

DAX 中表示和替代 SQL Null 的数据类型。DAX 中可以使用 BLANK 函数创建空白，并使用 ISBLANK 逻辑函数对其进行测试。

> 表数据

DAX 在许多函数中使用表数据类型，例如聚合和时间智能计算。某些函数需要引用表，其他函数返回随后可用于输入其他函数的表。在某些需要表作为输入的函数中，您可以指定计算结果为表格的表达式；对于一些函数，则需要引用基础表。

### 4.5.1.3 函数（Functions）

函数主要是 DAX 中预先设定的一系列公式，通过带入特定参数获取计算结果，主要支持的函数类型包括：

> 日期和时间函数

主要作用是获取相关时间数据，类似 Excel 表中的时间函数，常用于与时间相关的统计报表中。

> 筛选器函数

由于 DAX 是针对表单和列进行计算的，无法直接对某些单元格内容进行计算，因此需要引用筛选器函数将需要计算的单元格通过筛选器过滤出来，之后再运用其他类型的函数进行计算。

> 信息函数

信息函数的主要功能是将某特定单元格或者行作为参数，查找其他单元格或行，看其是否与预期的类型相匹配，其中，很常用的 LOOKUPVALUE 就是一种信息函数。

> 逻辑函数

主要负责进行逻辑运算的函数，常用的包括：AND，OR，NOT，IF，TRUE，SWITCH 等。

> 数学和三角函数

与 Excel 中对应的函数功能极为相似，主要用来满足各种加减乘除、乘方开方、求导等数学和三角计算。

> 统计函数

主要用于统计学上的聚合操作，常用的函数包括：Count 系列、Average 系列、Max/Min 系列等。

> 文本函数

可以返回部分字符串，搜索字符串中的文本或连接字符串。当需要对某一列内容进行提取时，经常会用到文本函数，例如 FIND、Left/Right、LEN、MID、Replace 以及 Search 等。

➤ 时间智能函数

与主要目的是通过获取时间点当作参数的 Data and Time 类型函数不同，时间智能函数主要用来构建时间段，然后生成和比较针对这些时间段的计算。例如，可以针对一个时间列获取最早日期和最新日期（FIRSTDATE 函数和 LASTDATE 函数）。

## 4.5.1.4　上下文（Context）

上下文是 DAX 中一个重要概念，通过引入 Context，DAX 语言一定程度上实现了动态分析的功能。财务工作者理解上下文概念对在 PowerBI 中构造数据以及排查问题很有帮助，但是理解这种概念会让人觉得有点绕。上下文主要有两种类型，行上下文和筛选上下文。

| 合同编号 | 项目名称 | 合同甲方 | 合同金额 | 开票 | 收款 | 应收款 | 预收款 | 账龄 |
|---|---|---|---|---|---|---|---|---|
| C-PPD-ZX-40-2014-3: | 项目0303 | 丙市三股份有限 | 150,000.00 | 150,000.00 | 150,000.00 | 0.00 | 0.00 | 1-2年 |
| C-PPD-ZX-40-2014-3: | 项目0307 | 丙市三股份有限 | 187,500.00 | 187,500.00 | 187,500.00 | 0.00 | 0.00 | 1-2年 |
| C-PPD-ZX-40-2014-36 | 项目0312 | 丙市三股份有限 | 105,000.00 | | | 0.00 | 0.00 | |
| C-PPD-ZX-40-2014-38 | 项目0315 | 丙市三股份有限 | 131,250.00 | | | 0.00 | 0.00 | |
| C-PPD-ZX-7-2016-1 | 项目0328 | 丙市三股份有限 | 187,500.00 | 187,500.00 | 187,500.00 | 0.00 | 0.00 | 1-2年 |
| C-PPD-ZX-7-2016-2 | 项目0344 | 丙市三股份有限 | 187,500.00 | 187,500.00 | 187,500.00 | 0.00 | 0.00 | 1-2年 |
| C-PPD-ZX-7-2016-3 | 项目0348 | 丙市三股份有限 | 187,500.00 | 187,500.00 | 187,500.00 | 0.00 | 0.00 | 1-2年 |
| C-PPD-ZX-7-2016-4 | 项目0360 | 丙市三股份有限 | 187,500.00 | 187,500.00 | 187,500.00 | 0.00 | 0.00 | 1-2年 |
| C-PPD-ZX-7-2016-5 | 项目0370 | 丙市三股份有限 | 150,000.00 | 150,000.00 | 150,000.00 | 0.00 | 0.00 | 1-2年 |
| C-PPD-ZX-7-2016-6 | 项目0371 | 丙市三股份有限 | 187,500.00 | 187,500.00 | 187,500.00 | 0.00 | 0.00 | 1-2年 |
| C-PPD-ZX-7-2016-7 | 项目0374 | 丙市三股份有限 | 187,500.00 | 187,500.00 | 187,500.00 | 0.00 | 0.00 | 1-2年 |

图 4-36

➤ 行上下文

行上下文可以通俗理解为对当前行信息的整理。例如在图 4-36 中可以创建一个计算列求开票、收款等相应金额，通过在这个列中的表达式计算，每一行都对应地生成各自的数值，此时就形成一个行上下文概念。

➤ 筛选上下文

筛选上下文可以简单地按照字面意思解释，记载某种筛选条件下获得的信息。筛选上下文并不单独存在，而是依附应用于行上下文。例如，在得到每个项目的开票、收款等金额之后，我们可以进一步地获取每个业务分类的累计开票金额、税额及价税合计金额；如在图 4-37 中我们设置了切片器切换不同年度、月份的值，此时筛选上下文的概念就出现了。

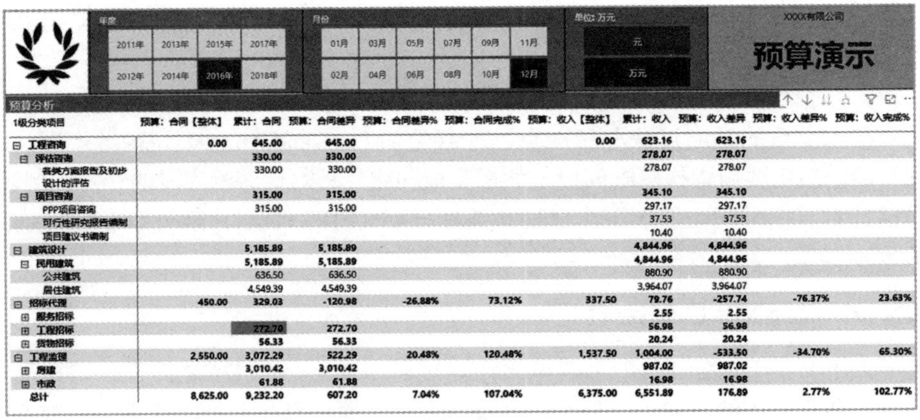


| 1级分类项目 | 预算：合同【整体】 | 累计：合同 | 预算：合同差异 | 预算：合同差异% | 预算：合同完成% | 预算：收入【整体】 | 累计：收入 | 预算：收入差异 | 预算：收入差异% | 预算：收入完成% |
|---|---|---|---|---|---|---|---|---|---|---|
| ⊟ 工程咨询 | 0.00 | 645.00 | 645.00 | | | 0.00 | 623.16 | 623.16 | | |
| ⊟ 评估咨询 | | 330.00 | 330.00 | | | | 278.07 | 278.07 | | |
| 各类方案报告及初步设计的评估 | | 330.00 | 330.00 | | | | 278.07 | 278.07 | | |
| ⊟ 项目咨询 | | 315.00 | 315.00 | | | | 345.10 | 345.10 | | |
| PPP项目咨询 | | 315.00 | 315.00 | | | | 297.17 | 297.17 | | |
| 可行性研究报告编制 | | | | | | | 37.53 | 37.53 | | |
| 项目建议书编制 | | | | | | | 10.40 | 10.40 | | |
| ⊟ 建筑设计 | | 5,185.89 | 5,185.89 | | | | 4,844.96 | 4,844.96 | | |
| ⊟ 民用建筑 | | 5,185.89 | 5,185.89 | | | | 4,844.96 | 4,844.96 | | |
| 公共建筑 | | 636.50 | 636.50 | | | | 880.90 | 880.90 | | |
| 居住建筑 | | 4,549.39 | 4,549.39 | | | | 3,964.07 | 3,964.07 | | |
| ⊟ 招标代理 | 450.00 | 329.03 | -120.98 | -26.88% | 73.12% | 337.50 | 79.76 | -257.74 | -76.37% | 23.63% |
| ⊞ 服务招标 | | | | | | | 2.55 | 2.55 | | |
| ⊞ 工程招标 | | 272.70 | 272.70 | | | | 56.98 | 56.98 | | |
| ⊞ 货物招标 | | 56.33 | 56.33 | | | | 20.24 | 20.24 | | |
| ⊟ 工程监理 | 2,550.00 | 3,072.29 | 522.29 | 20.48% | 120.48% | 1,537.50 | 1,004.00 | -533.50 | -34.70% | 65.30% |
| ⊞ 房建 | | 3,010.42 | 3,010.42 | | | | 987.02 | 987.02 | | |
| ⊞ 市政 | | 61.88 | 61.88 | | | | 16.98 | 16.98 | | |
| 总计 | 8,625.00 | 9,232.20 | 607.20 | 7.04% | 107.04% | 6,375.00 | 6,551.89 | 176.89 | 2.77% | 102.77% |

图 4-37

## 4.5.2 隐式度量值与显式度量值

度量值是用 DAX 公式创建一个虚拟字段的数据值，它不改变源数据，也不改变数据模型，如果我们不在报表上使用它，甚至不知它是什么样子的，而一旦被拖拽至报表上，便能发挥巨大的作用。它可以随着切片器的筛选而闪转腾挪、变化多端，是创建交互式报表不可或缺的元素。

下面，我们将带领大家从隐式度量值与显式度量值开始，一步一步了解度量值的奥秘。

### 4.5.2.1 隐式度量值

【案例 4-7】隐式度量值与显式度量值

【案例数据】书中案例 \ 第 4 章 \ 案例 4-7 隐式度量值与显式度量值 .bpix

【实现步骤】

打开【报表】界面，分别将“业务大类”表中【业务大类】、“业务类型”表中【业务类型】、“合同”表【合同金额】字段拖入画布区域，将呈现图 4-38 所示内容：

此时，我们并没有编写度量值，为什么可以生成报表呢？这就是隐式度量值的原因。

我们在窗口右侧【可视化】区域 -【字段】-【值】栏目中，已经列出“合同层次结构”与“合同金额”字段，将鼠标放置于“合同金额”字段稍做停留，即会显示“‘合同’[ 合同金额 ] 的总和”字样，这表明系统已经为我们自动生成了一个隐式度量值（图 4-39）。

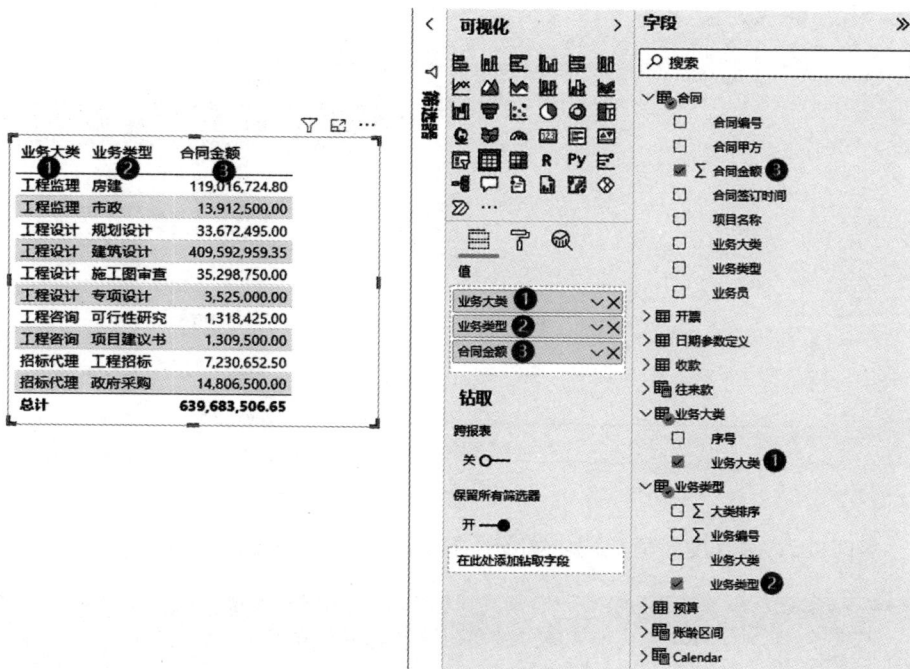

图 4-38

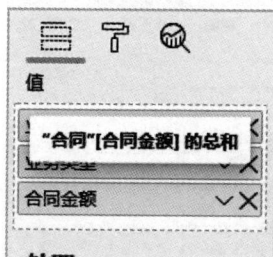

图 4-39

当然，我们并不推荐直接使用隐式度量值，特别是在复杂的模型中，它将导致逻辑关系的混乱。

### 4.5.2.2 显式度量值

显式度量值，也就是我们所说的书写度量值，延用【案例 4-7】，我们在模型中新建如下度量值。

STEP01：新建度量值。在【字段】栏相关表（如：合同）中右键菜单中选择【新建度量值】，或点击【主页】选项卡 -【计算】分组 -【新建度量值】（图 4-40）。

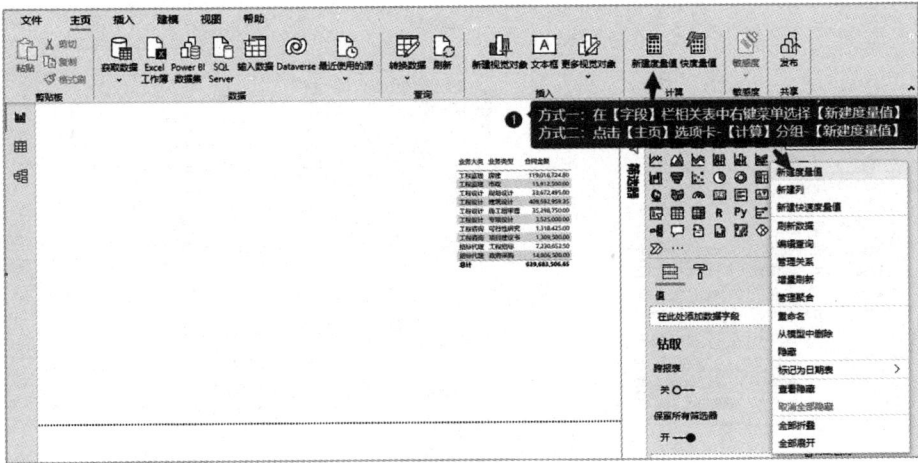

图 4-40

STEP02：录入度量值代码。如图 4-41 所示，在公式栏内输入如下公式：

HT：金额 = sum(' 合同 '[ 合同金额 ])

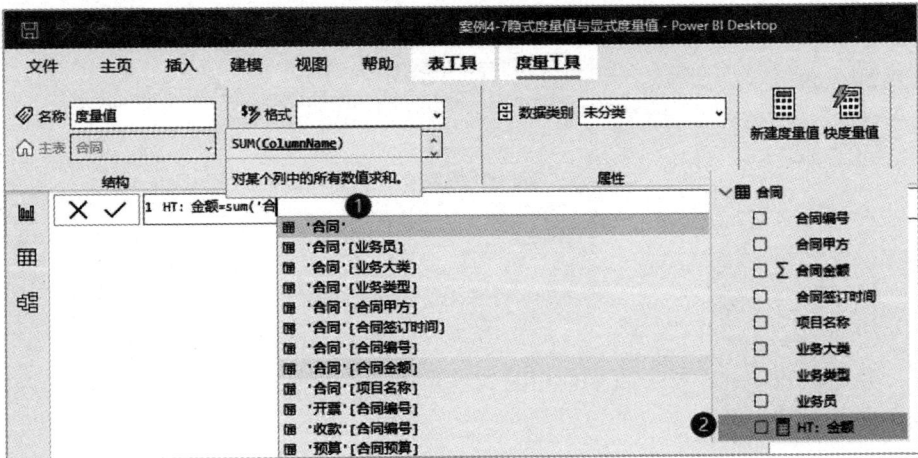

图 4-41

在公式输入时，系统会自动联想相关数据表与字段，提高了公式的编辑效率。公式输入完成后，将在【字段】栏相应数据表内新增一个度量值，如图 4-41 中②所示，即新增了一个名为"HT：金额"的度量值。

STEP03：新建可视化对象。分别将"业务大类"表中【业务大类】、"业务类型"表中【业务类型】两个字段以及"合同"表中【HT：金额】度量值拖入画布区域，生成新的可视化对象（图 4-42）。

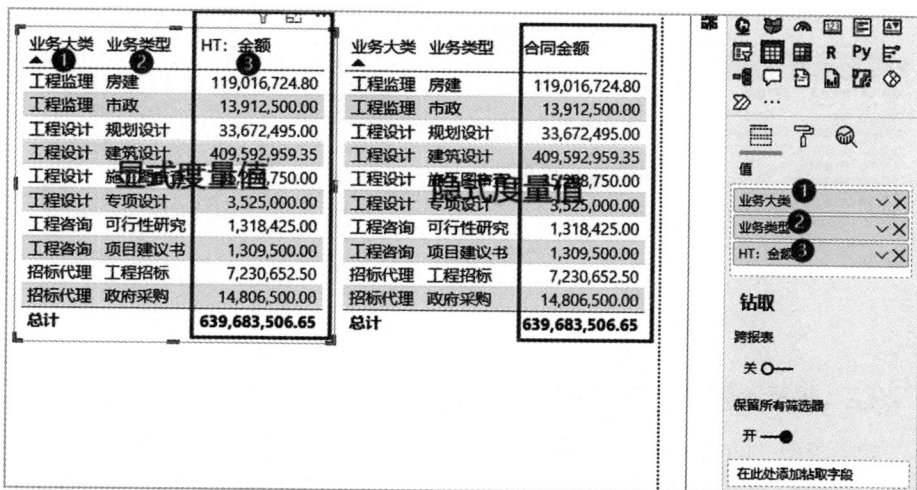

图 4-42

同时，我们还会发现，无论是显式度量值，还是隐式度量值，其最终结果完全一致。

## 4.5.3　在度量值中应用切片器

切片器是一种筛选器，在 PowerBI 中，将切片器放在某个报表页可一次性筛选报表中所有可视化对象。单击切片器中的项目时，它将按选择的项目筛选相关内容的所有可视化对象。当然，这一切都要配合模型关系的建立与度量值的书写。

### 4.5.3.1　关系可用状态（实线）

如果模型之间的关系为实线，加入切片器后，即可对相关数据直接进行筛选。

【案例 4-8】在度量值中应用切片器

【案例数据】书中案例 \ 第 4 章 \ 案例 4-8 在度量值中应用切片器 .bpix

【实现步骤】

STEP01：创建有业务大类、业务类型、合同额三列数据的可视化对象（图 4-43 中①）。

STEP02：在报告中添加日期切片器。

如图 4-43 所示，将"calendar"数据表中"Date"字段拖入画布区域，此时，画布区域将出现单列日期表格的【表】数据对象（②）；选中该对象，将【可视化】对象更改为"切片器"，即出现日期筛选器（③）；拖动日期筛选器滑杆，或选择起讫日期，即可实现相关合同数据的筛选（③与④）。

图 4-43

### 4.5.3.2 关系不可用状态（虚线）

如果模型之间的关系为虚线，加入切片器后，并不能对相关数据直接进行筛选。需要继续延用"案例 4-8 在度量值中应用切片器"数据，相关实验步骤如下。

STEP01：新建"KP：价税合计"与"SK：金额"两个度量值，度量值代码如下：

KP：价税合计 = sum(' 开票 '[ 价税合计 ])
SK：金额 = sum(' 收款 '[ 金额 ])

STEP02：创建有业务大类、业务类型、收款金额三列数据的可视化对象，并添加日期切片器。

如图 4-44 所示，将日期切片器范围调整为 2013-1-1 至 2013-12-31，其中"施工图审查"项目收款为 375 万元；

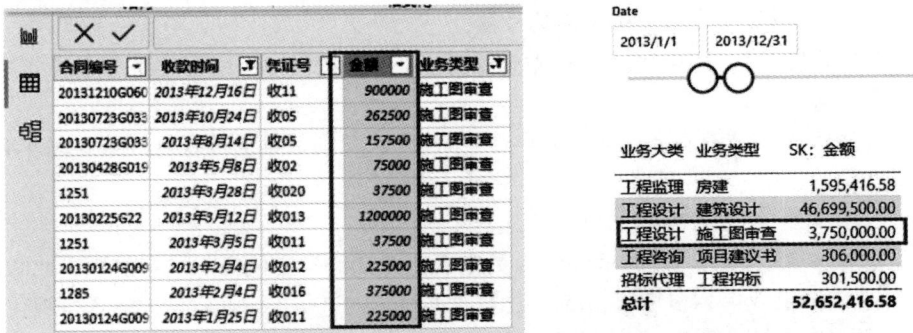

图 4-44

-124-

切换至【数据】视图，并筛选“收款”表数据，经汇总，正确金额应为349.50万元，故使用【SK：金额】度量值计算结果错误。

那么，我们应该如何书写度量值，才能使结果计算正确呢？

STEP03：使用 CALCULATE+ USERELATIONSHIP 重写度量值。

```
SK01：金额 = CALCULATE(sum('收款'[金额]),
                USERELATIONSHIP('Calendar'[Date],'收款'[收款时间])
                )
```

如图 4-45 所示，使用新度量值【SK01：金额】的计算结果正确无误。

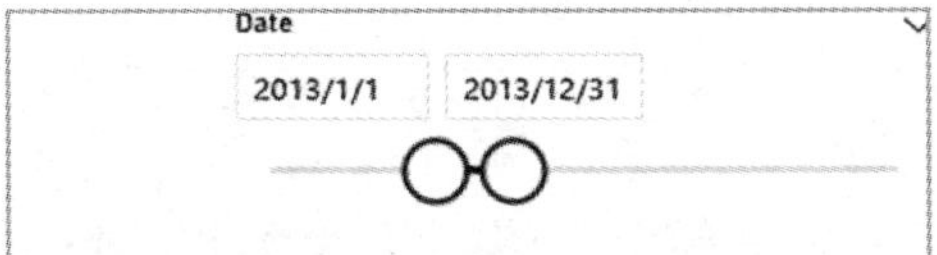


| 业务大类 | 业务类型 | SK：金额 | SK01：金额 |
|---|---|---|---|
| 工程监理 | 房建 | 1,595,416.58 | 1,740,300.00 |
| 工程设计 | 建筑设计 | 46,699,500.00 | 54,511,490.70 |
| 工程设计 | 施工图审查 | 3,750,000.00 | 3,495,000.00 |
| 工程咨询 | 项目建议书 | 306,000.00 | 184,500.00 |
| 招标代理 | 工程招标 | 301,500.00 | 708,750.00 |
| **总计** | | **52,652,416.58** | **60,640,040.70** |

图 4-45

### 4.5.4 CALCULATE 函数的应用

在英文中，CALCULATE 可以直译为“计算”，在微软给出的官方解释中，该函数的作用是“在筛选器修改的上下文中对表达式进行求值。”读起来非常绕口。如果您熟悉 Excel，您可以将其理解为 Excel 内置函数 Sumif 的增强版，它实现的功能是在特定筛选条件的基础上对数据进行计算，通常与 SUM、MIN、MAX、COUNTROWS 等有聚合意义的函数一起使用。在 DAX 函数（包括 PowerPivot 与 PowerBI）中，它是最复杂、最灵活、最强大的函数，没有之一，其函数基本结构如下：

**【语法】**

CALCULATE(<表达式>,<筛选1>,<筛选2>…)

**【参数】**

表达式：要进行计算的表达式。

筛选：（可选）逗号分隔的表达式列表，这些表达式是定义筛选器的布尔表达式或表表达式。

用作第一个参数的表达式在本质上与度量值相同。

下列限制适用于用作参数的布尔表达式：

- 表达式不能引用度量值。
- 表达式不能使用嵌套的 CALCULATE 函数。
- 表达式不能使用扫描表或返回表的任何函数，包括聚合函数。

但是，布尔表达式可以使用查找单个值或计算标量值的任何函数。

【返回值】

作为表达式的结果的值。

【注意】

如果已筛选数据，则 CALCULATE 函数将更改筛选数据的上下文，并且在您指定的新上下文中计算表达式。在筛选器参数中使用的每一列，将删除该列的现有筛选器，改为应用在筛选器参数中使用的筛选器。

通常，在 DAX 函数编写时，我们会有四种用法，下面将使用案例逐一讲述。

【案例 4-9】CALCULATE 函数的应用

【案例数据】\ 书中案例 \ 第 4 章 \ 案例 4-9 CALCULATE 函数的应用 .bpix

【实现步骤】

STEP01：筛选条件为空，不影响外部上下文。

我们新建一个名为【HT：金额 1】的度量值，具体写法如下：

```
HT：金额 1 = CALCULATE(sum(' 合同 '[ 合同金额 ]))
```

此时，我们只使用第一个参数，因为没有内部筛选，所以完全依赖外部上下文，其结果与度量值【HT：金额】完全一致。

STEP02：添加限制条件，缩小上下文。

新建一个名为【HT：金额 2】的度量值，加入相关限制条件，具体写法如下：

```
HT：金额 2 = CALCULATE(sum(' 合同 '[ 合同金额 ]),
           ' 业务类型 '[ 业务类型 ]=" 项目建议书 "
           )
```

因为使用【' 业务类型 '[ 业务类型 ]=" 项目建议书 "】的限制条件，这时，其他分类项下的结果将为空值。

STEP03：结合 ALL 函数，扩大上下文。

新建一个名为【HT：金额 3】的度量值，我们在度量值【HT：金额】的基础上加入 ALL 函数条件，具体写法如下：

```
HT：金额 3 = CALCULATE([HT：金额 ],
        all('Calendar'[Date])
    )
```

在公式中，我们直接引用度量值 [HT：金额 ]，通过加入【all('Calendar'[Date])】参数，对上下文进行了重置，这时使用时间筛选器对度量值不起作用。

STEP04：重置上下文。

新建一个名为【HT：金额 4】的度量值，我们在度量值【HT：金额 3】基础上再加入【'Calendar'[ 年度季度 ]="2013Q1"】的条件，具体写法如下：

```
HT：金额 4 = CALCULATE([HT：金额 ],
        all('Calendar'[Date]),
            'Calendar'[ 年度季度 ]="2013Q1"
        )
```

这时，我们得到的数据将只包含 2013 年第 1 季度的数据汇总。

四种用法的结果如图 4-46 所示：

| 业务大类 | HT：金额 | HT：金额1 ❶ | HT：金额2 ❷ | HT：金额3 ❸ | HT：金额4 ❹ |
|---|---|---|---|---|---|
| ⊟ 工程监理 | 2,157,916.58 | 2,157,916.58 | | 132,929,224.80 | |
| 房建 | 2,157,916.58 | 2,157,916.58 | | 119,016,724.80 | |
| 市政 | | | | 13,912,500.00 | |
| ⊟ 工程设计 | 53,277,000.00 | 53,277,000.00 | | 482,089,204.35 | 12,975,000.00 |
| 规划设计 | | | | 33,672,495.00 | |
| 建筑设计 | 49,527,000.00 | 49,527,000.00 | | 409,592,959.35 | 11,325,000.00 |
| 施工图审查 | 3,750,000.00 | 3,750,000.00 | | 35,298,750.00 | 1,650,000.00 |
| 专项设计 | | | | 3,525,000.00 | |
| ⊟ 工程咨询 | 306,000.00 | 306,000.00 | 306,000.00 | 2,627,925.00 | |
| 房建 | | | 306,000.00 | | |
| 工程招标 | | | 306,000.00 | | |
| 规划设计 | | | 306,000.00 | | |
| 建筑设计 | | | 306,000.00 | | |
| 可行性研究 | | | 306,000.00 | 1,318,425.00 | |
| 施工图审查 | | | 306,000.00 | | |
| 市政 | | | 306,000.00 | | |
| 项目建议书 | 306,000.00 | 306,000.00 | 306,000.00 | 1,309,500.00 | |
| 政府采购 | | | 306,000.00 | | |
| 专项设计 | | | 306,000.00 | | |
| ⊟ 招标代理 | 301,500.00 | 301,500.00 | | 22,037,152.50 | |
| 工程招标 | 301,500.00 | 301,500.00 | | 7,230,652.50 | |
| 政府采购 | | | | 14,806,500.00 | |
| 总计 | 56,042,416.58 | 56,042,416.58 | 306,000.00 | 639,683,506.65 | 12,975,000.00 |

图 4-46

图 4-46 中②标注处，因工程咨询项下未有严格的层级结构关系，故导致其项下产生不正确的冗余数据。

正是基于 CALCULATE 的强大用途，CALCULATE 函数几乎就是 DAX 本身，可以通过不同的结合用法，实现灵活的操控外部上下文，这是我们在今后进行数据分析不可或缺的能力。

## 4.5.5　USERELATIONSHIP 函数用法

在【4.5.3.2 关系不可用状态（虚线）】章节中，我们采用 USERELATIONSHIP 函数调用未启用状态下的关系，该函数并不返回实际值，只是在计算过程中启用指定的关系，通常在存在较为复杂的关系时使用，该函数具体用法如下：

【语法】
　　USERELATIONSHIP(< 列 1>,< 列 2>)

【参数】
　　列 1：现有列的名称（使用标准 DAX 语法，并且通常是完全限定的），这通常表示要使用的关系的多方；如果以相反的顺序给出参数，则函数将交换这些参数，然后才使用它们。此参数不能是表达式。

　　列 2：现有列的名称（使用标准 DAX 语法，并且通常是完全限定的），这通常表示要使用的关系的一方或查找方；如果以相反的顺序给出参数，则函数将交换这些参数，然后才使用它们。此参数不能是表达式。

【返回值】
　　该函数不返回任何值，该函数只在计算过程中启用指定的关系。

【注意】
　　1.USERELATIONSHIP 只能用在采用筛选器作为参数的函数中，例如：CALCULATE、CALCULATETABLE、CLOSINGBALANCEMONTH、CLOSINGBALANCEQUARTER、CLOSINGBALANCEYEAR、OPENINGBALANCEMONTH、OPENINGBALANCEQUARTER、OPENINGBALANCEYEAR、TOTALMTD、TOTALQTD 和 TOTALYTD 函数。

　　2.USERELATIONSHIP 使用模型中的现有关系，同时关系由其结束点列标识。

　　3. 在 USERELATIONSHIP 中，关系的状态不重要，也即关系是否处于活动状态不影响该函数的使用。即使关系处于不活动状态，也会使用该关系，并且它覆盖模型中可能存在但在函数参数中未提及的任何其他活动的关系。

4. 如果指定为参数中的任何列不是关系的一部分，或者参数属于不同的关系，则会返回错误。如果在计算中需要多个关系联接表 A 和表 B，则必须在其他 USERELATIONSHIP 函数中指定每个关系。

5. 如果 CALCULATE 表达式是嵌套的，并且多个 CALCULATE 表达式包含 USERELATIONSHIP 函数，如有冲突或歧义，则会使用最内层的 USEREL-ATIONSHIP。

6. 最多可以嵌套 10 个 USERELATIONSHIP 函数。

## 4.5.6 时间智能函数分类

在 PowerBI 中，时间作为最重要的一个数据分析变量，为相关数据分析提供了强大的工具支持。

目前 33 个时间智能函数，我们可将其归集为时期数与时点数两大类。还有部分函数，如 SAMEPERIODLASTYEAR（上年同期数）、DATEADD（移动一定间隔后的时间段），很难归集为时期或时点数的某一类，如其与时期指标结合使用，可以得到时期数，如与时点指标结合使用，可以得到时点数，我们且将其称为时间平移指标。那么，在本书中我们将时间智能函数分为时期指标、时点指标、时间平移指标三大类（图 4-47）。

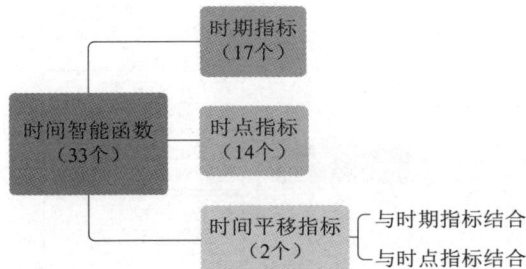

图 4-47

时期指标函数如图 4-48 所示：

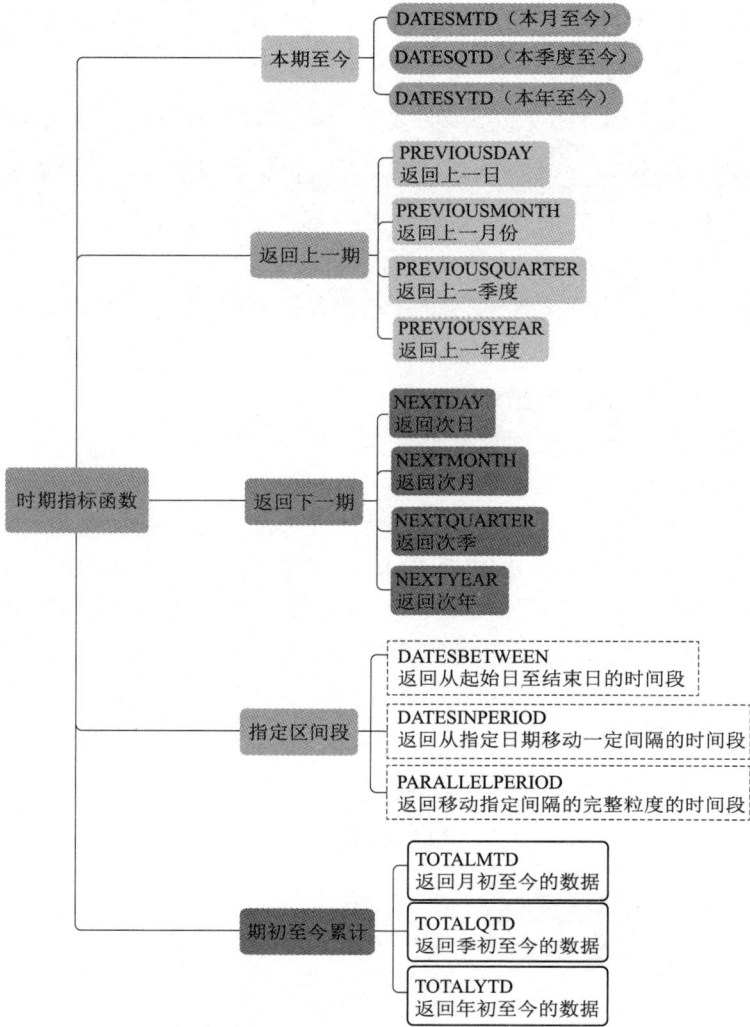

图 4-48

时点指标如图 4-49 所示：

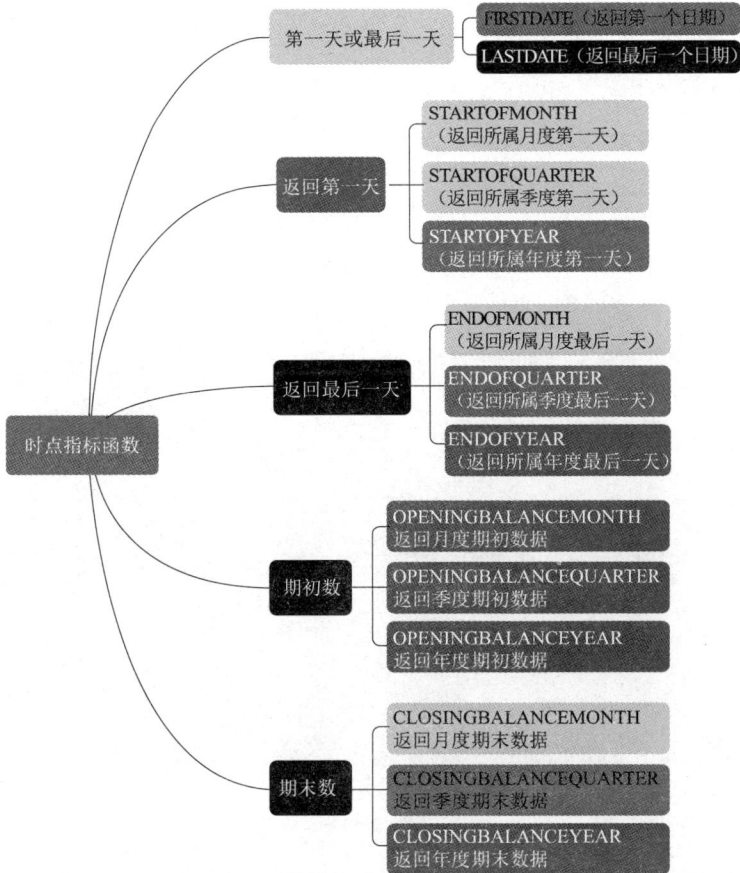

图 4-49

时间平移指标如图 4-50 所示：

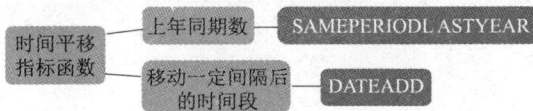

图 4-50

## 4.5.7　时期数（损益）指标的应用

在财务管理中，常用的时期数指标包括：本期数、本期累计数（本月累计、本季度累计、本年度累计）、上年同期数、上年累计数（上月累计、上季度累计、上年度累计）以及指定期间数据计算等，通常应用于损益表及其他期间数指标。

在本节指标计算中，我们仍以合同管理相关案例为基础进行说明。

【案例 4-10】时期数指标函数的应用

【案例数据】书中案例 \ 第 4 章 \ 案例 4-10 时期数指标函数的应用 .bpix

### 4.5.7.1 本期发生数

STEP01：新建布局。

首先，我们要书写本期发生数作为基础度量值，然后，在基础度量值的基础上派生其他度量值。

为使模型关系更加清晰，我们可以在【模型】视图中添加"合同关系"的新建布局。相关步骤参照图 4-51、图 4-52。

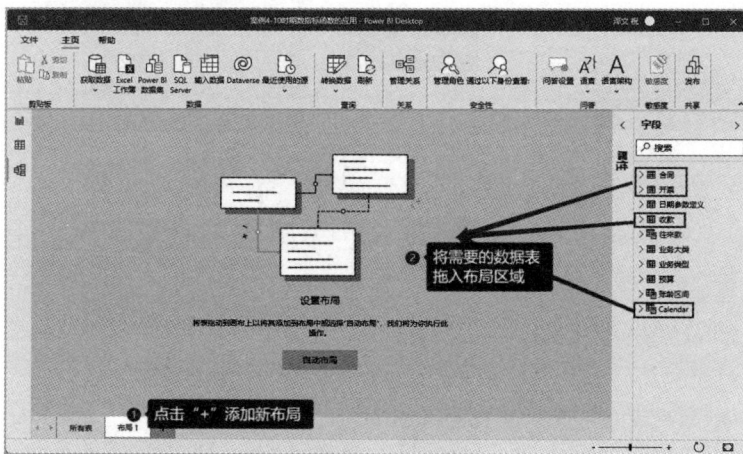

图 4-51

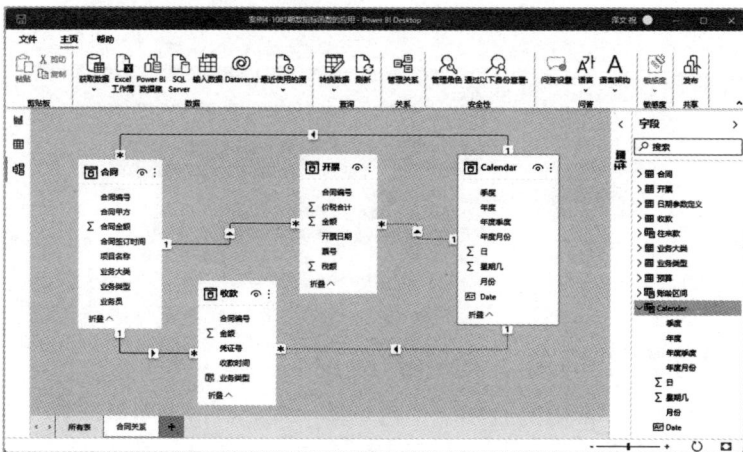

图 4-52

在【模型】视图中，我们可以发现"合同"表与名为"Calendar"的时间表关系为实线状态（活动关系），而"收款""开票"表与时间表关系为虚线状态（非活动关系）。

STEP02：新建活动关系的基础度量值。

合同为活动关系，本期合同基础度量值代码如下：

本期：合同 = sum(' 合同 '[ 合同金额 ])

图 4-53

将相关字段及日期切片器加入画布区域，由图 4-53 可见度量值切换数据正确无误。

STEP03：新建非活动关系基础度量值。

对于非活动关系的收款、开票度量值，我们需要使用 CALCULATE 及 USERELATIONSHIP 函数组合书写，其代码如下：

```
本期：开票 = CALCULATE(sum(' 开票 '[ 价税合计 ]),
        USERELATIONSHIP('Calendar'[Date],' 开票 '[ 开票日期 ])
        )
本期：收款 = CALCULATE(sum(' 收款 '[ 金额 ]),
        USERELATIONSHIP('Calendar'[Date],' 开票 '[ 开票日期 ])
        )
```

完成后效果如图 4-54 所示：

| 年度 | 月份 | 业务大类 | 本期: 合同 | 本期: 开票 | 本期: 收款 | 年度 | 月份 | 业务大类 | 本期: 合同 | 本期: 开票 | 本期: 收款 |
|---|---|---|---|---|---|---|---|---|---|---|---|
| ☐ 2011年 | ☐ 01月 | ⊟ 工程监理 | | 3,317,538.30 | | ☐ 2011年 | ☐ 01月 | ⊟ 工程监理 | | 1,899,000.00 | |
| ☐ 2012年 | ☐ 02月 | 房建 | | 3,317,538.30 | | ☐ 2012年 | ☐ 02月 | 房建 | | 1,899,000.00 | |
| ☐ 2013年 | ☐ 03月 | ⊟ 工程设计 | 1,458,000.00 | 4,258,500.00 | 1,221,750.00 | ☐ 2013年 | ☐ 03月 | ⊟ 工程设计 | 5,531,250.00 | 4,136,625.00 | 4,443,750.00 |
| ☐ 2014年 | ☐ 04月 | 建筑设计 | 1,458,000.00 | 4,258,500.00 | 1,221,750.00 | ☐ 2014年 | ☐ 04月 | 规划设计 | 900,000.00 | 2,025,000.00 | 900,000.00 |
| ■ 2015年 | ☐ 05月 | ⊟ 工程咨询 | 117,000.00 | 41,250.00 | 117,000.00 | ☐ 2015年 | ☐ 05月 | 建筑设计 | 4,631,250.00 | -1,338,375.00 | 3,543,750.00 |
| ☐ 2016年 | ☐ 06月 | 可行性研究 | | 31,500.00 | | ■ 2016年 | ☐ 06月 | 施工图审查 | | 300,000.00 | |
| ☐ 2017年 | ☐ 07月 | 项目建议书 | 117,000.00 | 9,750.00 | 117,000.00 | ☐ 2017年 | ☐ 07月 | 专项设计 | | 3,150,000.00 | |
| ☐ 2018年 | ☐ 08月 | ⊟ 招标代理 | | 125,250.00 | | ☐ 2018年 | ☐ 08月 | ⊟ 工程咨询 | | | |
| | ☐ 09月 | 工程招标 | | 125,250.00 | | | ☐ 09月 | 可行性研究 | | | |
| | ☐ 10月 | 总计 | 1,575,000.00 | 7,742,538.30 | 1,338,750.00 | | ☐ 10月 | ⊟ 招标代理 | 367,500.00 | 30,000.00 | 367,500.00 |
| | ☐ 11月 | | | | | | ☐ 11月 | 工程招标 | 367,500.00 | 30,000.00 | 367,500.00 |
| | ■ 12月 | ❶ 2015年12月 | | | | | ☐ 12月 | 总计 | 5,898,750.00 | 6,106,875.00 | 4,811,250.00 |

❷ 2016年12月

图 4-54

**STEP04：本期数为基点派生指标。**

在本期数确定以后，我们可以本期数度量值为基点，派生出累计数、上期数和同期数等。

如图 4-55 所示，我们可以本期数为基点，在下一个 DAX 公式中直接引用本期数度量值，计算出相应数据。比如：

通过相应时间智能函数求出累计数；

通过时间位移，计算得出上年数；

通过时间位移，计算得出上年同期数、上年同期累计数；

甚至，还可以通过不同函数的组合，得出指定区间的数据等。

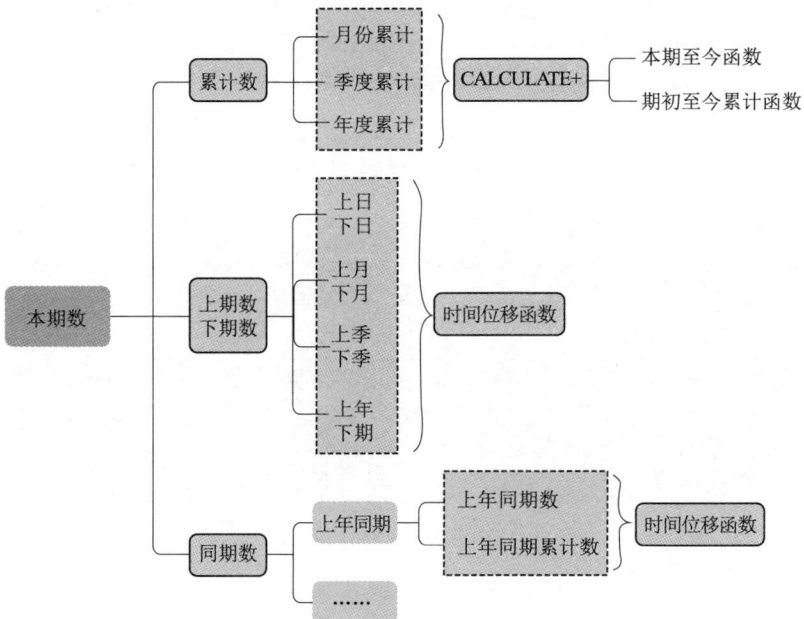

图 4-55

#### 4.5.7.2 本期累计数

在 PowerBI 中，求累计数有两种方法：

第一，采用 CALCULATE+ 本 期 至 今 函 数（DATESMTD、DATESQTD、DATESYTD）的方式；

第二，采用期初至今累计函数（TOTALMTD、TOTALQTD、TOTALYTD）的方式。

➢ CALCULATE+ 本期至今函数方式

我们知道，CALCULATE 函数的用途是在筛选器修改的上下文中对表表达式进行求值：

> CALCULATE(< 表达式 >,< 筛选 1>,< 筛选 2>…)

在计算累计值时，其中 < 表达式 > 可以采用已定义的本期数度量值；而在筛选器中，我们将使用本期至今函数，筛选获取一段连续的日期表。

> 累计：合同【cal】= CALCULATE([ 本期：合同 ],      // 已定义度量值
> DATESYTD('Calendar'[Date]),  // 筛选年初至今日期
> 'Calendar'[Date]<=TODAY()     // 选定日期小于等于当日
> )

上述公式为计算年累计数，同理，如需要计算月累计或季度累计，仅须将 DATESYTD('Calendar'[Date]) 替换为 DATESMTD('Calendar'[Date]) 或 DATESQTD ('Calendar'[Date])。

公式中，'Calendar'[Date]<=TODAY() 参数，可以根据需要决定是否添加，一般情况下，不添加该参数，并不影响数据准确性。

➢ 采用期初至今累计函数方式

期初至今累计函数包括 TOTALYTD、TOTALQTD、TOTALMTD 三个函数，分别代表年累计、季度累计与月累计，其函数基本结构如下：

> 【语法】
> TOTALYTD（< 表达式 >，< 日期列 >，< 筛选条件 >，< 年度结束日期>）
> 【参数】
> 表达式：聚合表达式，也可是定义好的度量值；
> 日期列：日期列，或者返回日期的表达式；

在模型中，我们可以使用 TOTALYTD 定义年度累计合同度量值：

累计：合同【tot】= TOTALYTD([ 本期：合同 ],
              'Calendar'[Date],
              'Calendar'[Date]<=TODAY()
              )

期初至今累计函数作用与 CALCULATE+ 本期至今函数方式完全一致，其作用完全等同于 [ 累计：合同【cal】] 度量值所使用公式，如图 4-56 所示。

| 年度 | 月份 | 业务大类 | 累计：合同【cal】 | 累计：合同【tot】 |
|---|---|---|---|---|
| ☐ 2011年 | ☐ 01月 | ⊟ 工程监理 | 16,678,200.00 | 16,678,200.00 |
| ☐ 2012年 | ☐ 02月 | 房建 | 16,678,200.00 | 16,678,200.00 |
| ☐ 2013年 | ☐ 03月 | ⊟ 工程设计 | 58,324,650.00 | 58,324,650.00 |
| ☐ 2014年 | ☐ 04月 | 规划设计 | 14,535,000.00 | 14,535,000.00 |
| ■ 2015年 | ☐ 05月 | 建筑设计 | 42,679,650.00 | 42,679,650.00 |
| ☐ 2016年 | ☐ 06月 | 施工图审查 | 735,000.00 | 735,000.00 |
| ☐ 2017年 | ☐ 07月 | 专项设计 | 375,000.00 | 375,000.00 |
| ☐ 2018年 | ☐ 08月 | ⊟ 工程咨询 | 820,500.00 | 820,500.00 |
| | ☐ 09月 | 可行性研究 | 703,500.00 | 703,500.00 |
| | ☐ 10月 | 项目建议书 | 117,000.00 | 117,000.00 |
| | ☐ 11月 | ⊟ 招标代理 | 2,139,097.50 | 2,139,097.50 |
| | ■ 12月 | 工程招标 | 2,139,097.50 | 2,139,097.50 |
| | | 总计 | 77,962,447.50 | 77,962,447.50 |

图 4-56

### 4.5.7.3　上年同期数

我们知道，从字面理解，上年同期意思为上一年同一段时期，这一时期可以为一个星期、一个月或几天等。

从财务管理的角度来说，我们将当年的一段时间内的收入、成本、毛利、利润等数据和上一年同一时期的收入、成本、毛利、利润等数据进行对比，就可以得出企业效益变化的相关结论，再结合其他一些数据支持，决策者们就可据此结论，制定相关对策。

同样，在 PowerBI 中，求上年同期数也是以本期发生数为基点。比如我们可以本期发生数为起点，将时间向前平移一年，求出上年同期发生数，其计算公式如下：

上年同期：合同 = CALCULATE([ 本期：合同 ],
　　　　　　　DATEADD('Calendar'[Date],-1,YEAR)
)

在上述公式中，我们使用了移动一定间隔后的时间段 DATEADD 函数，其使用规则如下：

【语法】
DATEADD（＜日期列＞，＜移动数量＞，＜移动粒度＞）
【参数】
日期列：日期列，或者返回日期的表达式；
移动数量：整数，正数向前移动，负数向后追溯；
移动粒度：粒度，包括 year\quarter\month\day 四个选项。
【返回值】
返回单列日期值的表。

综上，上年同期数整个计算逻辑如图 4-57 所示：

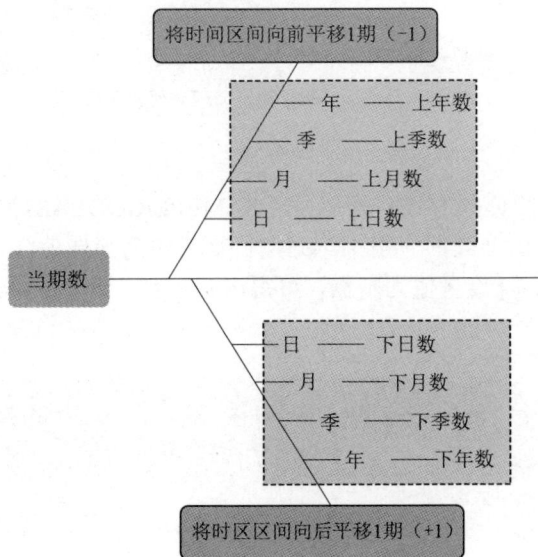

图 4-57

其他诸如上期数可参照图 4-57 所列逻辑关系自行计算。

对于上期累计数的求解，我们可以采用两种方式。

1. 以当期累计数为起点，进行时间区间平移，如上年度累计发生数公式如下：

> 上年同期累计：合同 = CALCULATE([ 累计：合同【tot】],
> DATEADD('Calendar'[Date],-1,YEAR)
> )

2. 以上年同期数为起点，求累计数，公式如下：

> 上年同期累计：合同【tot】= TOTALYTD([ 上年同期：合同 ],
> 'Calendar'[Date],
> 'Calendar'[Date]<=TODAY()
> )

综上所述，上期同期累计数计算逻辑如图 4-58 所示：

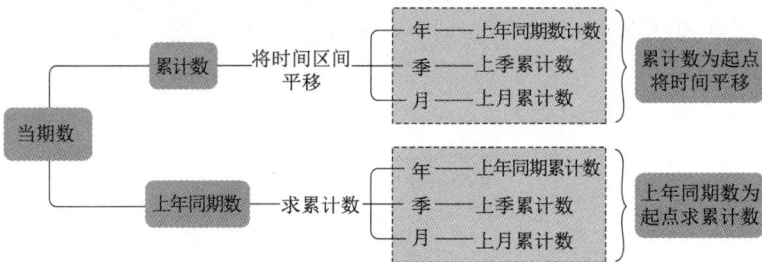

图 4-58

还有一种更加简便的方式，就是利用 SAMEPERIODLASTYEAR 上年同期数函数，直接嵌套得出连续的一组上年同期日期，作为筛选值，以求取相关指标。我们以 [ 累计：合同 ] 度量值为基点，可得出 [ 上年同期：合同变量 ]，度量值公式如下：

> 上年同期累计：合同 2 = CALCULATE([ 累计：合同【tot】],
> SAMEPERIODLASTYEAR('Calendar'[Date])
> )

SAMEPERIODLASTYEAR 函数，其使用规则如下：

【语法】
SAMEPERIODLASTYEAR（＜日期列＞）
【参数】
日期列：日期列，或者返回日期的表达式。
【返回值】
返回上一年度中当前选择的一组日期。

### 4.5.7.4 指定期间数

以本期发生数为起点，我们还可以计算出相应指定期间的数据，比如上两个年度同期数、上两个年度同期累计数等。上两个年度同期数公式如下：

上 2 年同期：合同 = CALCULATE([ 本期：合同 ],
                                         DATEADD('Calendar'[Date],-2,YEAR)
)

上两个年度同期累计数一样，仅须将筛选参数改为 DATEADD ('Calendar' [Date],-2,YEAR) 即可。

当然，我们也可以通过重构时间表的形式，计算本周累计至今、上周累计等数额。

我们按照如下要求修改定义日期表：

```
Calendar =
GENERATE (
CALENDARAUTO(),
VAR currentDay = [Date]
VAR year = YEAR ( currentDay )
VAR quarter = FORMAT ( currentDay, "Q" )
VAR month = FORMAT ( currentDay, "MM" )
VAR day = DAY( currentDay )
VAR weekid = WEEKDAY ( currentDay,2 )
 VAR weeknum = "Y"&YEAR&"W"&FORMAT(WEEKNUM(currentD
ay,2),"00")    // 增加周数
RETURN ROW (
```

```
" 年度 ", year&" 年 ",
" 季度 ",quarter&" 季度 ",
" 月份 ", month&" 月 ",
" 日 ", day,
" 年度季度 ", year&"Q"&quarter,
" 年度月份 ", year&month,
" 星期几 ", weekid,
" 年度周数 ",WEEKNUM    // 输出年度周数
)
)
```

在此公式中，我们主要增加了“VAR weeknum、" 年度周数 ", weeknum”语句，使日期表结构如图 4-59 所示：

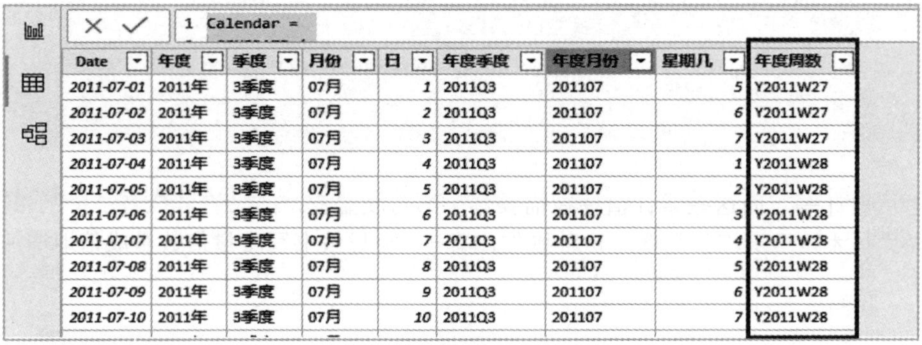

| Date | 年度 | 季度 | 月份 | 日 | 年度季度 | 年度月份 | 星期几 | 年度周数 |
|---|---|---|---|---|---|---|---|---|
| 2011-07-01 | 2011年 | 3季度 | 07月 | 1 | 2011Q3 | 201107 | 5 | Y2011W27 |
| 2011-07-02 | 2011年 | 3季度 | 07月 | 2 | 2011Q3 | 201107 | 6 | Y2011W27 |
| 2011-07-03 | 2011年 | 3季度 | 07月 | 3 | 2011Q3 | 201107 | 7 | Y2011W27 |
| 2011-07-04 | 2011年 | 3季度 | 07月 | 4 | 2011Q3 | 201107 | 1 | Y2011W28 |
| 2011-07-05 | 2011年 | 3季度 | 07月 | 5 | 2011Q3 | 201107 | 2 | Y2011W28 |
| 2011-07-06 | 2011年 | 3季度 | 07月 | 6 | 2011Q3 | 201107 | 3 | Y2011W28 |
| 2011-07-07 | 2011年 | 3季度 | 07月 | 7 | 2011Q3 | 201107 | 4 | Y2011W28 |
| 2011-07-08 | 2011年 | 3季度 | 07月 | 8 | 2011Q3 | 201107 | 5 | Y2011W28 |
| 2011-07-09 | 2011年 | 3季度 | 07月 | 9 | 2011Q3 | 201107 | 6 | Y2011W28 |
| 2011-07-10 | 2011年 | 3季度 | 07月 | 10 | 2011Q3 | 201107 | 7 | Y2011W28 |

图 4-59

将“'Calendar'[ 年度周数 ]”字段作为切片器，我们就可以完成本周累计数、上周累计数的计算，其中本周累计数并不需要重新定义度量值。上周同期值计算公式如下：

```
上周同期：合同 = CALCULATE([ 本期：合同 ],
                DATEADD('Calendar'[Date],-7,DAY)
                )
```

报表界面显示结果如图 4-60 所示：

图 4-60

指定期间数的计算，关键在于时间智能函数组合的灵活运用，以及时间表的定义。大家可以举一反三，定义更多适合本公司业务需求的报表指标。

## 4.5.8　可变度量值的应用

我们知道，在财务分析时，经常用到年度累计、季度累计、月度累计，甚至每周累计等，而这些累计值往往需要逐个书写度量值，然后将其放置于可视化对象中，才能显示相关数据。这种操作，第一，会导致书写度量值数量成倍地增加，不便于度量值的管理；第二，会使可视化图表内容成倍增加，导致报告图表可读性较差。

那有没有办法解决这一问题呢？答案是，有！下面，我就和大家分享利用一个度量值实现月、季、年累计数据切换显示的方法，其解决思路如图 4-61 所示：

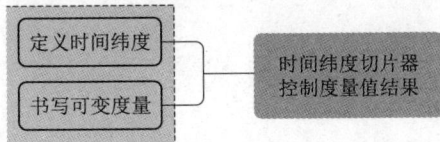

图 4-61

【案例 4-11】可变度量值的应用

【案例数据】书中案例 \ 第 4 章 \ 案例 4-11 可变度量值的应用 .bpix

【实现步骤】

STEP01：添加【时间纬度】定义表。具体方法参见【3.2.5 输入数据创建新表】，输入内容如下：

| 序号 | 时间纬度 |
|---|---|
| 1 | 月 |
| 2 | 季 |
| 3 | 年 |

STEP02：输入数据后检查关系。在【模型】视图中检查关系，由于不同数据表字段可能存在重复命名，且在系统中启用自动检测关系功能，系统可能自动建立错误关系。此时，一定要记得添加数据表以后检查关系是否发生变化，如存在错误关系，请参照删除错误关系（图 4-62）。此表在模型中属于辅助参数表，无须与模型中任何表单建立关系。

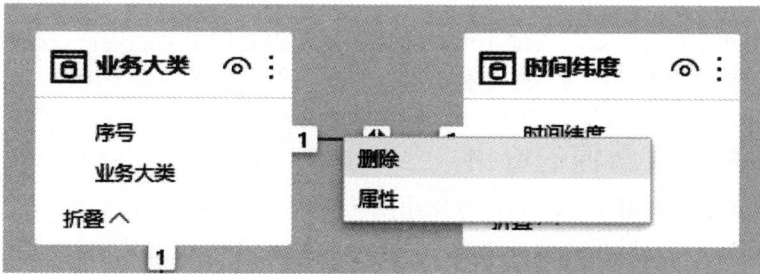

图 4-62

STEP03：书写度量值。书写下列度量值：

```
    累计：合同 = SWITCH(TRUE(),
        SELECTEDVALUE('时间纬度'[时间纬度])="月",TOTALMTD([本
期：合同],'Calendar'[Date]),
        SELECTEDVALUE('时间纬度'[时间纬度])="季",TOTALQTD
([本期：合同],'Calendar'[Date]),
        SELECTEDVALUE('时间纬度'[时间纬度])="年",TOTALYTD([本
期：合同],'Calendar'[Date]),
        TOTALYTD([本期：合同],'Calendar'[Date])
        )
```

此处，使用了两个新函数，分别为 SWITCH、SELECTEDVALUE，其中 SWITCH 函数基本用法如下：

SELECTEDVALUE 函数的基本用法如下：

综合来看，[ 累计：合同 ] 度量值判断逻辑如图 4-63 所示。

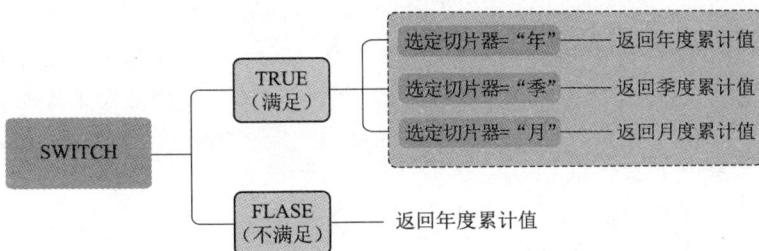

图 4-63

STEP04：验证结果。图 4-64、图 4-65、图 4-66 分别为结合月、季、年切片器所呈现的内容，经逐一验证，确认结果无误。

图 4-64

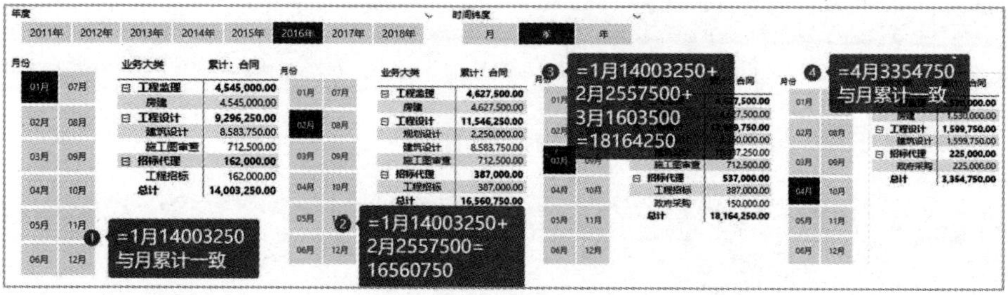

图 4-65

图 4-66

## 4.5.9 数据增减及增减率指标计算

前面我们已经完成本期数、本期累计数、（上年）同期数及上期数的计算。那么接下来，我们就要计算财务管理中经常用到的同比增长、环比增长以及同比增长率、环比增长率指标。

同比是把不连续的两期数据进行对比，如本年截至 6 月累计与上年截至 6 月累计相比，计算其增减变化及增减率；

环比是把两期连续的数据进行对比，如本年数据与上年数据对比，计算其增减变化及增减率（图4-67）。

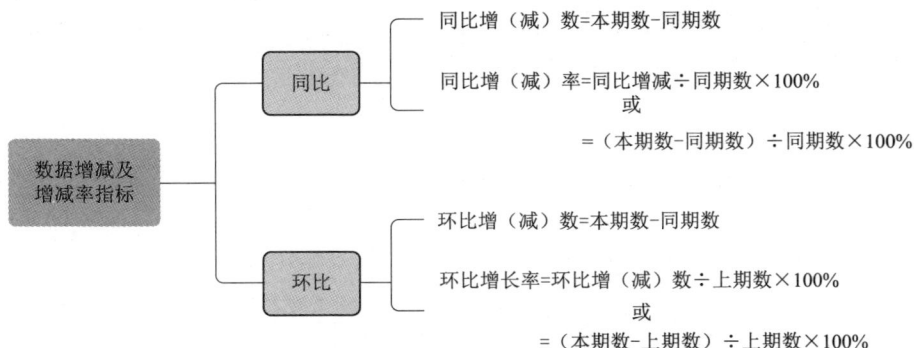

图 4-67

延续【案例 4-11】可变度量值的应用 .bpix，我们修改【上年同期：合同】度量值，因公式中引用可变度量值 [ 累计：合同 ]，该度量值结合切片器也可实现可变效果，其代码如下：

```
上年同期：合同 = CALCULATE([ 累计：合同 ],
        DATEADD('Calendar'[Date],-1,YEAR)
)
```

环比上期公式略显复杂，我们可在 [ 累计：合同 ] 可变度量值的基础上，结合切片器，向前推一期，即可计算出相应环比上期度量值，其代码如下：

```
环比上期：合同 = SWITCH(TRUE(),
        SELECTEDVALUE(' 时间纬度 '[ 时间纬度 ])=" 月 ",CALCULATE
([ 累计：合同 ],DATEADD('Calendar'[Date],-1,MONTH)),
        SELECTEDVALUE(' 时间纬度 '[ 时间纬度 ])=" 季 ",CALCULATE
([ 累计：合同 ],DATEADD('Calendar'[Date],-1,QUARTER)),
        SELECTEDVALUE(' 时间纬度 '[ 时间纬度 ])=" 年 ",CALCULATE
([ 累计：合同 ],DATEADD('Calendar'[Date],-1,YEAR)),
        CALCULATE([ 累计：合同 ],DATEADD('Calendar'[Date],-1,YEAR)
        )
)
```

上年同期增减额及增减率的计算公式如下（图 4-68）：

```
同比增减：合同 = [ 累计：合同 ]–[ 上年同期：合同 ]
同比增减 %：合同 = DIVIDE([ 同比增减 ],[ 上年同期累计：合同 ])
```

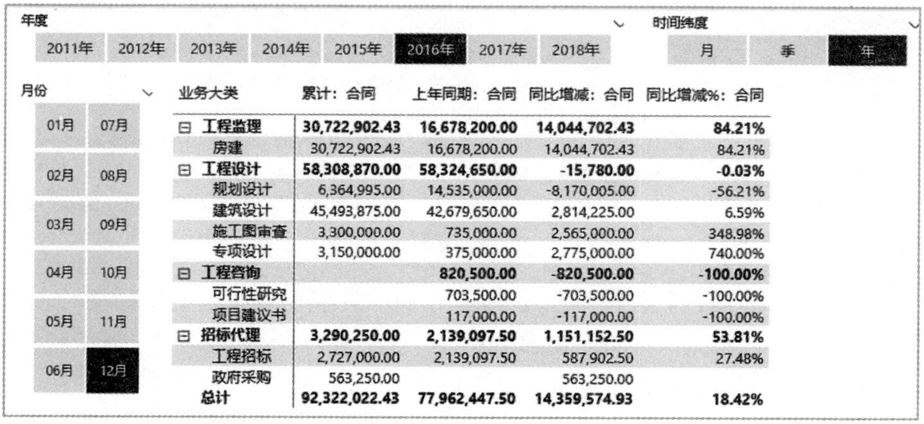


| 业务大类 | 累计：合同 | 上年同期：合同 | 同比增减：合同 | 同比增减%：合同 |
|---|---|---|---|---|
| **⊟ 工程监理** | **30,722,902.43** | **16,678,200.00** | **14,044,702.43** | **84.21%** |
| 房建 | 30,722,902.43 | 16,678,200.00 | 14,044,702.43 | 84.21% |
| **⊟ 工程设计** | **58,308,870.00** | **58,324,650.00** | **-15,780.00** | **-0.03%** |
| 规划设计 | 6,364,995.00 | 14,535,000.00 | -8,170,005.00 | -56.21% |
| 建筑设计 | 45,493,875.00 | 42,679,650.00 | 2,814,225.00 | 6.59% |
| 施工图审查 | 3,300,000.00 | 735,000.00 | 2,565,000.00 | 348.98% |
| 专项设计 | 3,150,000.00 | 375,000.00 | 2,775,000.00 | 740.00% |
| **⊟ 工程咨询** | | **820,500.00** | **-820,500.00** | **-100.00%** |
| 可行性研究 | | 703,500.00 | -703,500.00 | -100.00% |
| 项目建议书 | | 117,000.00 | -117,000.00 | -100.00% |
| **⊟ 招标代理** | **3,290,250.00** | **2,139,097.50** | **1,151,152.50** | **53.81%** |
| 工程招标 | 2,727,000.00 | 2,139,097.50 | 587,902.50 | 27.48% |
| 政府采购 | 563,250.00 | | 563,250.00 | |
| **总计** | **92,322,022.43** | **77,962,447.50** | **14,359,574.93** | **18.42%** |

图 4-68

环比增减额及增减率的计算公式如下（图 4-69）：

```
环比增减：合同 = [ 累计：合同 ]–[ 环比上期：合同 ]
环比增减 %：合同 = DIVIDE([ 环比增减 ],[ 上年同期累计：合同 ])
```

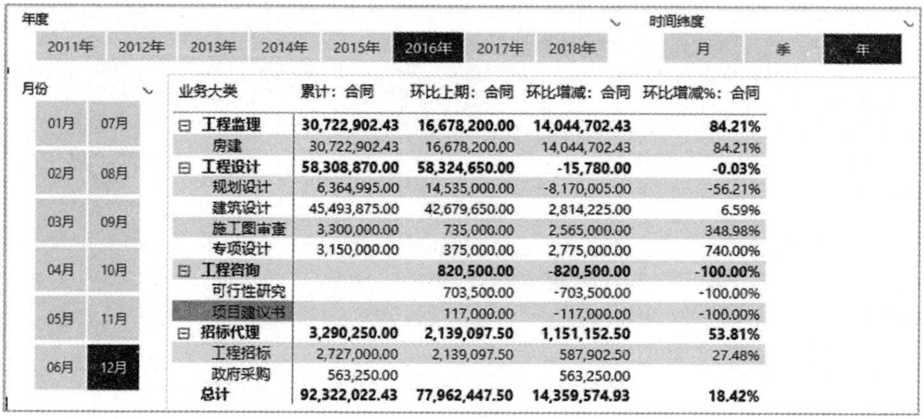


| 业务大类 | 累计：合同 | 环比上期：合同 | 环比增减：合同 | 环比增减%：合同 |
|---|---|---|---|---|
| **⊟ 工程监理** | **30,722,902.43** | **16,678,200.00** | **14,044,702.43** | **84.21%** |
| 房建 | 30,722,902.43 | 16,678,200.00 | 14,044,702.43 | 84.21% |
| **⊟ 工程设计** | **58,308,870.00** | **58,324,650.00** | **-15,780.00** | **-0.03%** |
| 规划设计 | 6,364,995.00 | 14,535,000.00 | -8,170,005.00 | -56.21% |
| 建筑设计 | 45,493,875.00 | 42,679,650.00 | 2,814,225.00 | 6.59% |
| 施工图审查 | 3,300,000.00 | 735,000.00 | 2,565,000.00 | 348.98% |
| 专项设计 | 3,150,000.00 | 375,000.00 | 2,775,000.00 | 740.00% |
| **⊟ 工程咨询** | | **820,500.00** | **-820,500.00** | **-100.00%** |
| 可行性研究 | | 703,500.00 | -703,500.00 | -100.00% |
| 项目建议书 | | 117,000.00 | -117,000.00 | -100.00% |
| **⊟ 招标代理** | **3,290,250.00** | **2,139,097.50** | **1,151,152.50** | **53.81%** |
| 工程招标 | 2,727,000.00 | 2,139,097.50 | 587,902.50 | 27.48% |
| 政府采购 | 563,250.00 | | 563,250.00 | |
| **总计** | **92,322,022.43** | **77,962,447.50** | **14,359,574.93** | **18.42%** |

图 4-69

值得注意的是，[ 同比增减 %：合同 ]、[ 环比增减 %：合同 ] 度量值需要进行相关的格式设置，如图 4-70 所示，具体步骤：在【字段】栏内选中需设定格式度量值，点击【建模】选项卡 -【格式设置】分组中相关选项，将【格式】设置为"百分比"，小数点保留 2 位即可。

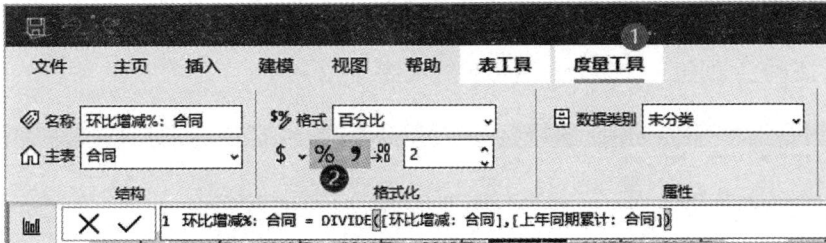

图 4-70

## 4.5.10　度量值的分类管理

目前，我们已经建立了涉及合同、开票、收款的多个度量值。为了方便管理，我们可以在书写度量值时加入一些前缀，如图 4-71 所示，本期、累计、上年同期等。

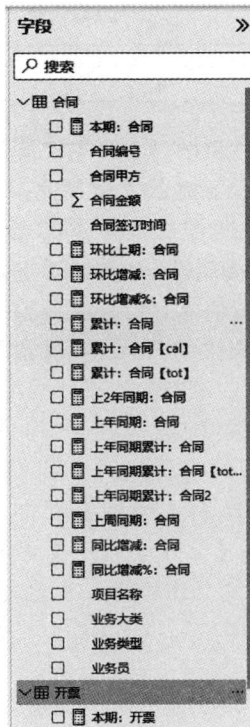

图 4-71

随着模型的不断完善，度量值会越来越多，单靠添加前缀进行管理已不足以满足需要，这时，我们可以将相关度量值单独存放于一个表中，以方便厘清思路，随时调用。

【案例 4-12】度量值的分类管理技巧

【案例数据】书中案例 \ 第 4 章 \ 案例 4-12 度量值的分类管理技巧 .bpix

【实现步骤】

STEP01：创建一个空表。具体步骤如图 4-72 所示。

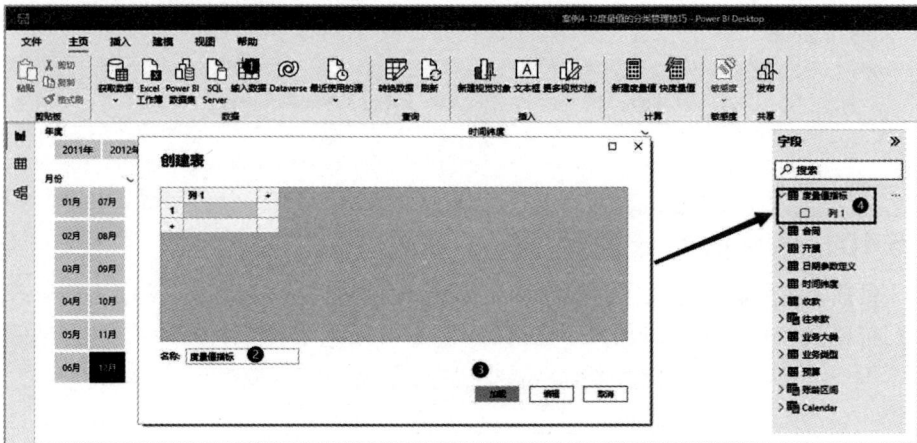

图 4-72

添加完成后，在【字段】栏新增一个名为"度量值指标"的空表。

STEP02：移动所有度量值至新建的"度量值指标"表。

如图 4-73 所示，选中需要调整存储位置的度量值，如合同表中的"本期：合同"，点击【建模】选项卡 -【属性】分组 -【主表】按钮，在下拉菜单中选择"度量值指标"，随即，相关度量值储存位置被调整。

同时，原"度量值指标"表中的"列 1"可删除，即可实现整表全部用于储存度量值。

STEP03：表内分组管理度量值。

当一个表中存在多种类型的度量值时，我们还可以通过文件夹分组管理度量值。如图 4-74 所示，切换至【模型】界面，在【字段】栏选中须分组的度量值，在【属性】栏填写【显示文件夹】名称，并进行相应格式化设置，即可实现度量值表内分组；重复上述步骤，直至完成全部度量值分类，可实现最终效果。

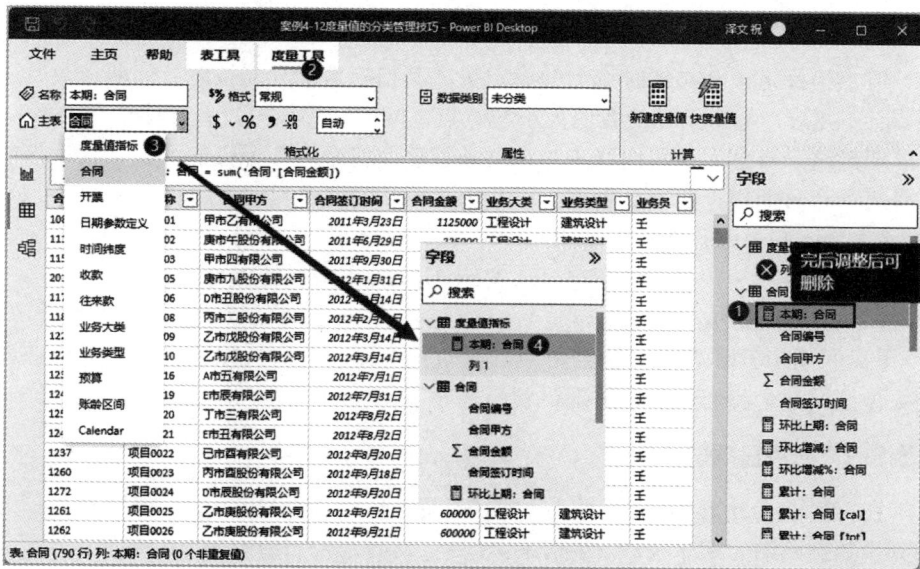

图 4-73

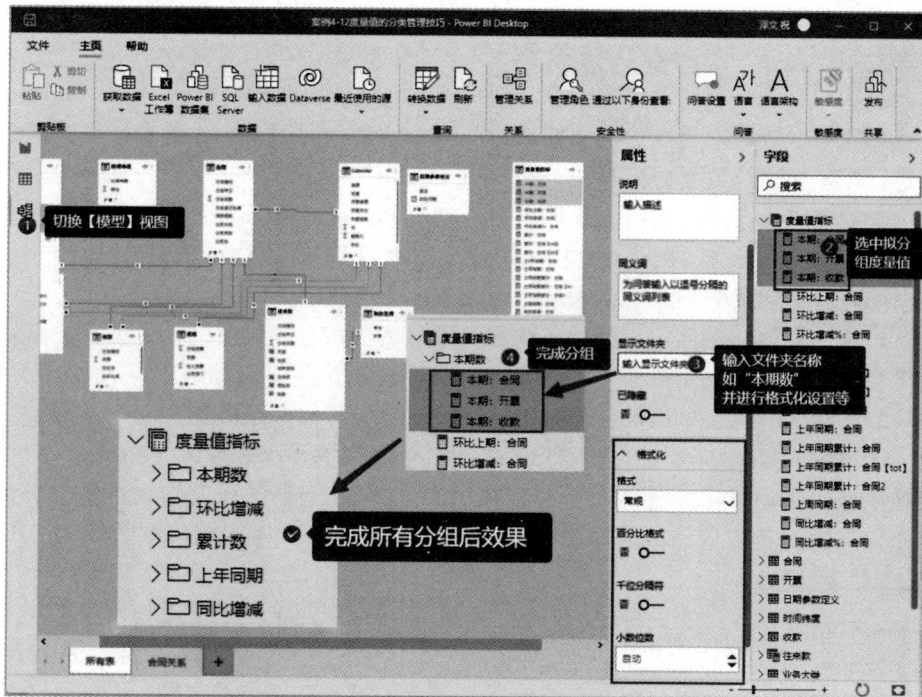

图 4-74

## 4.5.11　时点数（资产负债）指标的应用

时点指标是一个具体时点上的确定量，其指标数值只能按时点间断计数，不能累计；并且，每个指标的数值大小与时点之间的间隔长短没有直接依存关系。

明确这一概念后，我们就清楚在财务管理中符合这一定义的、最具代表性的就是会计科目期初、期末余额数据以及由其形成的资产负债表数据。

【案例 4-13】时点指标的应用

【案例数据】书中案例 \ 第 4 章 \ 案例 4-13 时点指标的应用 .bpix

【实现步骤】

【案例 4-13】时点指标的应用中已给定某上市公司财务报表数据，并已搭建相关模型框架，我们以此为基础讲解相关时点指标的应用。

### 4.5.11.1　时点日期的获取

在《企业会计准则第 30 号——财务报表列报》应用指南中，将资产负债表的列报数据归纳为期末余额、年初余额；而在财政部发布的财会〔2019〕6 号《关于修订印发 2019 年度一般企业财务报表格式的通知》中，资产负债表的列报通常涉及上年年末余额、期末余额。

理论上来说，期末余额取值为当前会计期最后一日数据；而年初余额 = 上年年末余额，为上一会计年度期末余额。

但从计算机信息处理角度来看，期末值的获取涉及两种情况：

1. 期末取值日期为当前会计期最后一日。通常，适用于会计信息系统凭证数据进行模型构建及数据分析时。

2. 期末取值日期为当前会计期 1 日。使用 PowerBI 导入报表数据分析时，相应会计期如【2012 年 10 月】会转化为【2012-10-1】的日期格式数据。

同时，年初余额与上年年末余额的获取也会遇到以下问题：

1. 年初余额 = 上年年末余额。两者可取值为当前会计年度的 1 月 1 日，其适用于会计信息系统凭证数据进行模型构建及数据分析等大多数情况。

2. 年初余额 ≠ 上年年末余额。这种情况通常由两种原因造成。

①使用 PowerBI 导入清洗数据造成。如：在使用 PowerBI 导入【2012 年 1 月】会计期报表数据时，经过清洗，其将转化为【2012-1-1】的日期格式数据，乍看上去该数据为年初数，实则为 2012 年 1 月期末数据，此时，相应取数应为 2011 年 12 月 1 日数据；

②存在会计政策变更等原因，造成已审会计报表的上年期末数与本年期初余额不符。

综上所述，在建模分析中，我们需要获取的时点日期数据包括：当前会计期最后一日、当前会计期 1 日、当前会计年度 1 月 1 日、上一会计年度 12 月 1 日。

相应代码如下：

```
    当前期末日期 = lastdate(DATESMTD('calendar'[date]))        //使用月、季、
年度函数结果一致
    当前期初日期 = firstdate(DATESMTD('calendar'[date]))         //使用月、季、
年度函数分别对应月初、季初、年初 1 日
    当年期初日期 = firstdate(DATESYTD('calendar'[date]))
    上年年末日期 = var year =max('Calendar'[Year])       //使用 MAX、MIN 取
当前上下文年度值
            return
            date(year-1,12,1)               //输出年度值组合
```

相应效果如图 4-75 所示：

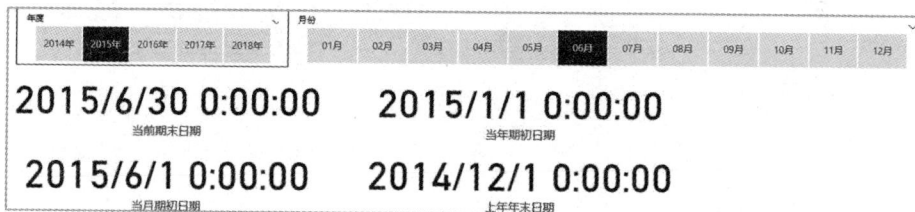

图 4-75

### 4.5.11.2 时点数据的获取

明确相关时点取值后，时点数据取值公式如下。

年初数：

```
    资产负债：年初 = var yearselected = max('Calendar'[Year])         //取得当
前上下文年份，可用 MIN
            var monthselected =max('Calendar'[Month])        //取得当前上下
文月份，可用 MIN
        return
        CALCULATE(sum(' 资产负债表 '[ 期末余额 ]),
            'Calendar'[Date]=date(yearselected-1,12,1)
            )
```

期末数：

资产负债：期末 = CALCULATE(sum(' 资产负债表 '[ 期末余额 ]))

相应效果如图 4-76 所示：

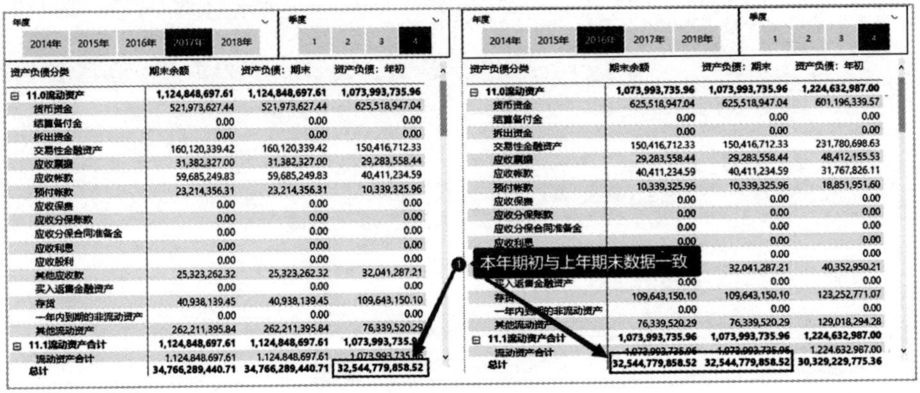

图 4-76

# 5 可视报告，直观展现大数据

数据可视化主要旨在借助图形化手段，以视觉形式呈现数据，其目的是更清晰有效地传达与沟通信息。通过数据可视化，我们可以更好地实现数字价值挖掘，快速发现问题并分析其中原因，其主要特点包括：

➢ **数据清晰直观**

通过数据可视化，可快速抓住决策者眼球，使之更加关注数据，真正体现数据的价值。

➢ **及时发现问题**

通过相关图表的展示，可使传统报表更加直观；应用图表联动与筛选，可以任意多维度透视数据，让问题无所遁形。

➢ **探究分析原因**

通过相关报表之间的智能钻取与多维动态调整，实现探索式分析，从识别问题到分析原因，通过鼠标即可轻松解决。

在 PowerBI 中，数据可视化通过报表的形式实现。用户可通过拖、拽等简单方式实现可视化图表的创建。并且，PowerBI 提供了丰富的可视化效果视觉对象，帮助客户清晰直观地表达数据价值；丰富的筛选、钻取及编辑交互工具，使客户更容易分析数据，发现问题，探究原因。

本章将从可视化图表类型的选择、常见图表制作、可视化对象动态交互、后期制作及美化等几个方面展开介绍。

## 5.1 图表类型选择及标准

### 5.1.1 常见图表类型选择

财务人员在进行数据分析前，通常需要根据分析的数据和目的，选择合适的分析图表，以传达准确的信息。常见的可视化图表选择如图 5-1 所示。

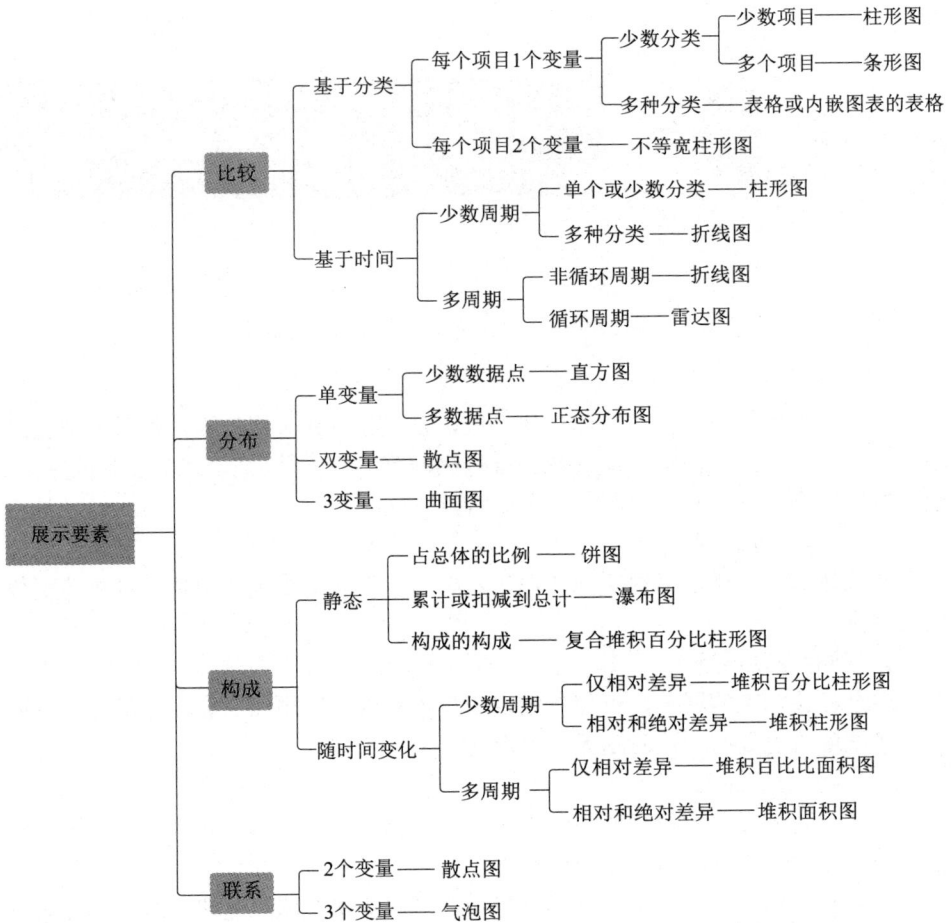

图 5-1

## 5.1.2 IBCS 国际商务交流标准

数据可视化，迄今为止，并没有统一标准。但大道至简，商业图表可视化的本质在于信息传递的透明性，可以一目了然，让人几乎不思考就在脑海浮现信息。

基于此，一个名为 IBCS 的组织，对此做了大量研究，制定了名为 IBCS 的标准（International Business Communication Standards 国际商务交流标准，IBCS® 或 IBCS® 标准）。该标准为设计报告、演示文稿、仪表板以及其中包含的图表和表格提供了包括从概念、感知到语义统一等诸多方面的建议。IBCS® 标准由德国人创立的非营利组织 IBCS 协会管理，并且在持续地进化发展。

目前，IBCS 标准共分为三类七大规则。七大规则首字母连在一起为 SUCCESS，故又被称为成功规则（图 5-2）。

| 概念规则（左脑对概念信息处理）通过使用"适当的故事情节"来清晰地传递内容 | 感知规则（右脑对图形信息处理）适当的视觉设计 | 语义规则（不同个体间交流符号）统一符号 |
|---|---|---|
| **SAY**<br>表明：传达信息 | **EXPRESS**<br>表达：选择恰当的可视化 | **UNIFY**<br>统一：应用语义符号 |
| **STRUCTURE**<br>结构：组织内容 | **SIMPLIFY**<br>简化：避免杂乱 | |
| | **CONDENSE**<br>凝聚：增加信息密度 | |
| | **CHECK**<br>检查：确保视觉完整 | |

图 5-2

七大规则包含 98 条具体规则，限于篇幅，我们仅对其中十大成功原则进行列举，其他不再一一赘述（图 5-3）。

1. 信息：报告和演示文稿如要传达消息，应该将它们置于每个幻灯片或报告页面的顶部。

2. 标题：每个页面、图表或表格都应具有唯一标题。标题应该标明组织、单位、度量和时间段。

3. 结构：时间和结构是最重要的分析类型。时间按水平方向由左至右排布，结构按垂直方向由上至下排布。

4. 周期："年"和"月"等时间段应该用不同的类别宽度标识。

5. 图表：图表是感知的关键。尽量使用柱状图、条形图和线状图而不是饼图或仪表。

6. 标签：标签指明数据。图表中应用标签指示数据系列和系列中的各值，避免使用值坐标或网格线。

7. 场景：场景表示要比较的数据类别。对实际、计划和预测的数据应使用（提前定义的）标准的符号。

8. 差异：差异实际表示的是上述不同场景之间的差值，应该用统一颜色表示差异的好坏，相对差异使用针形表示。

9. 缩放：不同图表比较时应该保持一致的缩放。禁止截断坐标轴，应对同一单位使用相同的刻度，必要时添加缩放指示器。

10. 突出：使用高亮显示以促进理解，但必须使用统一的标记，如圈选注释的椭圆、趋势箭头和差异标记等。

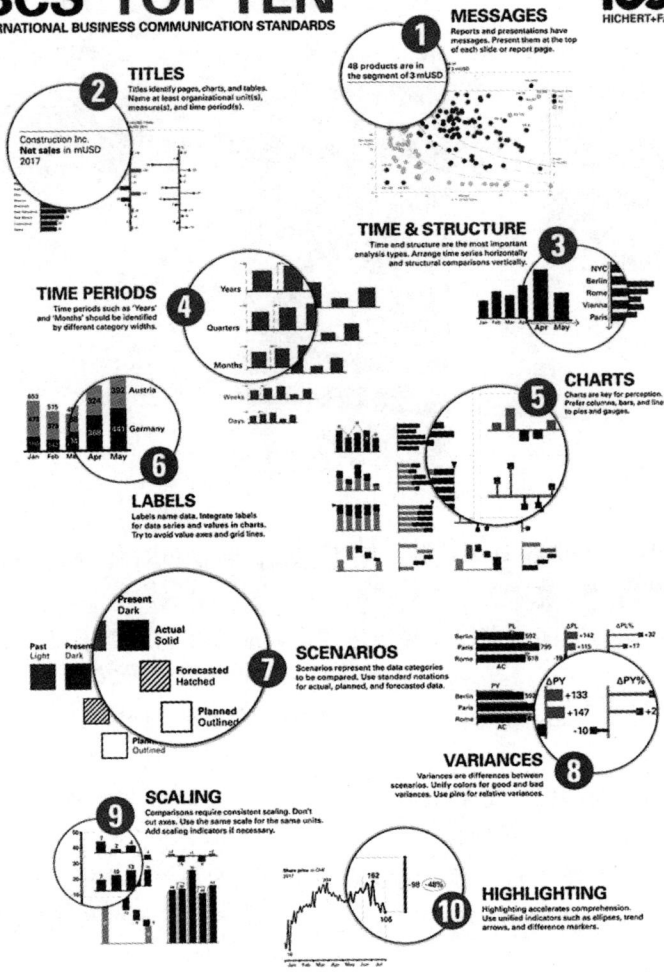

图 5-3

# 5.2　本章基础案例数据

　　本章所有可视化操作将以【案例 5-1 合同管理模型】为基础展开，并遵循
IBCS 相关标准，同时，给定初始与完成两种状态数据，读者可以初始数据为起点，
跟随本书的讲述同步练习，并与给定完成结果进行比对。

【案例数据】

初始数据:\ 书中案例 \ 第 5 章 \ 案例 5-1 合同管理模型【初始】.pbix

完成数据:\ 书中案例 \ 第 5 章 \ 案例 5-1 合同管理模型【完成】.pbix

## 5.2.1 模型基本关系

初始模型关系如图 5-4 所示,大致分为五个部分:

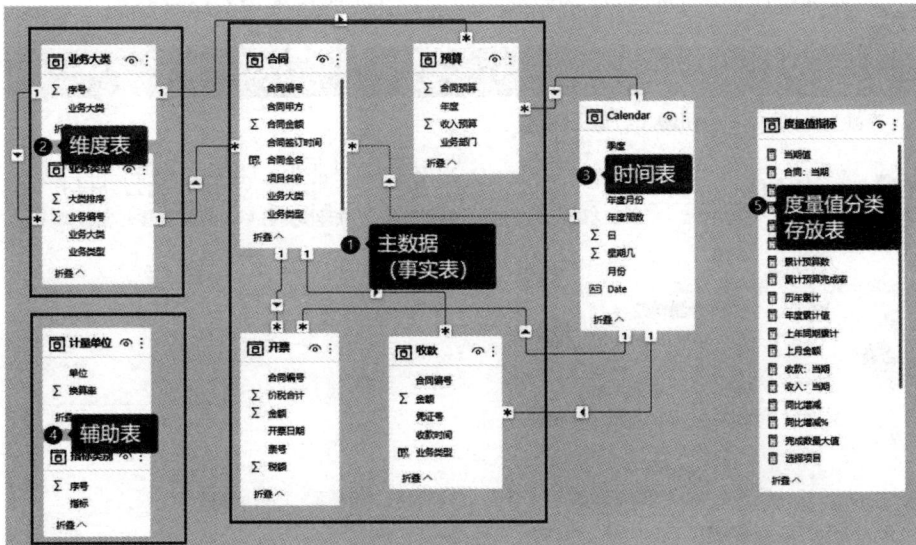

图 5-4

1. 事实表(主数据)

主要包括:合同、开票、收款、预算四张数据表。

2. 维度表

主要包括:业务大类、业务类型两张数据定义表。

3. 日期表 Calender

4. 辅助表

包括计量单位转换、多指标切换辅助功能实现表,具体用法将在【5.2.2 计量单位转换——元与万元】、【5.2.3 多指标的切换】中讲述。

5. 度量值分类存放表

用于存放书写的各类度量值,具体用法详见【4.5.10 度量值的分类管理】。

为使读者能够对 PowerBI 建模充分理解,本模型的给定数据与之前讲述的模型结构有些许不同:

1. "合同表"中"合同签订时间"与时间表"Calendar"中"date"字段为关系不可用状态，需使用 USERELATIONSHIP 函数调用关系；

2. 我们力求使合同符合后续模型需求，所以在此框架下，将陆续增加一些辅助数据表。

## 5.2.2　计量单位转换——元与万元

为实现计量单位的转换，我们参照图 5-5 可提前设置相关参数表。

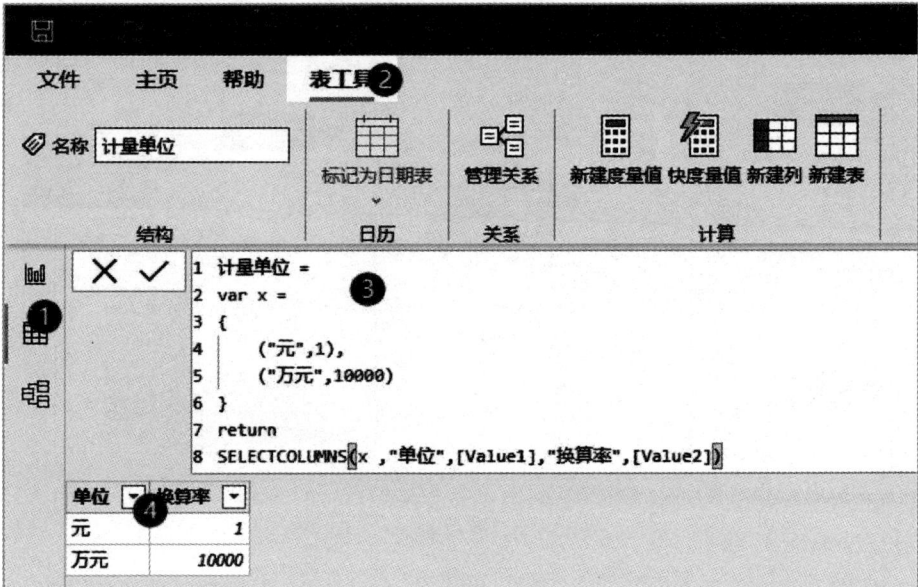

图 5-5

具体方法详见【3.2.5 输入数据创建新表】或使用下列代码创建：

```
计量单位 =
var x =
{
  (" 元 ",1),
  (" 万元 ",10000)
}
return
SELECTCOLUMNS(x ," 单位 ",[Value1]," 换算率 ",[Value2])
```

同时，设置相关度量值如下：

## 5.2.3 多指标的切换

通常情况下，PowerBI 需要逐项定义度量值。比如：合同、收入、收款为三个不同项目，我们需要为其分别书写当期值、年度累计值、历年累计值等多项度量值；而通过多指标切换的定义，我们可成倍减少度量值书写数量，简化模型，如图 5-6 所示。

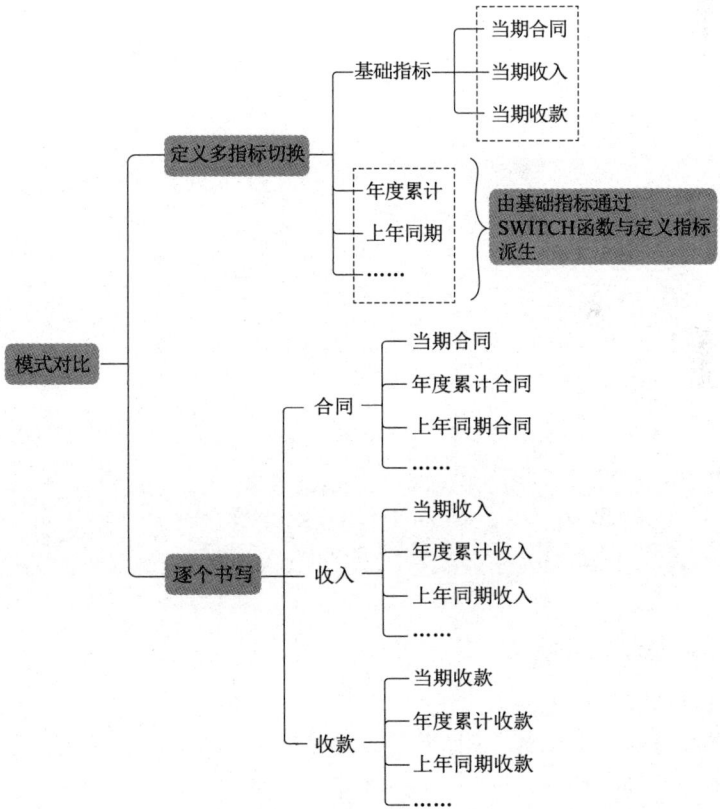

图 5-6

本例中，我们创建辅助表如图 5-7 所示：

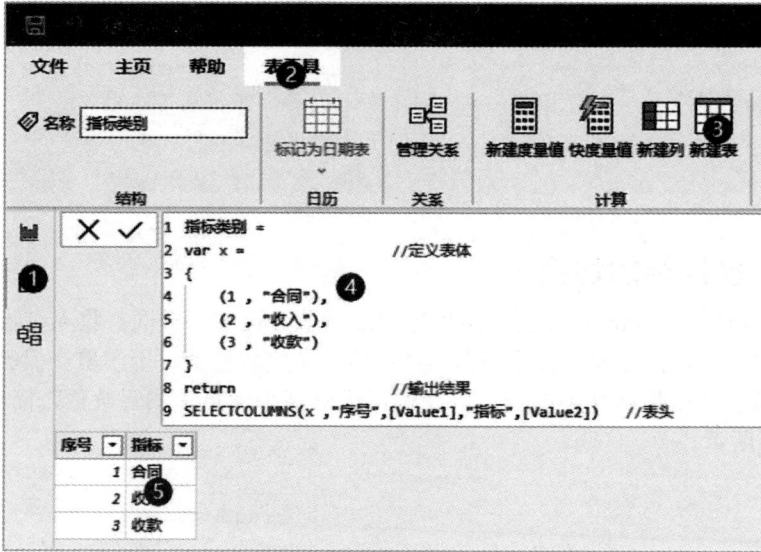

图 5-7

```
指标类别 =
var x =            // 定义表体
{
    (1 , " 合同 "),
    (2 , " 收入 "),
    (3 , " 收款 ")
}
return            // 输出结果
SELECTCOLUMNS(x ," 序号 ",[Value1]," 指标 ",[Value2])  // 表头
```

## 5.2.4    初始度量值

初始度量值我们分为如下几组：

1. 标题度量值。根据 IBCS 标准定义的标题引用基础度量值，包括选择项目、选择业务员、选择会计期。

```
选择项目 =
SWITCH(TRUE(),
       SELECTEDVALUE(' 指标类别 '[ 指标 ])< >BLANK(), SELECTEDVALUE
(' 指标类别 '[ 指标 ]),
       " 合同 ")          // 默认值为合同
    选择业务员 =
    "【"&if(SELECTEDVALUE(' 合同 '[ 业务员 ])=BLANK()," 所有 ", // 未选
择时为所有人
               SELECTEDVALUE(' 合同 '[ 业务员 ]))&"】业务员 "
    选择会计期 = SELECTEDVALUE('Calendar'[ 年度 ])       // 年度切片器
            &SELECTEDVALUE('Calendar'[ 月份 ])       // 月份切片器
```

2. 基本指标。包括：当期合同、开票、收入、收款。

```
    合同：当期 = CALCULATE(sum(' 合同 '[ 合同金额 ]),
               USERELATIONSHIP('Calendar'[Date],' 合同 '[ 合同签订时间 ])
               )/[unit：换算率 ]
    开票：当期 = sum(' 开票 '[ 价税合计 ])/[unit：换算率 ]
    收入：当期 = sum(' 开票 '[ 金额 ])/[unit：换算率 ]
    收款：当期 = sum(' 收款 '[ 金额 ])/[unit：换算率 ]
```

3. 切换指标。包括：当期值、年度累计值、历年累计。

```
    当期值 = SWITCH(TRUE(),
        SELECTEDVALUE(' 指标类别 '[ 指标 ])=" 合同 ",[ 合同：当期 ],
        SELECTEDVALUE(' 指标类别 '[ 指标 ])=" 收入 ",[ 收入：当期 ],
        SELECTEDVALUE(' 指标类别 '[ 指标 ])=" 收款 ",[ 收款：当期 ],
        [ 合同：当期 ]                    // 默认为合同值
        )
    年度累计值 = TOTALYTD([ 当期值 ],'Calendar'[Date])
    历年累计 =
    if(max('Calendar'[Date])<=TODAY(),      // 最大日期小于当日
        CALCULATE([ 当期值 ],FILTER(all('Calendar'),[Date]<=max('Calendar
'[Date]))),   // 筛选日期段小于当日时间序列
        BLANK()
    )
```

4. 同比增减指标。均以相关切换指标为基础衍生，配合辅助表可实现相关指标的自由切换。

> 上年同期累计 = CALCULATE([ 年度累计值 ],
>                  DATEADD('Calendar'[Date],-1,YEAR)) // 向前平移 1 年
> 同比增减 = [ 年度累计值 ]-[ 上年同期累计 ]
> 同比增减 % = DIVIDE([ 同比增减 ],[ 上年同期累计 ])

5. 环比增减指标。与同比指标相似，为切换指标衍生。

> 上月金额 = CALCULATE([ 当期值 ],
>                  DATEADD('Calendar'[Date],-1,MONTH)     // 以月为单位环比
>                  )
> 环比增减 = [ 当期值 ]-[ 上月金额 ]
> 环比增减 % = DIVIDE([ 环比增减 ],[ 上月金额 ])

# 5.3　常见表头项目的设置

根据 IBCS 标准，为准确传达消息，我们应在每个报告页面的顶部设置唯一标题，并表明相关组织、单位、度量和时间段等信息。

如图 5-8 所示，表头中包含报告标题、企业 LOGO、时间切片器、单位转换切片器四个部分。

图 5-8

## 5.3.1　报告标题

在【报表】视图中，点击【主页】选项卡 -【插入】分组 -【文本框】按钮，即可完成报告标题的文本插入，参照图 5-9 的步骤，即可完成标题制作。

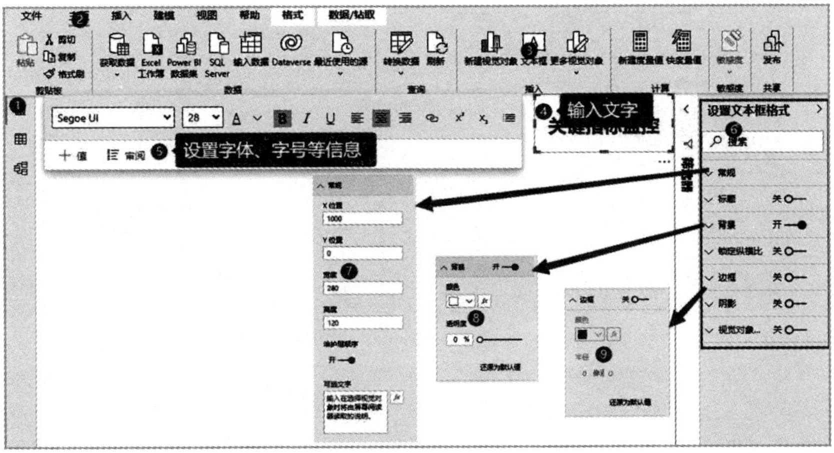

图 5-9

## 5.3.2 LOGO 设置

插入 LOGO 通常为标注版权及识别推广。在 PowerBI 中，我们可通过插入图像元素的方式设置 LOGO。

在【报表】视图下，点击【插入】选项卡 - 【元素】分组 - 【图像】按钮，在【打开】窗口中选择需要插入的图像，点击【打开】，即可完成 LOGO 插入（图 5-10）。

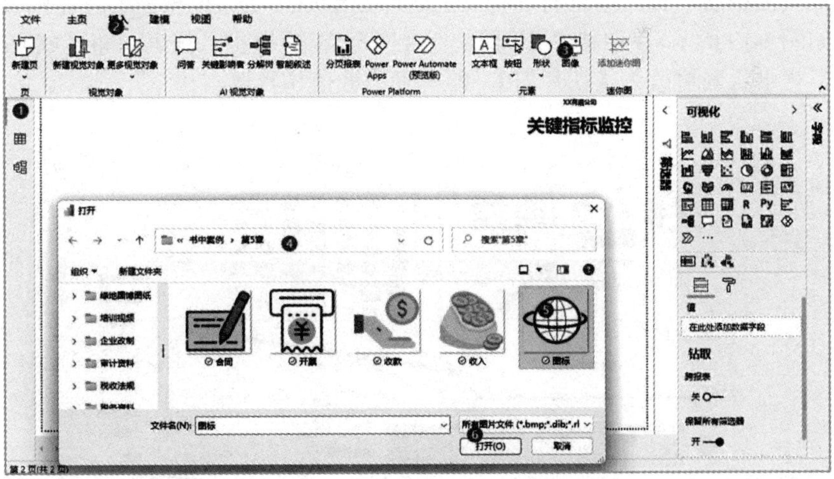

图 5-10

选中已插入的图像，即可通过右侧【格式图像】栏目进行图片大小、背景等元素的设置（图 5-11）。

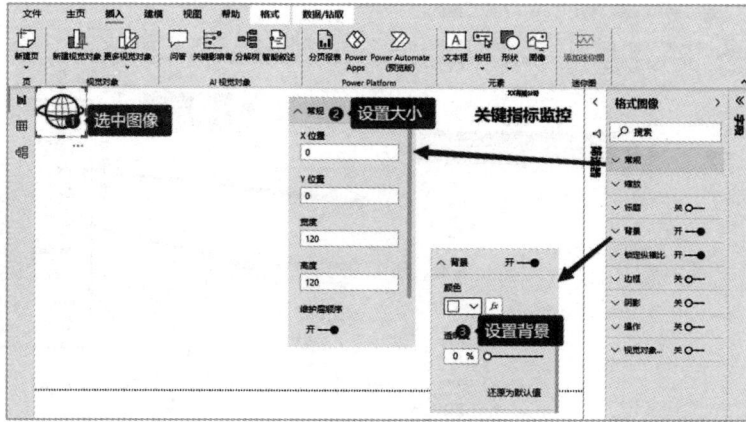

图 5-11

## 5.3.3 切片器设置

在【4.5.3 在度量值中应用切片器】章节中，我们已对切片器有了初步的认识。在 PowerBI 中，切片器大致分为三类：数值范围切片器、日期时间切片器以及文本字段切片器。

### 5.3.3.1 数值范围切片器

数值范围切片器，可以将各种类型的筛选器应用于数据模型的任意数值列。

如图 5-12 所示，我们将"合同"表"合同金额"字段拖入报表画布区域，在【可视化】栏中将其更改为【切片器】，即可形成数值切片器。

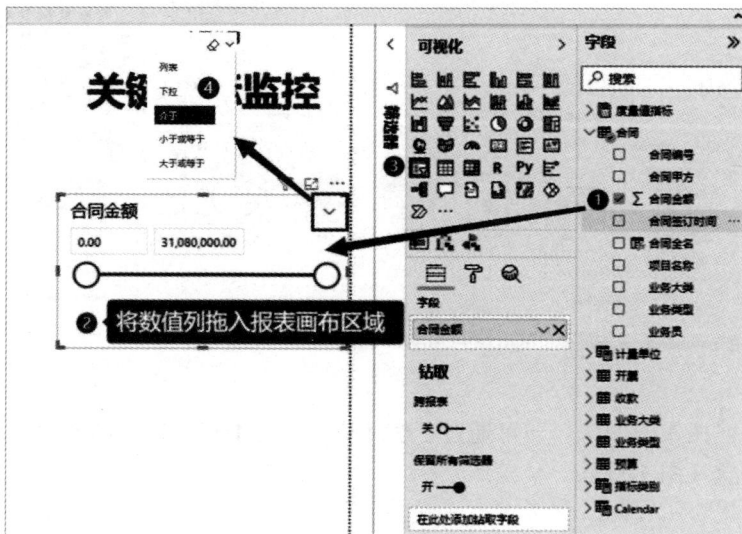

图 5-12

点击切片器右上角下拉按钮，在下拉窗口中，共有五个选项，如图 5-13 所示：

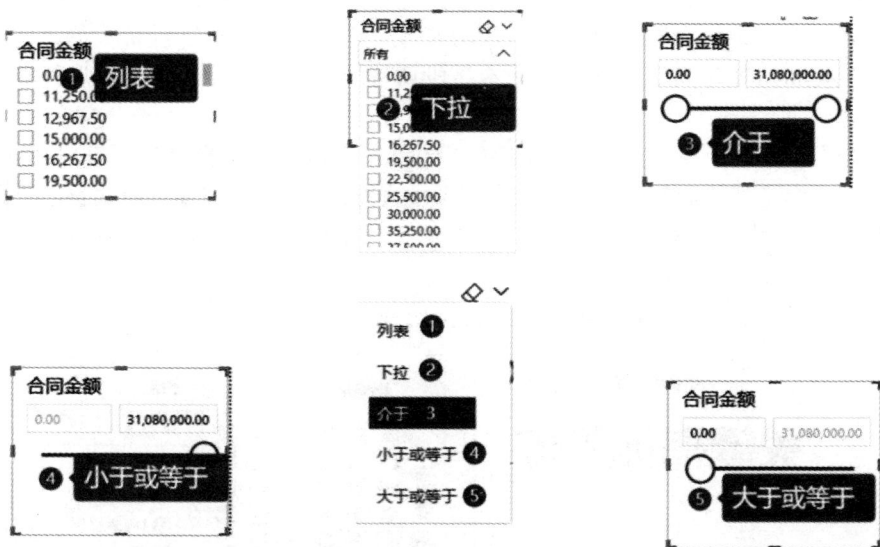

图 5-13

### 5.3.3.2　日期时间切片器

借助日期时间切片器，我们可以向数据模型的任意日期时间列应用时间筛选器，其创建方法与任一切片器创建方式相同。

如图 5-14 所示，其共有七种筛选方式：

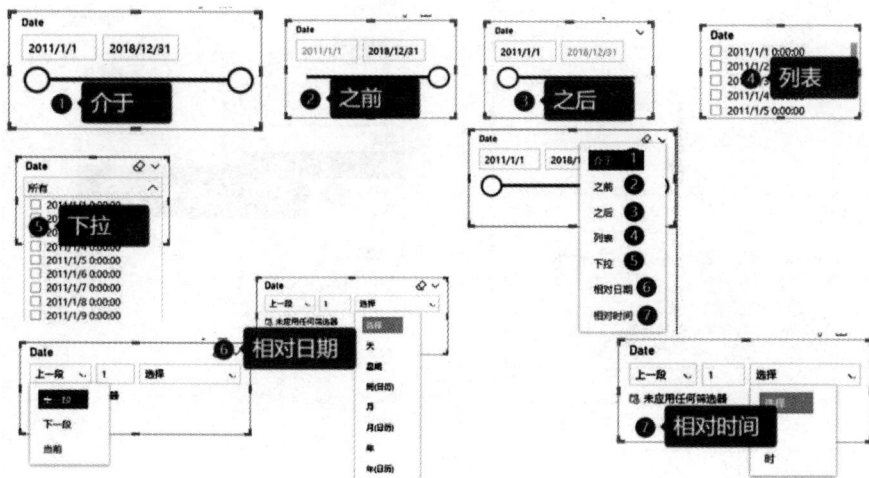

图 5-14

### 5.3.3.3 文本字段切片器

文本字段切片器具有广泛的适用范围。例如，案例模型中计量单位元与万元的转换、度量指标合同、收入与收款的转换，均可使用文本字段切片器。同时，我们也可将日期时间切片器作为文本字段切片器处理，如使用切片器选择年度、月份等。

如图 5-15 所示，将 Calendar 表中"年度"字段拖入画布区域，并将可视化类型更改为【切片器】，即可生成如②所示垂直方向切片器；在【可视化】栏下【格式】选项卡，【常规】选项中将【方向】更改为【水平】，即可生成横向布置的年度切片器。

采用同样的方法，我们可以设置月份切片器。

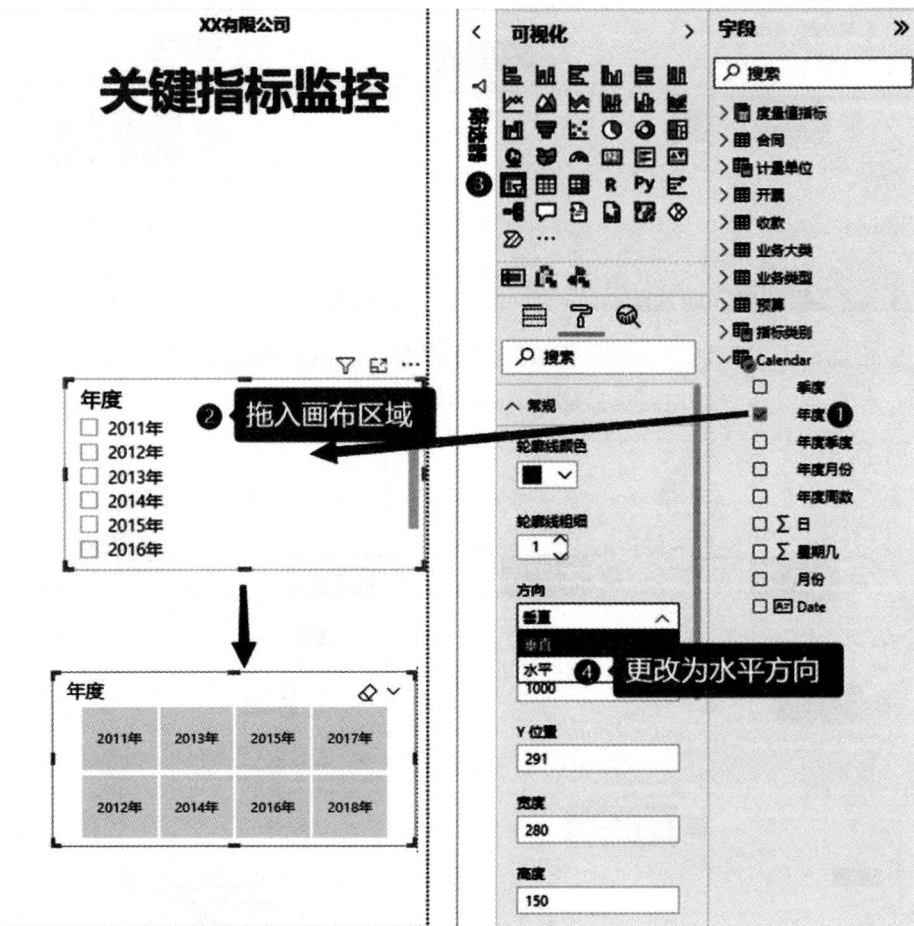

图 5-15

根据需求，我们还可以设置具有多个字段的层次结构切片器，在此不做赘述。

如某一切片器需要在多个报表中重复使用，采用复制粘贴方式即可实现。在粘贴时，会有【同步视觉对象】提示框，我们可以根据需要选择是否同步（图5-16）。

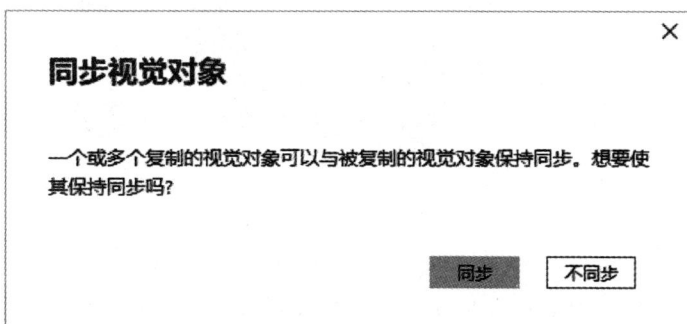

图 5-16

为美化报表布局，我们也可插入一些其他元素，如图 5-17 所示，即可完成标题分割线的插入。

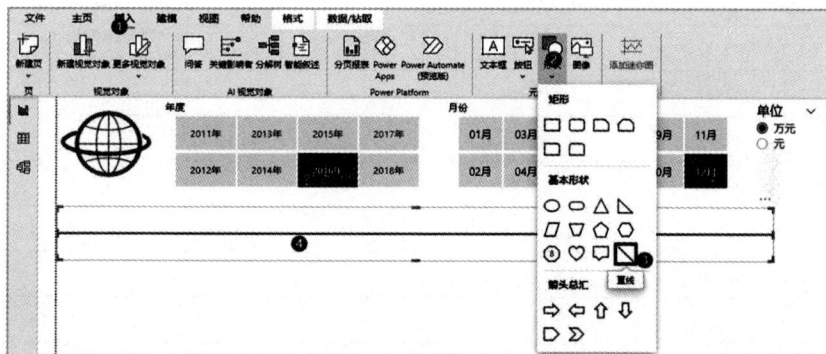

图 5-17

## 5.4　预算分析

预算管理，一般是指在战略目标的指导下，对未来的经营活动和相应财务结果进行充分、全面的预测和筹划，并通过对执行过程的监控，将实际完成情况与预算目标不断对照和分析，从而及时指导经营活动的改善和调整，以帮助管理者更加有效地管理和最大程度地实现战略目标的过程。

从目前企业管理的实践来看，预算管理是一种有效的企业资源配置手段。如图 5-18 所示，通常包括以下六个环节：

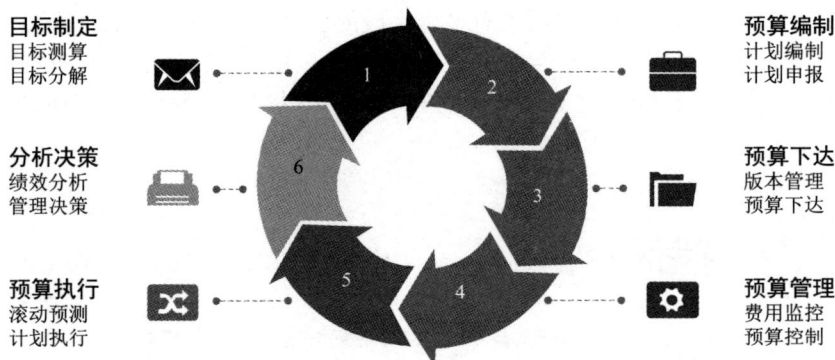

| 目标制定 目标测算 目标分解 | | | 预算编制 计划编制 计划申报 |
| 分析决策 绩效分析 管理决策 | | | 预算下达 版本管理 预算下达 |
| 预算执行 滚动预测 计划执行 | | | 预算管理 费用监控 预算控制 |

图 5-18

有别于传统的预算管理系统及财务软件中预置的预算管理功能，借助 PowerBI，我们可以建立符合企业管理要求和业务特点的多维预算模型，使业务预算模型能够涵盖产品、客户、部门、作业等多个业务维度，实现业务与财务的数据联动以及互相印证，并可实现实时数据监控、分析，辅助快速决策。

事前，我们已经准备好预算数据输入模型：

| 年度 | 业务部门 | 合同预算 | 收入预算 |
| --- | --- | --- | --- |
| 2015-1-1 00:00:00 | 工程设计 | 56 250 000 | 45 000 000 |
| 2015-1-1 00:00:00 | 工程咨询 | 0 | 0 |
| 2015-1-1 00:00:00 | 工程监理 | 20 250 000 | 13 500 000 |
| 2015-1-1 00:00:00 | 招标代理 | 750 000 | 0 |
| 2016-1-1 00:00:00 | 工程设计 | 56 250 000 | 45 000 000 |
| 2016-1-1 00:00:00 | 工程咨询 | 0 | 0 |
| 2016-1-1 00:00:00 | 工程监理 | 25 500 000 | 15 375 000 |
| 2016-1-1 00:00:00 | 招标代理 | 4 500 000 | 3 375 000 |
| 2017-1-1 00:00:00 | 工程设计 | 60 000 000 | 46 875 000 |
| 2017-1-1 00:00:00 | 工程咨询 | 0 | 0 |
| 2017-1-1 00:00:00 | 工程监理 | 31 500 000 | 22 500 000 |
| 2017-1-1 00:00:00 | 招标代理 | 4 500 000 | 3 750 000 |
| 2018-1-1 00:00:00 | 工程设计 | 150 000 000 | 100 500 000 |
| 2018-1-1 00:00:00 | 工程咨询 | 0 | 0 |
| 2018-1-1 00:00:00 | 工程监理 | 45 000 000 | 37 500 000 |
| 2018-1-1 00:00:00 | 招标代理 | 15 000 000 | 12 000 000 |

同时，定义如下预算相关度量值：包括预算合同、收入、收款三个基础指标：

预算：合同 = TOTALYTD(sum(' 预算 '[ 合同预算 ]),'Calendar'[Date])/[unit：换算率 ]

预算：收入 = TOTALYTD(sum(' 预算 '[ 收入预算 ]),'Calendar'[Date])/[unit：换算率 ]

预算：收款 = TOTALYTD([ 开票：当期 ],'Calendar'[Date])

以及累计预算数、累计完成数、累计预算完成率三个指标。

累计预算数 = SWITCH(TRUE(),
        SELECTEDVALUE(' 指标类别 '[ 指标 ])=" 合同 ",[ 预算：合同 ],
        SELECTEDVALUE(' 指标类别 '[ 指标 ])=" 收款 ",[ 预算：收款 ],
        SELECTEDVALUE(' 指标类别 '[ 指标 ])=" 收入 ",[ 预算：收入 ],
        [ 预算：合同 ]
)
累计完成数 = [ 年度累计值 ]
累计预算完成率 = DIVIDE([ 累计完成数 ],[ 累计预算数 ])

本节制作完成后，效果如图 5-19 所示：

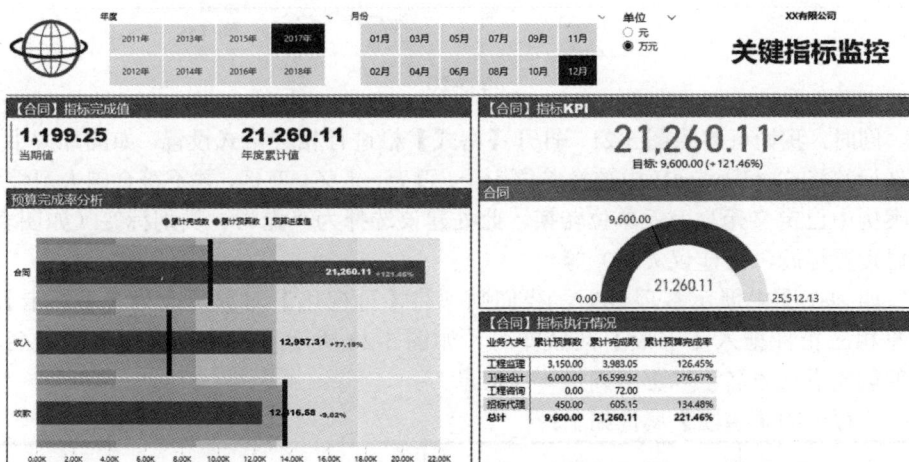

图 5-19

### 5.4.1　关键指标展示——卡片图、多行卡

使用卡片图以及多行卡可以很好地展示实际经营数据的完成情况。两者的区别为卡片图仅显示一个指标，而多行卡可以同时显示多个指标数据。

卡片图控件【字段】非公共属性描述如下：

| 序号 | 选项 | 描述 |
|---|---|---|
| 1 | 字段 | 需要显示的单个度量（只能填入一个字段） |

如图 5-20 所示，点击【可视化】窗格中【卡片图】按钮，在画布中新增对应可视化对象；随即，将"累计完成数"度量值拖入【字段】栏中对应【字段】中，即可生成卡片图。

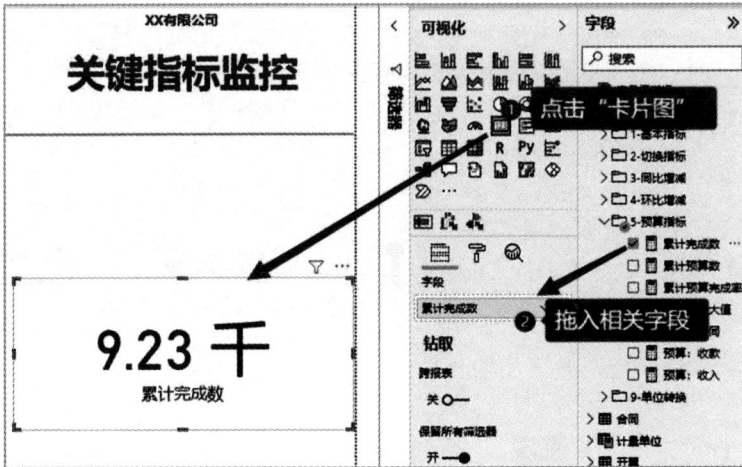

图 5-20

同时，我们可参照图 5-21，打开【格式】栏进行相关格式设置，如图片大小、数据标签格式（PowerBI 中转换单位为千、百万、十亿、万亿，并不符合国人习惯，故案例中已定义元与万元单位转换，此处建议选择为"无"）、类别标签（如图表中已设置标题，则建议关闭）等。

如须在图中展示多项数据，我们则须将【可视化】对象更改为【多行卡】，并将相应指标拖入【字段】区域即可。如图 5-22 所示，我们也可双击字段名，对度量值进行改名，以更准确地传递信息。

多行卡的【字段】属性如下：

| 序号 | 选项 | 描述 |
|---|---|---|
| 1 | 字段 | 需要显示的一组度量值 |

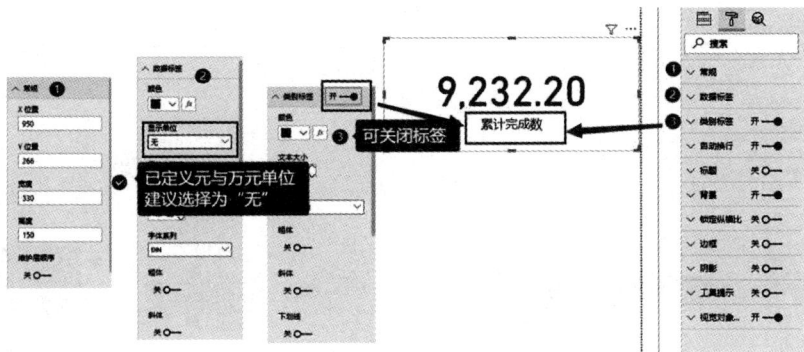

图 5-21

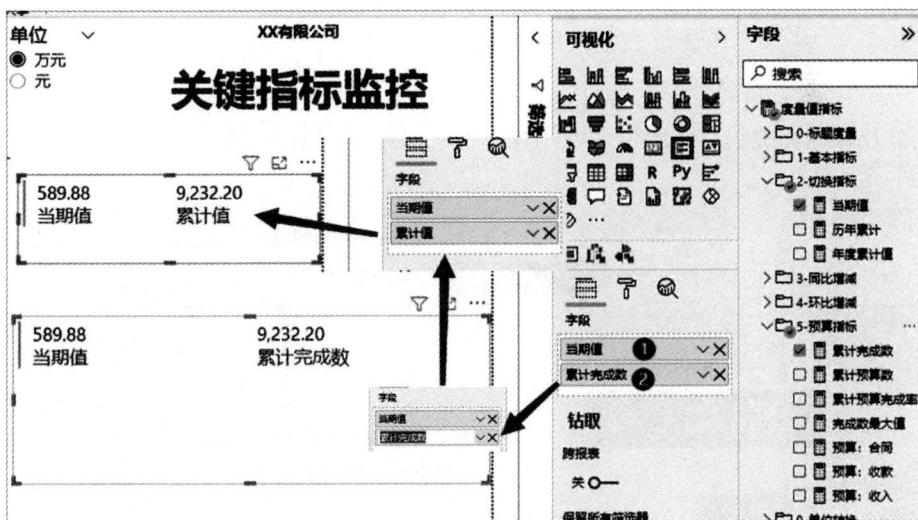

图 5-22

按照 IBCS 标准，"每个页面、图表或表格都应具有唯一标题。"我们可进行如下设置。

STEP01：设置标题度量值。因"当期值""累计完成数"两个度量值均为可变度量，则设置标题度量值如下：

关键指标完成值 = "【"&[ 选择项目 ]&"】"&" 指标完成值 "

STEP02：在格式栏中设置标题文本。参照图 5-23，选中格式图像，在【格式】栏中打开【标题】选项，并点击【标题文本】右侧【FX】公式设置按钮，打开【标题文本 - 标题】窗口，选择已经定义的标题度量值，点击【确定】，完成标题设置。

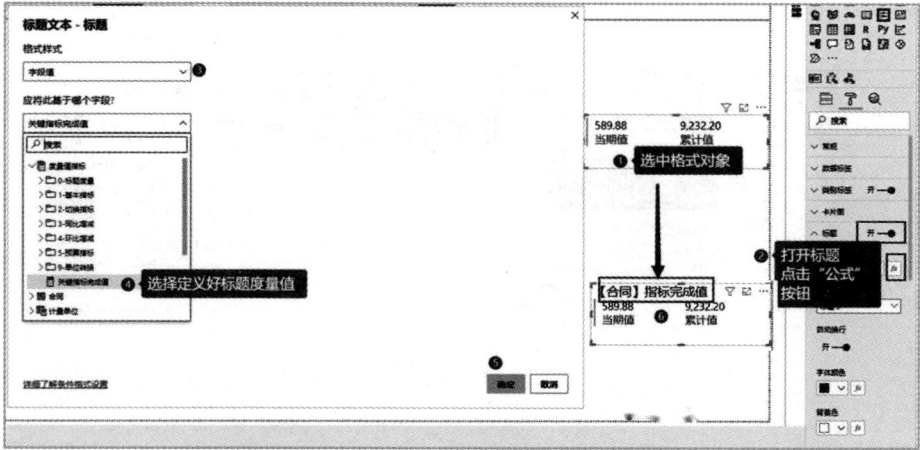

图 5-23

STEP03：设置标题头背景及字体。参照图 5-24，完成标题字体颜色、字体、边框及数据标签的字体颜色、字体等设置，即可得到图中⑤所示效果。

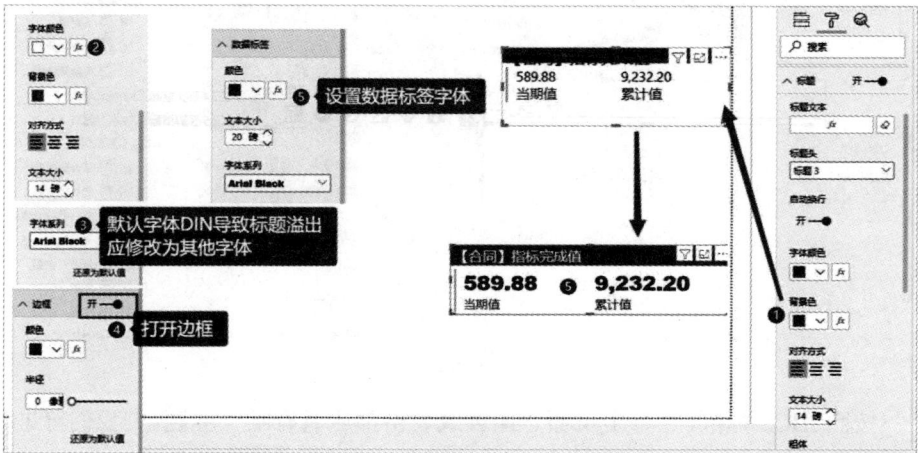

图 5-24

值得关注的是，系统自带的 DIN 字体可能导致标题溢出，应修改为其他字体。

## 5.4.2　KPI 指标展示及编辑交互

KPI（关键绩效指标）图表可基于预算值、完成值等特定的度量值，帮助我们根据定义的预算目标值计算指定时点的实际完成值和完成状态。

KPI 控件的【字段】栏属性如下：

| 序号 | 选项 | 描述 |
|---|---|---|
| 1 | 指标 | 需要分析的指标（度量值） |
| 2 | 走向轴 | 显示分类所有值的走势趋向，一般为日期时间字段 |
| 3 | 目标值 | 需要达到的目标值，如预算值等 |

KPI 控件的设置如下。

STEP01：添加可视化对象。点击【可视化】空格中【KPI】可视化效果图标，向画布中添加可视化对象。

STEP02：向可视化对象添加字段。如图 5-25 所示，将 [ 累计完成数 ]、[ 累计预算数 ] 度量值分别拖入【指标】、【目标值】字段，将 "Calendar" 表中 "月份" 字段拖入走向轴。

图 5-25 步骤⑤处所示 9.23 千为当期累计完成值，下方目标 8.63 千为预算值，（+7.04％）为预算偏离度。如果预算为完成状态，完成值显示绿色并在后方标注 " √ "；未完成则显示红色并在后方标注 " ! "。

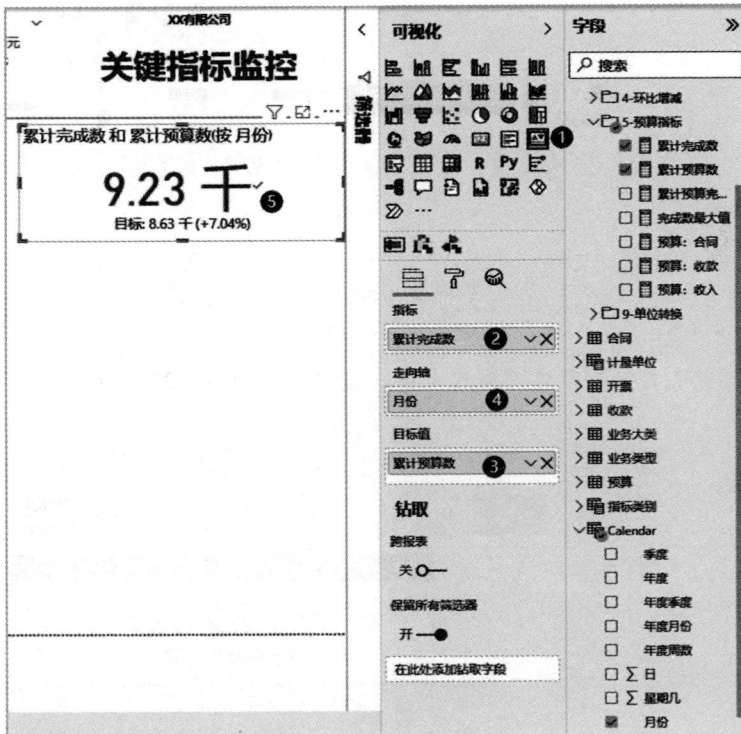

图 5-25

STEP03：编辑交互，显示走向轴数据。点击【格式】栏-【交互】分组-【编辑交互】按钮，各可视对象下方分别显示 ◱（筛选器）、⊘（无）按钮。选中切片器，在对应可视化对象右上角点击⊘按钮，即可取消两者的筛选关系。在取消筛选关系后，KPI 指标图背景中相关指标走势图得以显示，但月份切片器将对 KPI 图不再生效。点击 ◱，即可恢复月份切片器筛选（图 5-26）。

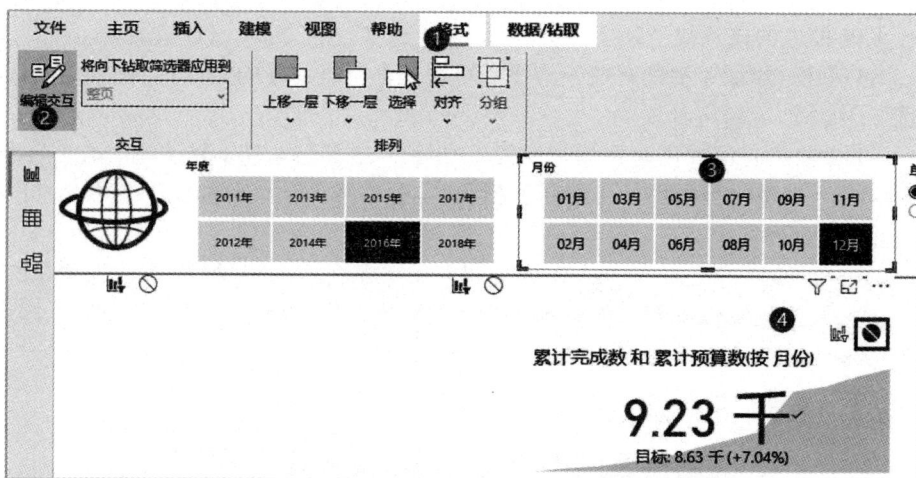

图 5-26

STEP04：必要的格式设置。设置 [ 关键指标 KPI] 度量值作为表头，相关度量值如下：

关键指标 KPI = " 【"&[ 选择项目 ]&"】"&" 指标 KPI"

完成标题头背景及字体等格式设置，最终效果如图 5-27 所示。

图 5-27

### 5.4.3　完成指标展示——仪表图

仪表图通常用于表示某一指标的目标完成率，具有简单直观、生动新颖的特点，很适合用于表示预算达成率指标。

仪表图【字段】主要属性如下：

| 序号 | 选项 | 描述 |
|---|---|---|
| 1 | 值 | 通常为已完成量，如图 5-28[ 累计完成数 ] |
| 2 | 最小值 | 仪表中的最小值，此处未单独设置，为 0 |
| 3 | 最大值 | 仪表中的最大值，如图 5-28[ 完成数最大值 ]，实际完成数的 1.2 倍或全年预算数 |
| 4 | 目标值 | 目标值，此处为图 5-28[ 累计预算数 ] |

仪表图的设置如下：

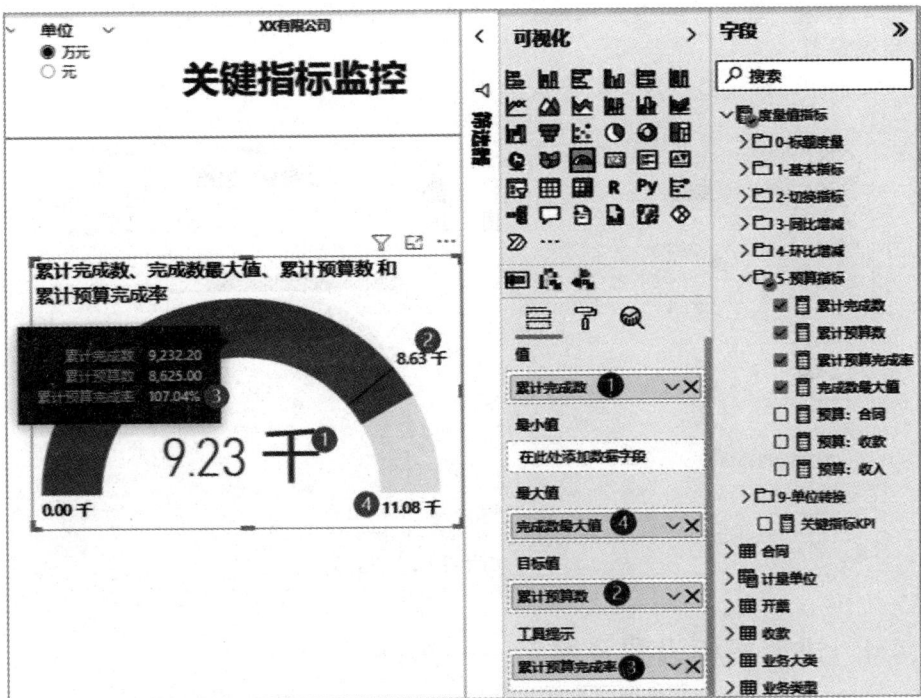

图 5-28

STEP01：添加可视化对象。点击【可视化】空格中【仪表】可视化效果图标，向画布中添加可视化对象。

STEP02：向可视化对象添加字段。

在进行仪表图制作之前，我们还须定义完成数最大值，以匹配【字段】栏中

【最大值】字段；

完成数最大值 = max([ 累计完成数 ]*1.2,[ 累计预算数 ]) // 累计完成数 1.2 倍与累计预算值较大者

如图 5-28 所示，分别将 [ 累计完成数 ]、[ 累计预算数 ]、[ 累计预算完成率 ]、[ 完成数最大值 ] 添加至【值】、【目标值】、【工具提示】、【最大值】字段；

将鼠标置于仪表图任意位置，可显示相关提示信息，其中，【工具提示】字段将一并显示于提示信息中。

STEP03：必要的格式设置。在【格式】工具栏中进行必要的格式设置。其中，我们可打开【标题】选项，在【标题文本 - 标题】中，设置【格式样式】为"字段值"；在【应将此基于哪个字段？】中，在下拉菜单中选择对应表的字段；在【汇总栏】选择"首先"即可完成标题文本设置。同时，参照前面的讲解，进行其他相关设置。

仪表图可视化最终效果如图 5-29 中⑥所示。

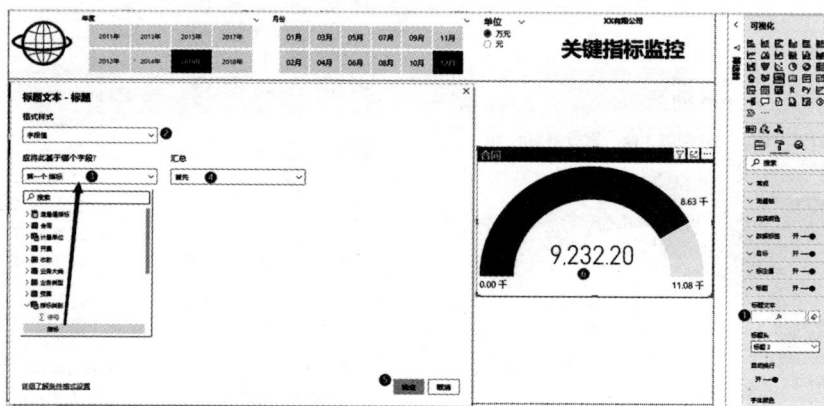

图 5-29

## 5.4.4  进度指标设置及展示——矩阵

前述预算分析中，我们已对全年预算指标完成进度进行了详细讲解。在实际工作中，进度指标的控制也是预算管理中十分重要的一项工作。进行进度控制时，我们可以按照预测情况，根据会计期按月或按季分解。本例中，我们假设预算按会计期进度平均分解，其设置如下：

STEP01：设定预算进度辅助表并建立与日期表的双向筛选关系。新建预算进度表，相关代码如下：

```
预算进度 = addcolumns(
        GENERATESERIES(1, 12, 1),
        " 进度 ",[Value]/12,
        " 月份 ",FORMAT([Value],"00")&" 月 ")
```

对"进度"值进行格式化,并对"月份"列进行【按列排序】操作,具体详见图 5-30。

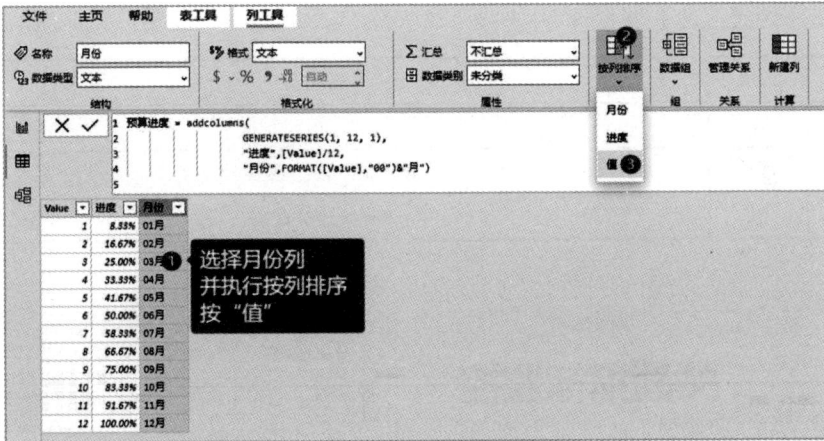

图 5-30

如图 5-31 所示,建立"预算进度"与日期表"Calendar"的双向筛选关系。

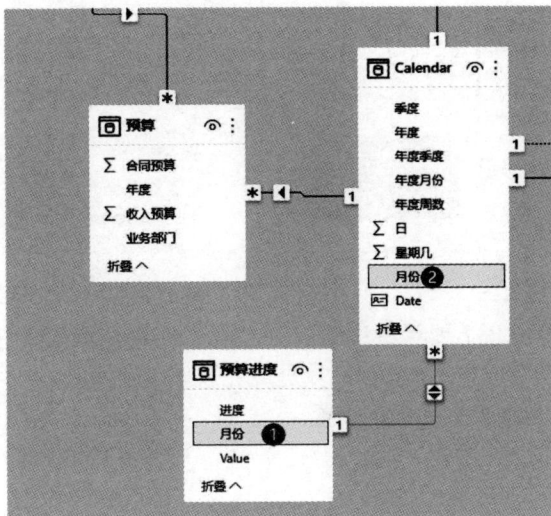

图 5-31

STEP02：书写相关度量值并定义格式。相关预算进度度量值如下。

预算进度系数 = SELECTEDVALUE(' 预算进度 '[ 进度 ])
预算进度值 = [ 累计预算数 ]*[ 预算进度系数 ]
预算进度完成率 = DIVIDE([ 累计完成数 ],[ 预算进度值 ])

如图 5-32 所示，制作预算进度矩阵，在切片器的配合下，即可实现预算进度完成目标的动态跟踪。

矩阵图【字段】属性如下：

| 序号 | 选项 | 描述 |
|------|------|------|
| 1 | 行 | 以行形式展现数据 |
| 2 | 列 | 以列形式展现数据 |
| 3 | 值 | 矩阵统计的数字 |

图 5-32

同时，我们会发现 [ 预算进度完成率 ] 指标并非我们所期望的百分比格式。这时，我们可参照图 5-33，选中 [ 预算进度完成率 ] 度量值，在【度量工具】栏 -【格式化】分组中进行相关格式化设置。

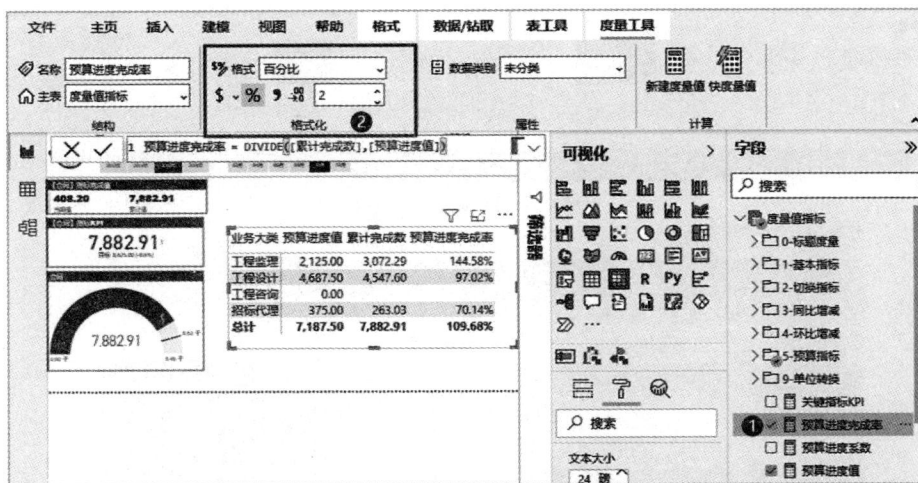

图 5-33

STEP03：定义可视化对象标题。定义标题度量值如下：

关键指标执行情况 = "【"&[ 选择项目 ]&"】"&" 指标执行情况 "

完成相关格式设置后，最终效果如下（图 5-34）：

图 5-34

## 5.4.5 多指标预算执行展示——项目符号图

在日常工作中，有时我们希望能用一张图表概览企业的整体经营情况。以下我们介绍的可视化对象"Bullet Chart By Okviz"（项目符号图）（图 5-35）非常适合多指标预算执行情况的展示。

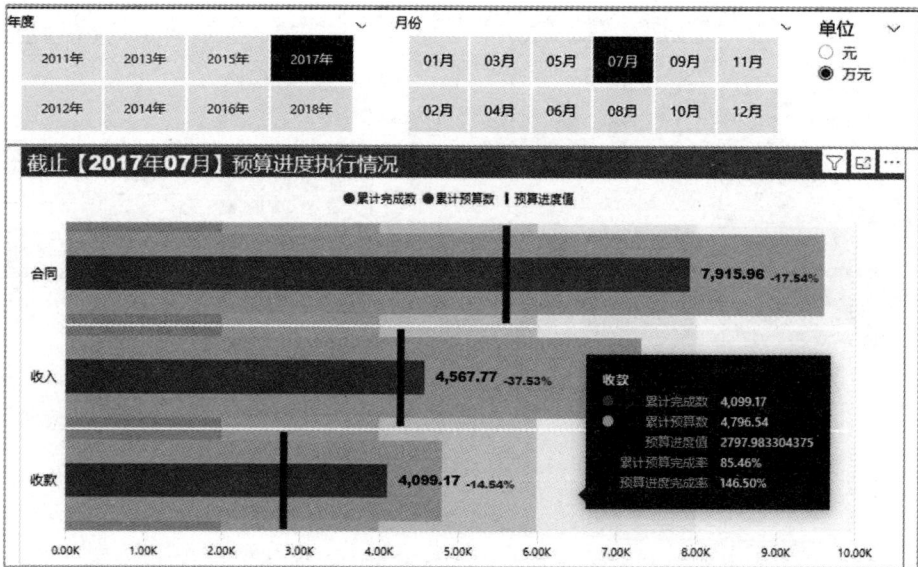

图 5-35

在图 5-35 中，共集成了合同、收入、收款三项预算指标。在每一指标中，深色进度条代表实际完成数，浅色进度条代表预算进度数，黑色竖线代表全年预算数。同时，将鼠标置于相应进度条上，可显示完成值、进度值、全年预算值以及进度完成率、全年指标完成率。

配合年度、月份切片器，我们可以非常轻松地查看任一年度月份各项指标的完成情况；并且，货币计量单位可在设定万元与元之间任意切换。

该可视化控件并非属于 PowerBI 内置，需要通过应用市场导入。下面，我们就来详细了解这一图表的制作过程。

### 5.4.5.1 通过应用商店导入可视化对象

如图 5-36 所示，点击【可视化】栏下【…】按钮，选择【获取更多视觉对象】，在随后弹出的【PowerBI 视觉对象】窗口，输入查找关键字，如 "Bullet"，点击找到需要导入的对象；

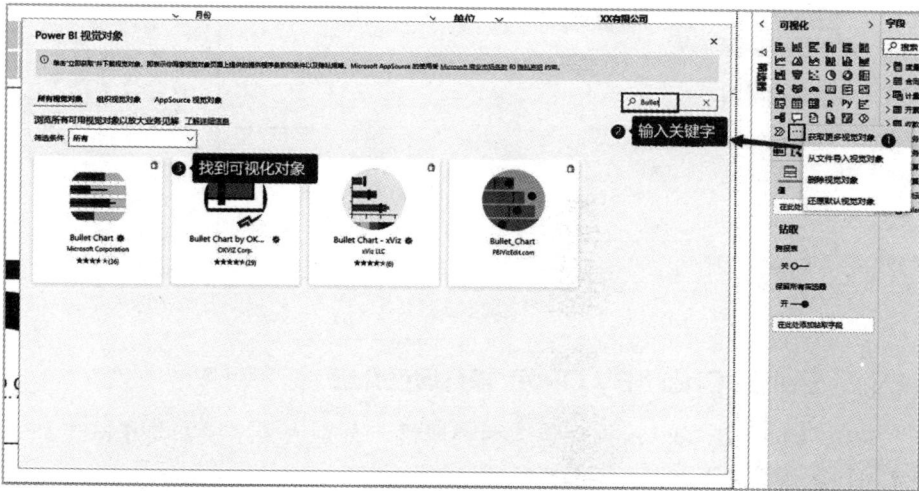

图 5-36

　　此时，将会弹出【AppSource】窗口（图 5-37），对可视对象进行介绍，确认无误后，点击【添加】按钮，系统开始导入对象；

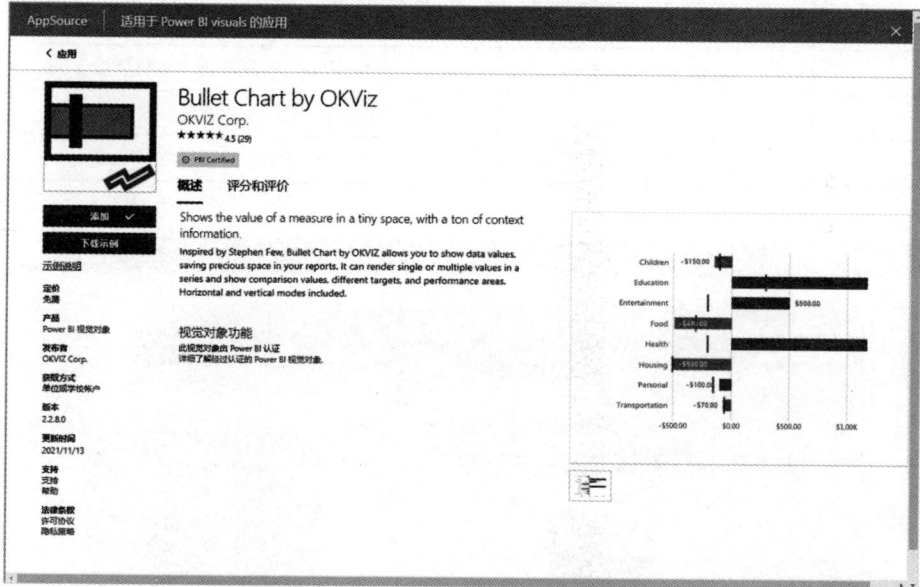

图 5-37

　　稍候片刻，将会出现【已成功导入】提示，点击【确定】后，即可在右侧【可视化】栏下找到该可视对象（图 5-38）。

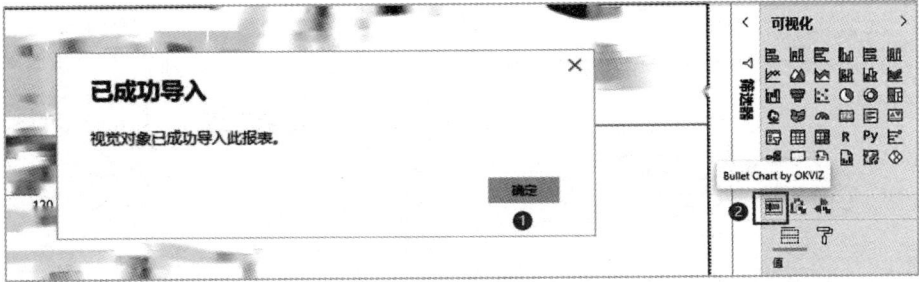

图 5-38

## 5.4.5.2 Bullet Chart By Okviz 控件属性介绍

Bullet Chart By Okviz 控件包含两类属性，分别为【字段】与【格式】，其中【字段】属性如下：

| 序号 | 选项 | 描述 |
|---|---|---|
| 1 | 类别【Category】 | 图 5-39 中①标注合同、收入、收款 |
| 2 | 值【Value】 | 图 5-39 中②完成数（深色条形） |
| 3 | 比较值【Comparison value】 | 图 5-39 中③累计预算值（浅色条形） |
| 4 | 目标【Targets】 | 图 5-39 中④全年预算值（黑色竖线） |
| 5 | 状态【States】 | 未设置，图 5-39 中背景阶梯条纹 |
| 6 | 提示【Tooltips】 | 图 5-39 中⑤最后两项完成 % |

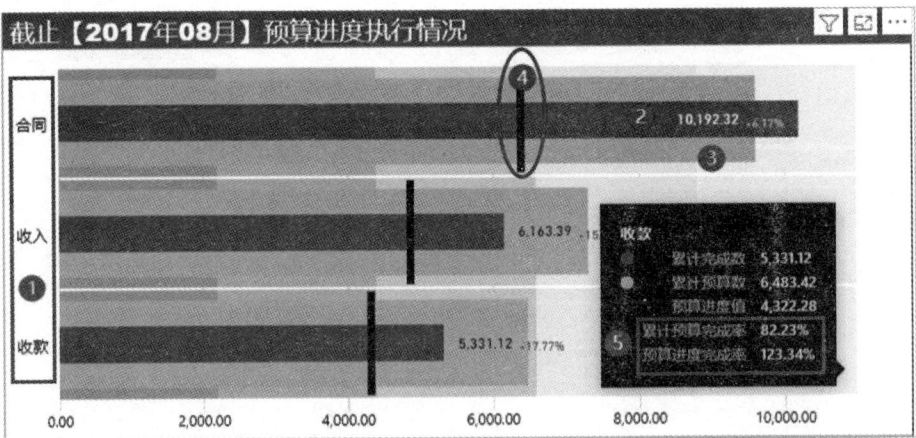

图 5-39

【格式】属性如下：

| 序号 | 选项 | 描述 |
|---|---|---|
| 1 | 一般属性【General】 | 包括方向、X轴、Y轴位置及大小 |
| 2 | 类别轴【Category axis】 | 字体、颜色等 |
| 3 | 数据轴【Value axis】 | 字体、颜色，开始、结束值等 |
| 4 | 数据标签【Data labels】 | 字体、颜色、大小 |
| 5 | 数据颜色【Data colors】 | 打开可为每一进度条设置颜色 |
| 6 | 条件颜色【Conditional colors】 | 根据条件设定颜色 |
| 7 | 目标标记【Targets markers】 | 目标样式 |
| 8 | 状态【States】 | 状态样式、颜色等 |
| 9 | 标识位置【Legend】 | 标记样本放置位置 |
| 10 | 提示【Tooltips】 | 提示值格式设置 |
| 11 | 关于【About】 | 插件名称、版本号 |

### 5.4.5.3　Bullet Chart By Okviz 可视对象制作

对可视化对象属性做充分了解后，我们即可根据相关要求制作图表。参照图 5-40a 和图 5-40b 设置【字段】，即可完成图表制作。值得注意的是，要打开图例中的数据显示，需要在【格式】设置中打开数据标签【Data labels】选项，并将其设置为【Comparison value】选项（也可视表达数据情况选择对应选项）。

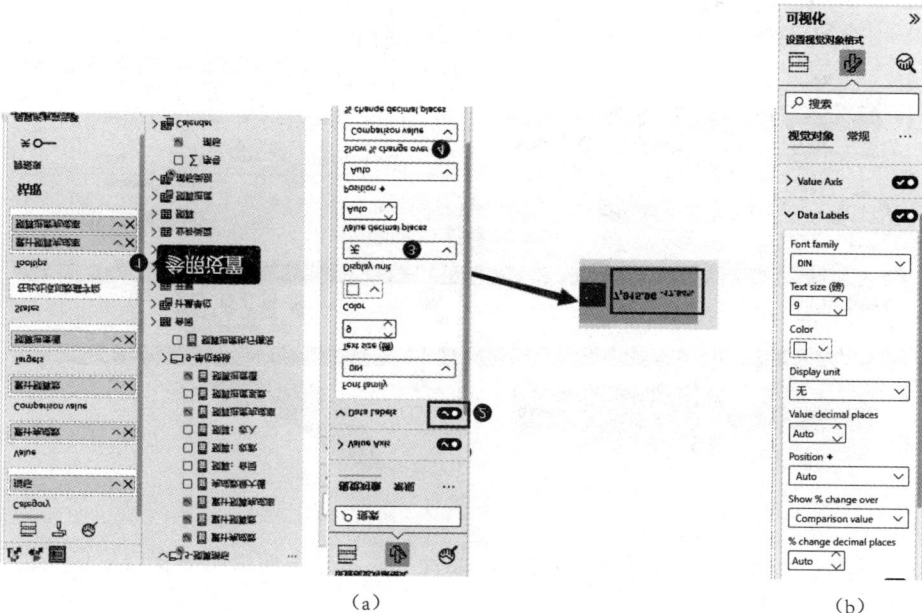

（a）　　　　　　　　　　　　　　　　　（b）

图 5-40

图表标题度量值设置如下：

## 5.4.6 可变度量数据交互效果

如图 5-41 所示，在"截止【2017 年 06 月】预算进度执行情况"图中，分别选择"收款""收入""合同"图例，其他可视化对象即可实现对应指标的筛选。

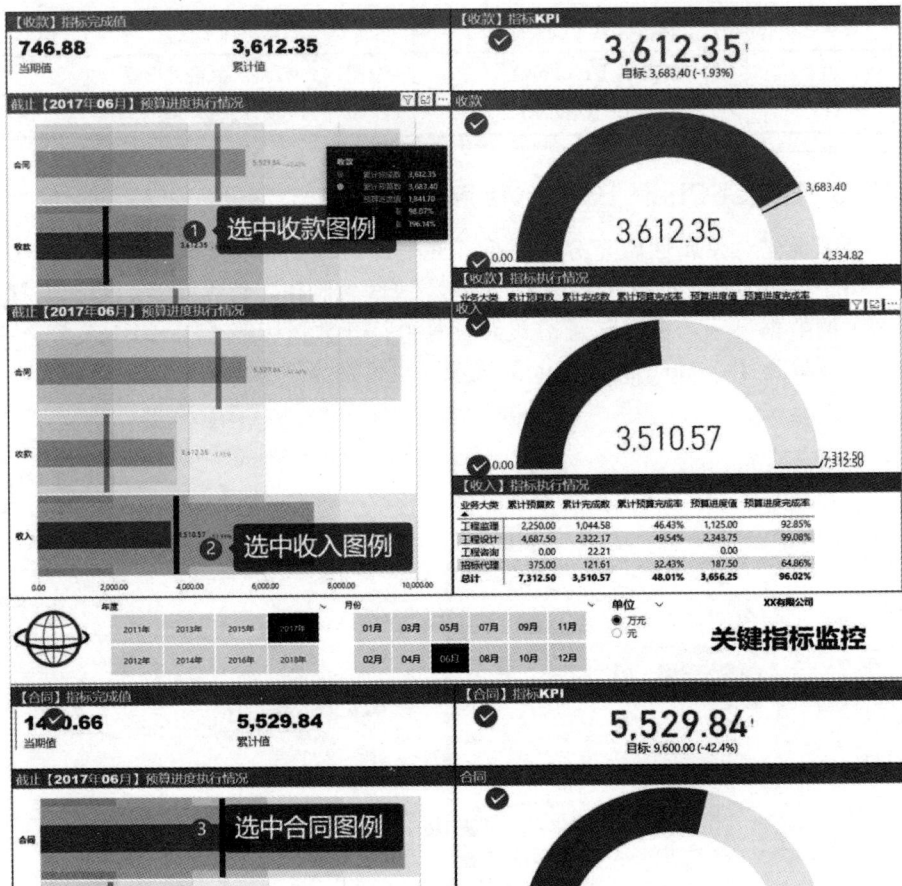

图 5-41

此时，图例充当了切片器的角色，配合可视对象中使用的可变度量值实现了一图多用的效果。

## 5.5 结构分析

结构分析是在统计分组的基础上，计算各组成部分所占比重，从而分析某一总体现象的内部结构特征、总体的性质、总体内部结构依时间推移而表现出的变化规律性的方法。

通过结构分析，我们可以很好地了解各业务组成部分及其对比关系、变动规律。结构分析也是财务及业务分析中常见的一种方法。

如图 5-42 所示，我们将介绍基于业务员、业务大类、构成分解几个纬度的结构分析，并使用饼图、条形图及树形图三种可视对象。

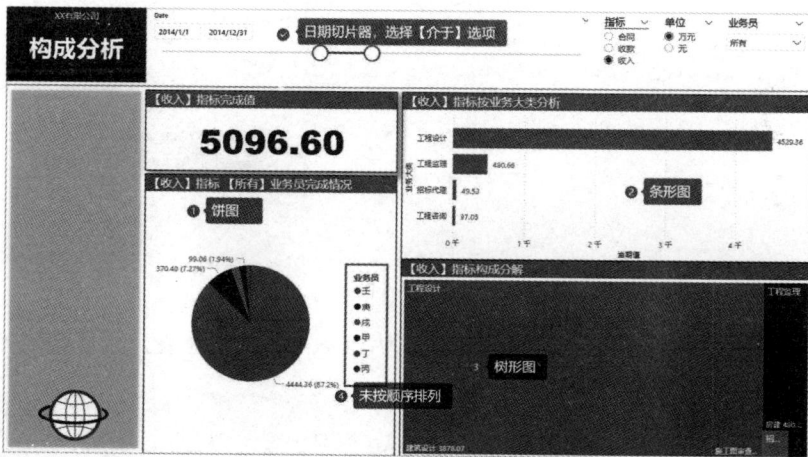

图 5-42

### 5.5.1 辅助纬度表生成及排序定义

在图 5-42【收入】指标【所有】业务员完成情况表中，我们发现业务员的排序并未按照习惯的顺序如"甲、乙、丙、丁……"排序，检查使用字段，发现为"合同"[业务员]字段（图 5-43）。

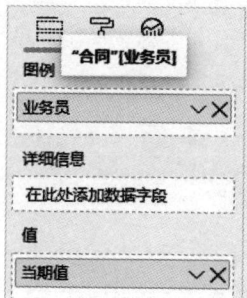

图 5-43

那么，是否有办法解决这个排序问题呢？答案是有的。我们可以通过构建辅助表的形式，建立关联来实现"按列排序"功能。

STEP01：建立"业务员"辅助信息表。

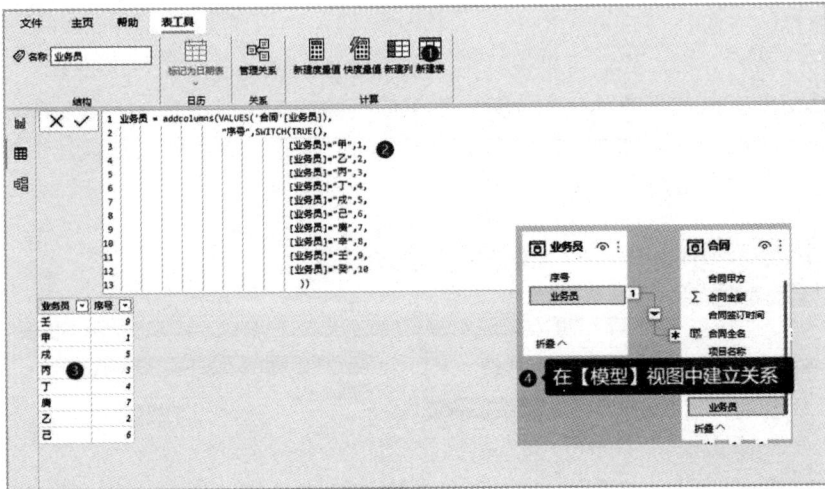

图 5-44

如图 5-44 所示，在【数据】视图下使用 DAX 公式新建表，具体代码如下：

```
业务员 = addcolumns(                    // 添加列
        VALUES(' 合同 '[ 业务员 ]),      // 提取业务员唯一值
        " 序号 ",SWITCH(TRUE(),          // 条件判断
            [ 业务员 ]=" 甲 ",1,          // 定义条件
            [ 业务员 ]=" 乙 ",2,
            [ 业务员 ]=" 丙 ",3,
            [ 业务员 ]=" 丁 ",4,
            [ 业务员 ]=" 戊 ",5,
            [ 业务员 ]=" 己 ",6,
            [ 业务员 ]=" 庚 ",7,
            [ 业务员 ]=" 辛 ",8,
            [ 业务员 ]=" 壬 ",9,
            [ 业务员 ]=" 癸 ",10
            )
        )
```

STEP02: 建立关联关系。建立"合同"表"业务员"字段与"业务员"表"业务员"字段之间的筛选关系。

STEP03: 对"业务员"字段进行按列排序。在新建"业务员"表中,选中"业务员"字段,参照图 5-30 进行【按列排序】,指定"序号"列为排序依据,即可实现正确排序。

STEP04: 验证结果。"业务员"表下"业务员"字段作为切片器向报表中添加,如图 5-45 所示,即实现正确排序。

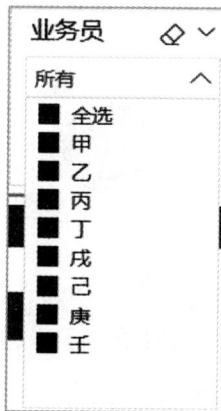

图 5-45

## 5.5.2 业务员构成指标分析——饼图

饼图常用于显示部分与整体的关系,适合展示每一部分所占全部的百分比,其与环形图非常类似,区别仅为环形图是中心为空,因此里面有更多空间放置标签或图标。

饼图展现的是个体占总体的比例,利用扇面的角度展示比例大小。制作饼图时,应注意使用类别不宜太多,3~5 个为宜;其一般自 12 点钟方向开始,依次排列;如要显示比例数据,应保证总和为 100%;饼图展现的是比例关系,通常不同饼图不可轻易进行比较。

饼图【字段】属性如下:

| 序号 | 选项 | 描述 |
|---|---|---|
| 1 | 图例 | 用于显示具有不同颜色的分类字段,如图 5-46 业务员字段 |
| 2 | 详细信息 | 显示在饼图中的详细信息,可用于更详细信息的展示 |
| 3 | 值 | 饼图中的度量值,如图 5-46[ 当期值 ] 度量 |

如图 5-46 所示，在【可视化】栏内选择【饼图】对象插入，然后在【字段】栏内设置相应字段，即可完成饼图的制作。

配合【指标】切片器，我们可快速实现"合同""收款""收入"三项指标的随意切换，以及单位、业务员的切换；

同时，使用排序后的"业务员"字段，很好地解决了排序问题。

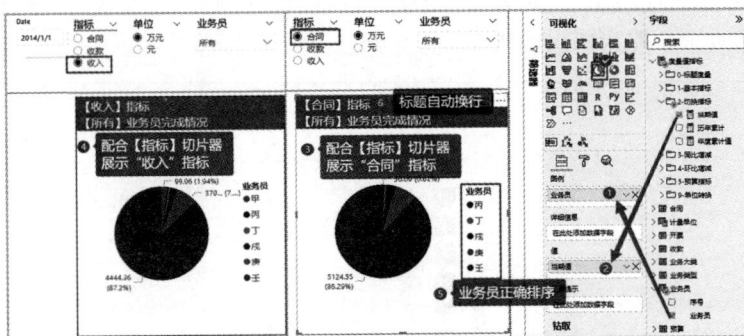

图 5-46

在标题栏，可见【收入】指标或【合同】指标处强制换行，标题栏公式如下：

关键指标业务员分析 = "【"&[ 选择项目 ]&"】"&" 指标 "&
UNICHAR(10)                // 强制换行
&[ 选择业务员 ]&" 完成情况 "

## 5.5.3 业务类型构成分析——条形图

条件图利用条状的长度反映数据差异，适用于多个项目分类排名的比较。通常，我们进行结构分析时使用条形图按垂直方向由上至下排布为最佳选择。

条形图包括简单条形图、堆积条形图、簇状条形图、百分比堆积条形图。在本例中我们仅展示简单条形图的制作，其他图形制作方法类似。

条形图【字段】属性如下：

| 序号 | 选项 | 描述 |
| --- | --- | --- |
| 1 | 轴 | Y 轴的分类，图 5-47 中"业务大类" |
| 2 | 图例 | 只能选择一列，显示分类中各个系列 |
| 3 | 值 | X 轴的统计值，图 5-47 中"当期值" |
| 4 | 小型序列图 | 可将视觉对象拆分为自身的多个版本，如按业务大类、业务员等 |
| 5 | 工具提示 | 添加后鼠标在图中悬停时显示的小文本消息 |

如图 5-47 所示，在【可视化】栏内选择【条形图】对象插入，然后在【字段】栏内设置相应字段，即可完成饼图的制作。

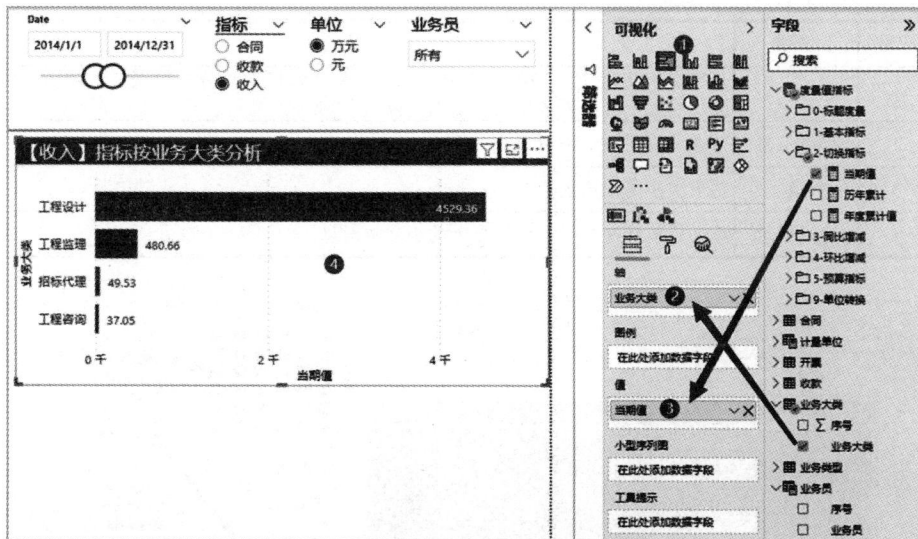

图 5-47

标题栏公式如下：

> 关键指标按业务大类分析 = "【"&[ 选择项目 ]&"】"&" 指标按业务大类分析 "

## 5.5.4 业务指标构成分解——树状图

树状图，又被称为矩形式树状结构图（Treemap），一般用于展示数据之间的层级和占比关系，其以矩形的面积代表数据大小，以颜色表示类目，从而实现层次结构的可视化。

树状图不仅可以表示单层数据关系，还可以用来展现双层结构，其使用场景包括：

 ➢ 显示大量的分层数据；
 ➢ 条形图不能有效处理的大量值；
 ➢ 显示每个部分与整体之间的比例；
 ➢ 显示层次结构中指标在各个类别层次的分布模式；
 ➢ 使用大小和颜色编码显示属性；
 ➢ 发现模式、离群值、最重要因素和异常等。

如图 5-48 所示，在【可视化】栏内选择【树状图】对象插入，然后在【字段】栏内设置相应字段，即可完成树状图的制作。

树状图【字段】属性如下：

| 序号 | 选项 | 描述 |
|---|---|---|
| 1 | 组 | 从图表中根据实际分组字段值大小按比例进行区块划分，数据区域越大区块面积越大，可以为多个值，如图 5-48 中"业务大类" |
| 2 | 详细信息 | 可在分组区块里进行再次分组 |
| 3 | 值 | 图形大小所依据的值 |
| 4 | 工具提示 | 添加后鼠标在图中悬停时显示的小文本消息 |

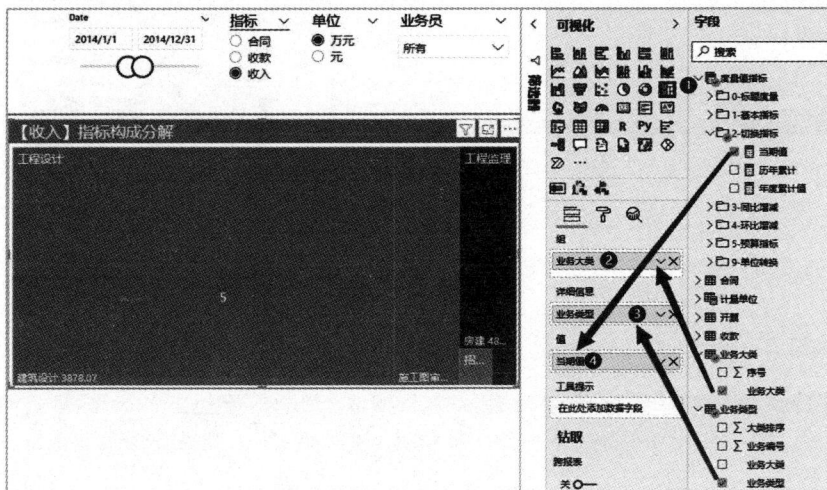

图 5-48

## 5.5.5 图表的深化与钻取

如图 5-49 所示，可视对象中添加了"业务大类""业务类型"两个分组，用来表示双层结构关系。

当存在多层数据时，图表上会显示数据深化、钻取工具栏。各类图标含义如下：

| 样式 | 含义 |
|---|---|
| ↑ | 向上钻取 |
| ↓ | 单击启用向下钻取，🔽状态为深化模式已启用，单击数据点进行深化 |
| ↕ | 转至层次结构中的下一级别，灰色状态时为"在数据的最低级" |
| ⊼ | 展开层次结构中的所有下移级别，灰色状态时为"在数据的最低级" |

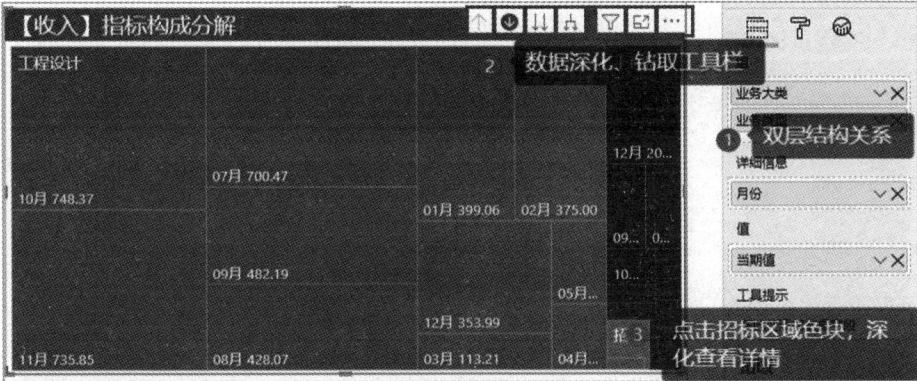

图 5-49

点击图 5-49 中③处，可进行深化以查看招标业务的具体构成（图 5-50），点击"向上钻取"按钮，即可返回图 5-49 所示状态；

图 5-50

点击图 5-49 中⤋或⤒按钮，可向下钻取（图 5-51），查看更加详细的数据：

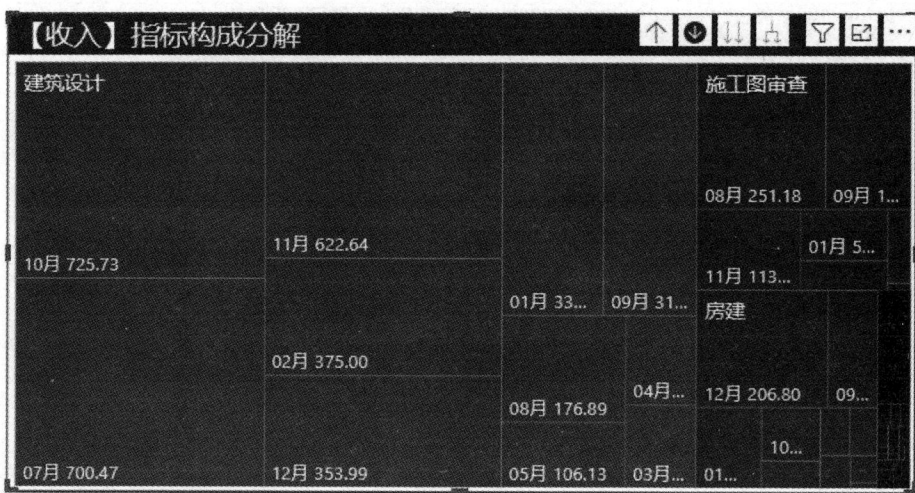

图 5-51

点击 ↑ 按钮，同样可返回图 5-49 初始界面。

# 5.6 趋势分析

趋势分析主要用来分析数据发展趋势，并预测将来可能的发展结果，能够为制订运营目标及策略提供有效的参考和决策依据。

财务及业务经营分析中，趋势分析通常基于会计期等时间序列，在进行趋势分析前，还须明确几个概念：同比、环比、定基比。

同比：为了消除数据周期性波动的影响，将本周期内的数据与之前周期中相同时间点的数据进行比较。例如当年 1~6 月数据与上年 1~6 月数据的对比。

环比：反映的是数据连续变化的趋势，将本期的数据与上一周期的数据进行对比，其中，最常见的算法为本月的数据与上月数据的比较。

定基比：将所有的数据都与某个基准线的数据进行对比。通常这个基准线是公司或者产品发展的一个里程碑或者重要数据点，将之后的数据与这个基准线进行比较，以反映公司在跨越这个重要基点后的发展状况。

## 5.6.1 指定区间经营指标趋势分析

如图 5-52 所示，我们可对指定期间的合同、收款、收入等主要经营指标进行趋势分析，其中：

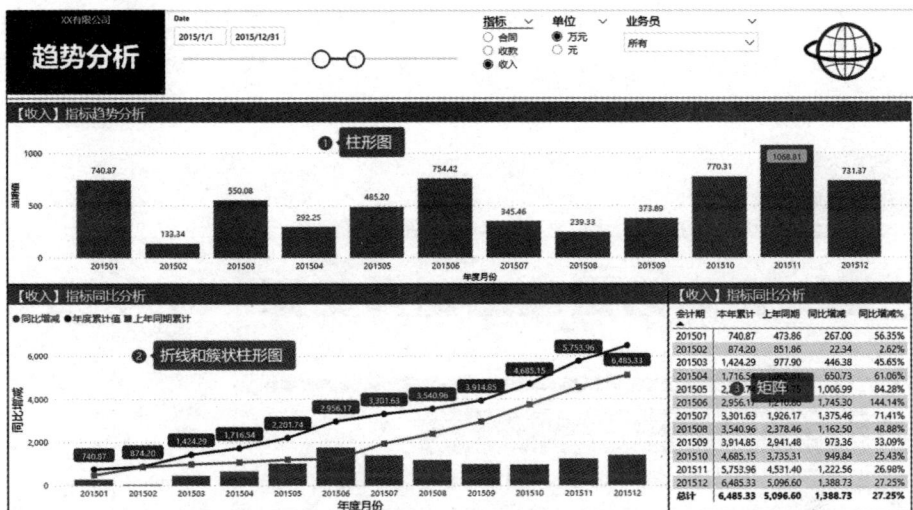

图 5-52

①柱形图可用来表述基于时间序列的变化趋势，通常按水平方向由左到右排布；

②折线和簇状柱形图中，折线部分可以表达基于时间序列的多个（如本年、上年）累计值变化（或当期变化），簇状柱形图用来表示差值，以反映变化趋势；

③矩阵表中列出了详细的本年、上年数据，以及同比增减及增减率变化情况。

## 5.6.2　基于时间序列的变化趋势——簇状柱形图

簇状柱形图是由不同含义的柱形图组合而成的图表，它将其中的柱形图以相邻位置摆放显示，而不是互相堆叠，适用于不同分类、系列之间的对比和分类中各系列之间的对比。

簇状柱形图【字段】属性如下：

| 序号 | 选项 | 描述 |
|---|---|---|
| 1 | 轴 | X 轴的分类 |
| 2 | 图例 | 只能选择一列，显示分类中的各个系列 |
| 3 | 值 | Y 轴统计值 |
| 4 | 小型序列图 | 可将视觉对象拆分为自身的多个版本 |
| 5 | 工具提示 | 添加后鼠标在图中悬停时显示的小文本消息 |

如图 5-53 所示，在【可视化】栏内选择【簇状柱形图】对象插入，然后在【字段】栏内设置相应字段，即可完成图形的制作。

在【编辑交互】中取消图 5-53 中⑤图与【指标】切片器之间的筛选关系，并在【图例】中加入"指标"字段，即可生成多个指标的趋势对比分析图。

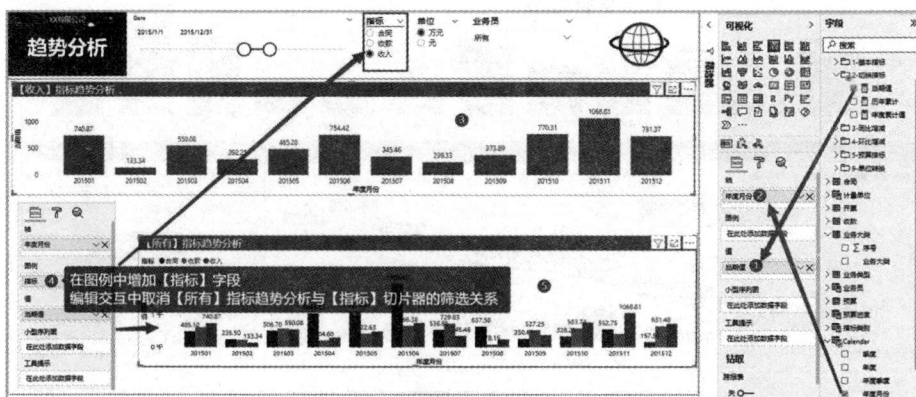

图 5-53

## 5.6.3 变化趋势及差异——折线和簇状柱形图

折线和簇状柱形图是将折线图和簇状柱形图组合在一起，具有折线图和簇状柱形图的所有特点。同时，它可以在同一维度上通过折线和簇状柱形图进行不同度量间的对比展示，让图表更加清晰、明确。

折线和簇状柱形图的【字段】属性如下：

| 序号 | 选项 | 描述 |
| --- | --- | --- |
| 1 | 共享轴 | 放置于水平轴的分类字段 |
| 2 | 列序列 | 具有不同颜色的表示系列的字段 |
| 3 | 列值 | 柱形图体现的度量值 |
| 4 | 行值 | 折线图体现的度量值 |
| 5 | 小型序列图 | 可将视觉对象拆分为自身的多个版本 |
| 6 | 工具提示 | 添加后鼠标在图中悬停时显示的小文本消息 |

如图 5-54 所示，在【可视化】栏内选择【折线和簇状柱形图】对象插入，然后在【字段】栏内设置相应字段，即可完成图形的制作。

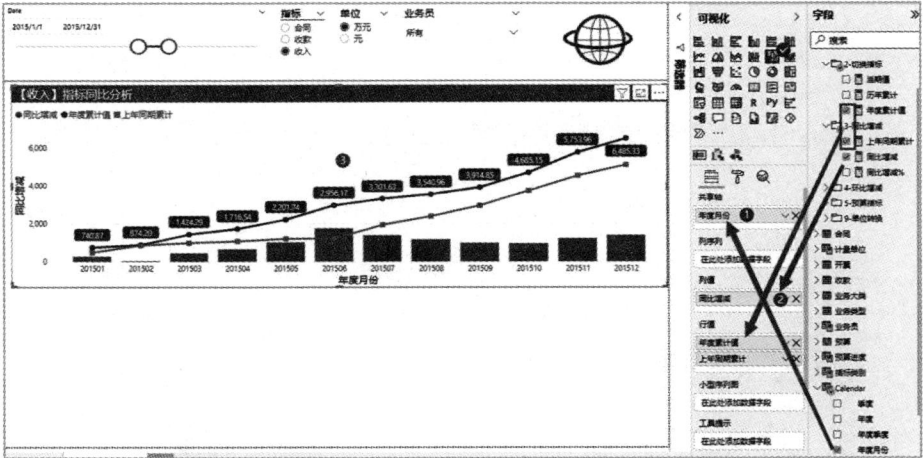

图 5-54

## 5.6.4　同比及环比分析

同比为将本周期内的数据与之前周期中相同时间点的数据进行比较（图 5-55）。

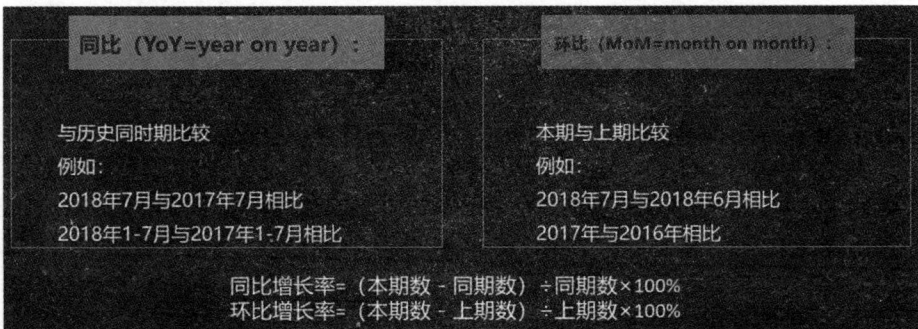

图 5-55

利用【5.2.4 初始度量值】中已定好的同比增减指标、环比增减指标即可生成对应的同比分析图表（图 5-56）及环比分析图表（图 5-57）。

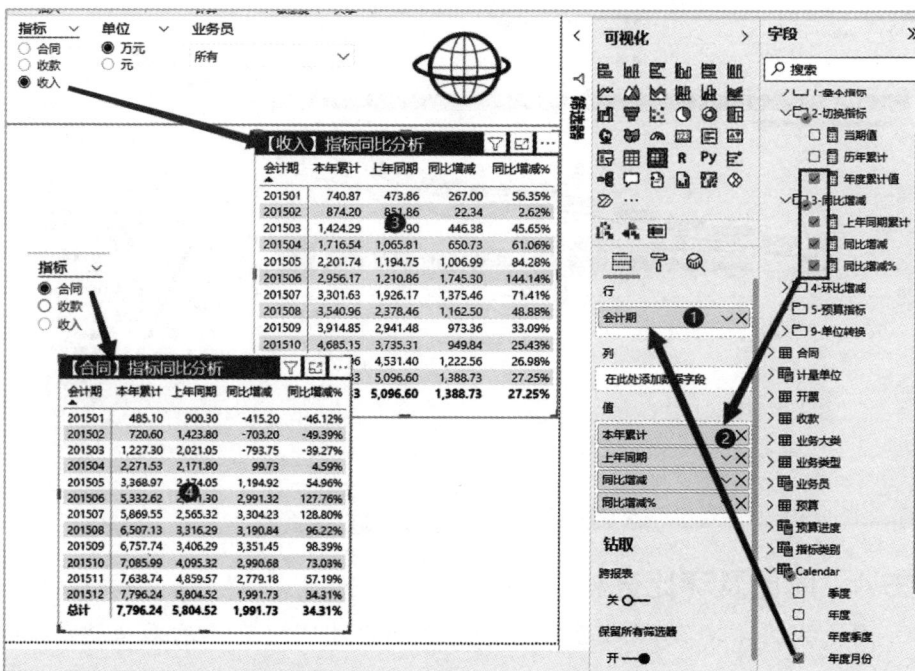

图 5-56

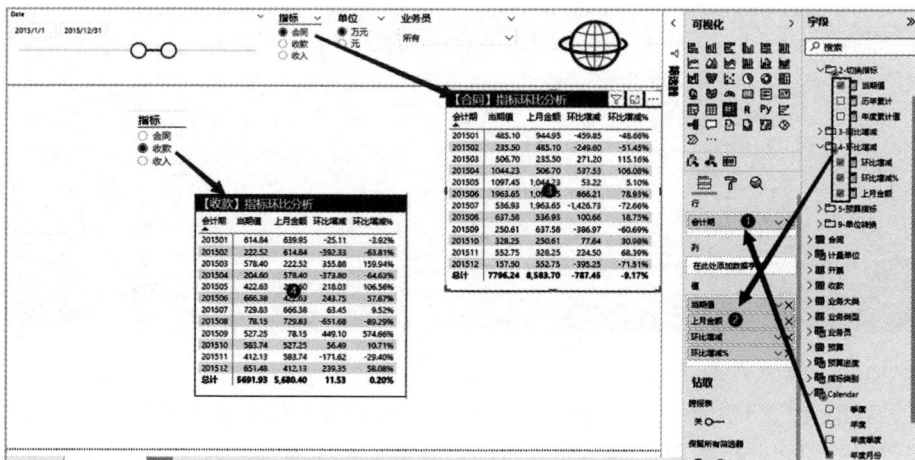

图 5-57

## 5.6.5　历年累计趋势分析

除了常规的指定区间段的数据分析外，我们还可如图 5-58 所示，进行历年累计趋势分析：

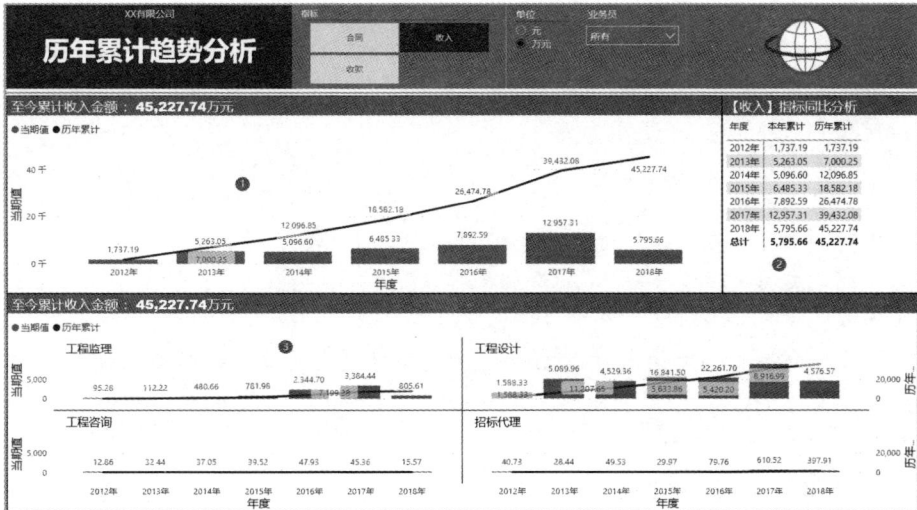

图 5-58

在图 5-58 历年累计分析图表①制作过程中，关键步骤在于历年累计度量值的书写：

```
历年累计 =
    if(max('Calendar'[Date])<=TODAY(),      // 最大日期小于当日
        CALCULATE([ 当期值 ],FILTER(all('Calendar'),[Date]<=max('Calendar'[
Date]))),   // 筛选日期段小于当日时间序列
        BLANK()
    )
```

该度量值逻辑关系如下：

第一，判断日期表的最大日期是否小于或等于当日，如果为真，则返回计算值，否则，返回空值；

第二，计算值为筛选当前日期小于或等于日期表最大日期的序列值，进行汇总。

其中 ALL 函数的作用为返回表中的所有行或列中的所有值，忽略可能已应用的任何筛选器。语法如下：

ALL ( [ < 表名或列名 > ] , [ < 列名 > , ⋯ ] )

【参数】

表名或列名（可选）：模型中物理表或物理列的名称；

列名（可选）（可重复）：同一基表中的列。只有当此列也在位于第一参数中时，才可以在后续可选参数中使用。

以此类推⋯⋯

【返回值】

表。作为表函数使用时，ALL 返回完整的表或具有一列或多列的表；作为 CALULCATE 调节器使用时，ALL 移除参数中已应用的任何直接筛选器。

标题度量值定义如下：

历年累计标题 = " 至今累计 "&[ 选择项目 ]&" 金额 ："&FORMAT([ 历年累计 ],"#,##0.00")&[unit：单位 ]

其中，FORMAT 语法如下：

【语法】

FORMAT（< 值 >，< 模板格式字符串 >[，区域设置名称 ]）

【参数】

第一个参数为值，计算结果为单个值的值或表达式；

第二个参数为具有格式设置模板的字符串；

第三个参数为可选，表示函数要使用的区域设置的名称。可能的值为 Windows API 函数 LocaleNameToLCID() 接受的字符串。

以此类推⋯⋯

【返回值】

单个值的值或表达式。

如图 5-59 所示，在【可视化】栏 -【将数据添加到视觉对象】，选择【折线和簇状柱形图】，参照图例设置【字段】，即可得到图中所示可视化效果。

标题文本则须在【可视化】栏 -【设置视觉对象的格式】中打开【标题】，并参照图 5-23 设置标题【文本】。

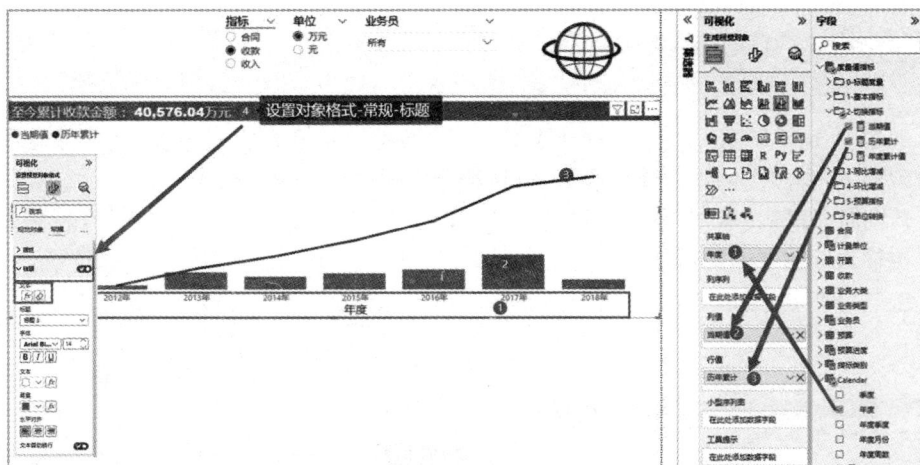

图 5-59

如图 5-60 所示，将"业务大类"[业务大类]字段拖入【小型序列图】，即可生成对应的四个小型序列图。

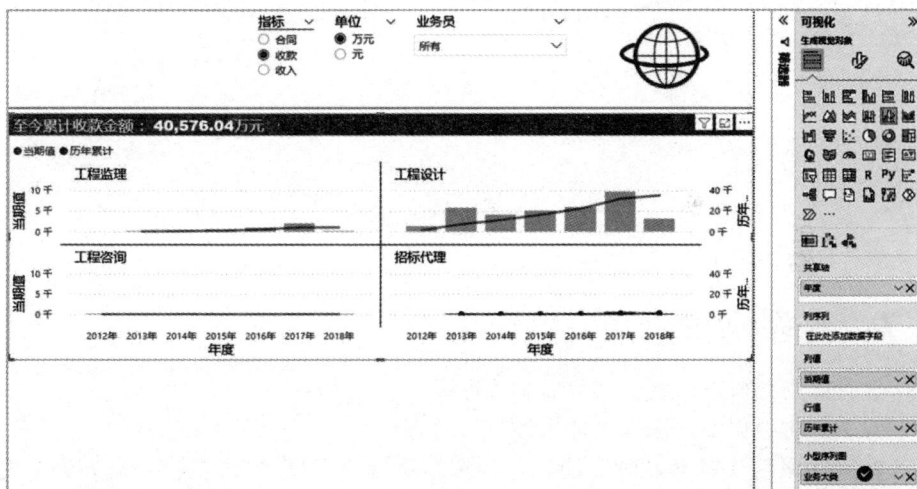

图 5-60

## 5.6.6 销售回款分析

销售回款率是指企业实际收到的销售款与含税销售收入总额的比率，是衡量企业经营能力的重要指标。

销售回款率 = 实际收到的销售款 ÷ 含税销售收入

我们可定义 DAX 公式如下：

回款率 = DIVIDE([ 收款：当期 ],[ 开票：当期 ])

如图 5-61 所示，在【可视化】栏 -【将数据添加到视觉对象】，选择【堆积面积图】，参照图例设置【字段】，即可得到图中所示可视化效果。

同时，标题文本则须在【可视化】栏 -【设置视觉对象的格式】中打开【标题】，直接输入标题文本即可。

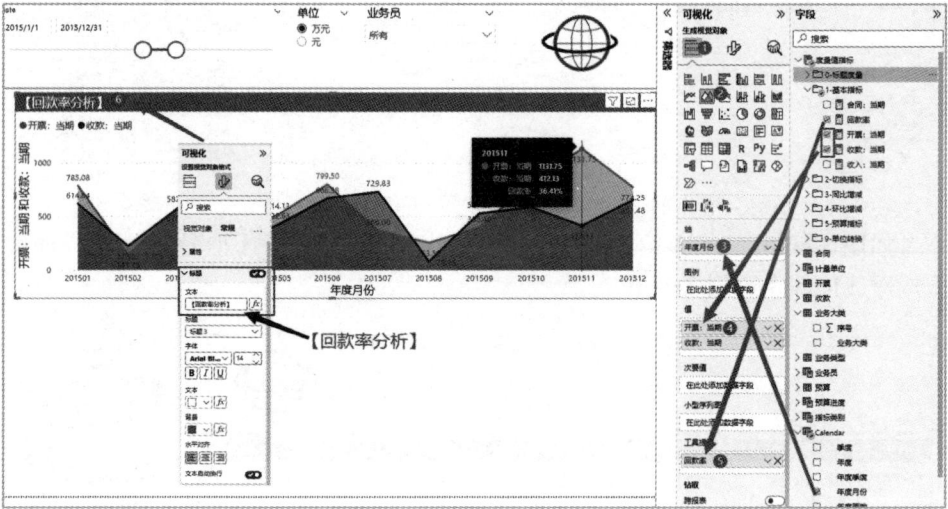

图 5-61

# 5.7 账龄分析

进行账龄分析前，我们必须做如下准备：

1. 基于主数据汇总派生"往来款"汇总表；

2. 因往来款计算涉及时点问题，须提前进行"日期参数定义"，确定开始时间与截止时间；

3. 定义账龄区间及坏账比例。

## 5.7.1 截止日期、往来类别定义

"日期参数定义"表参照【3.2.5 输入数据创建新表】创建。

因往来表生成后涉及应收、预收两种状态，而报表须在两种状态下进行切换，故定义"往来类别"辅助表，相关 DAX 公式如下：

```
往来类别 =
var x =
{
    (1 ," 应收 "),
    (2 ," 预收 ")
}
return
SELECTCOLUMNS(x ," 序号 ",[Value1]," 类型 ",[Value2])
```

查询区间 DAX 公式定义如下：

```
查询区间 = var maxday =FORMAT(LASTDATE(' 日期参数定义 '[ 起讫日
期 ]),"YYYY-MM-DD")
return
" 截止日期: "&maxday
```

## 5.7.2  账龄区间及坏账比例定义

"账龄区间" 表采用 DAX 公式创建，代码如下：

```
账龄区间 =
var x =
{
    (1 ,"30 天以内 ","0%"),
    (2 ,"1-3 个月 ","0%"),
    (3 ,"3-6 个月 ","0%"),
    (4 ,"6 个月 -1 年 ","0%"),
    (5 ,"1-2 年 ","20%"),
    (6 ,"2-3 年 ","40%"),
    (7 ,"3-4 年 ","60%"),
    (8 ,"4-5 年 ","80%"),
    (9 ,"5 年以上 ","100%")
}
return
SELECTCOLUMNS(x ," 序号 ",[Value1]," 账龄 ",[Value2]," 坏账比例 ",[Value3])
```

### 5.7.3 往来账款账龄计算表生成

"往来款"基于主数据汇总得来的往来款汇总表，创见方法详见【4.4.4 添加计算表及计算列】。

与前面略有不同的是，计算账龄时我们采用了按月计算（图 5-62）：

```
账龄 =
var kpmonth = DATEDIFF(' 往来款 '[ 最后开票日期 ],MAX(' 日期参数定义 '[ 起讫日期 ]),MONTH)
var kpzq=
if(' 往来款 '[ 应收款 ]<=0.001,BLANK(),
        SWITCH(true,
                kpMONTH<1,"30 天以内 ",
                kpmonth<3,"1-3 个月 ",
                kpmonth<6,"3-6 个月 ",
                kpmonth<12,"6 个月 -1 年 ",
                kpmonth<24,"1-2 年 ",
                kpmonth<36,"2-3 年 ",
                kpmonth<48,"3-4 年 ",
                kpmonth<60,"4-5 年 ",
                "5 年及以上 "
                ))
var skmonth = DATEDIFF(' 往来款 '[ 最后收款日期 ],MAX(' 日期参数定义 '[ 起讫日期 ]),MONTH)
var skzq=
if(' 往来款 '[ 预收款 ]<=0.001,BLANK(),

        SWITCH(true,
                skMONTH<1,"30 天以内 ",
                skmonth<3,"1-3 个月 ",
                skmonth<6,"3-6 个月 ",
                skmonth<12,"6 个月 -1 年 ",
                skmonth<24,"1-2 年 ",
                skmonth<36,"2-3 年 ",
                skmonth<48,"3-4 年 ",
                skmonth<60,"4-5 年 ",
                "5 年及以上 "
                ))
return
kpzq&skzq
```

坏账准备定义如下：

计提坏账准备 = SWITCH(TRUE(),
                    '往来款'[账龄]="1-2 年",'往来款'[应收款]*0.2,
                    '往来款'[账龄]="2-3 年",'往来款'[应收款]*0.4,
                    '往来款'[账龄]="3-4 年",'往来款'[应收款]*0.6,
                    '往来款'[账龄]="4-5 年",'往来款'[应收款]*0.8,
                    '往来款'[账龄]="5 年以上",'往来款'[应收款]*1,
                    0)

图 5-62

## 5.7.4　账龄及坏账准备模型关系

完成上述数据表定义后，我们开始对新增数据表搭建关系，如图 5-63 所示：

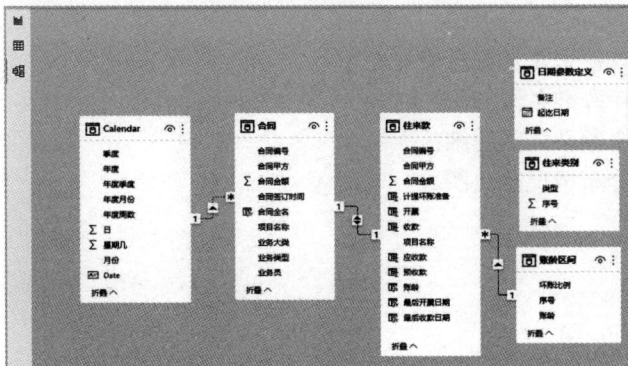

图 5-63

## 5.7.5 定义往来余额及坏账度量

往来余额定义公式如下：

> WL：余额 = var ap=sum(' 往来款 '[ 应收款 ])/[unit：换算率 ]
> var cp = sum(' 往来款 '[ 预收款 ])/[unit：换算率 ]
> return
> SWITCH(TRUE(),
>     SELECTEDVALUE(' 往来类别 '[ 类型 ])=" 应收 ",ap,
>     SELECTEDVALUE(' 往来类别 '[ 类型 ])=" 预收 ",Cp)

应提坏账定义公式如下：

> 应提坏账 =
> var ap=sum(' 往来款 '[ 计提坏账准备 ])/[unit：换算率 ]
> var cp = 0
> return
> SWITCH(TRUE(),
>     SELECTEDVALUE(' 往来类别 '[ 类型 ])=" 应收 ",ap,
>     SELECTEDVALUE(' 往来类别 '[ 类型 ])=" 预收 ",Cp)

## 5.7.6 可视化报表的效果及制作

完成所有模型搭建工作后，即可开始制作可视报表。

如图 5-64 所示：

①为应收款往来账龄分析表；

②为计提坏账准备瀑布图；

③为应收余额及坏账明细；

④为账龄分布情况散点图。

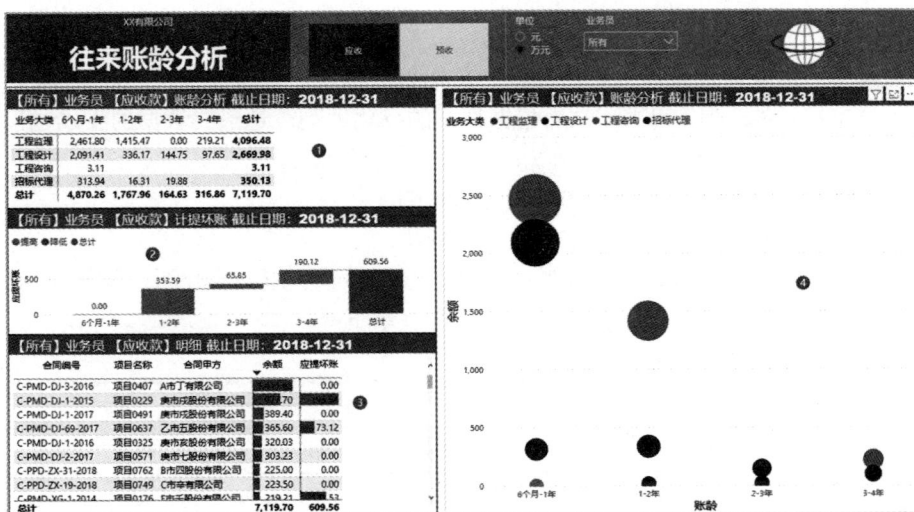

图 5-64

### 5.7.6.1　应收款往来账龄分析表

如图 5-65 所示，在【可视化】栏 -【将数据添加到视觉对象】，选择【矩阵】，并参照图例设置【字段】，即可得到图中所示账龄分析表。

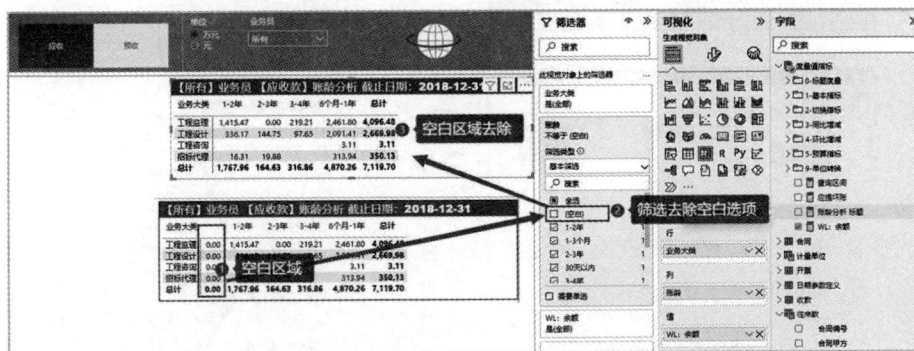

图 5-65

值得注意的是，插入表格后会存在一个空白列，此时，我们可打开【筛选器】窗格，将【账龄】下空白的选项去除，即可得到最终的完整结果。

相关标题度量值公式如下：

账龄分析标题 = [ 选择业务员 ]&UNICHAR(10)&"【"&SELECTEDVALUE
(' 往来类别 '[ 类型 ])&" 款】账龄分析 "&UNICHAR(10)&[ 查询区间 ]

### 5.7.6.2　计提坏账准备瀑布图

瀑布图由麦肯锡顾问公司所独创，是根据数据的正负值表示增加和减少，并以此调整柱子的上升和下降，从而根据柱子的变化序列表达最终数据的生成过程，常用于经营和财务分析之中。

瀑布图主要分为组成瀑布图与变化瀑布图：

组成瀑布图适合展示总分结构或序列变化；

变化瀑布图则可以清晰地反映某项数据经过一系列增减变化后，最终成为另一项数据的过程，常用绿色表示上升，红色表示下降。

瀑布图主要【字段】属性如下：

| 序号 | 选项 | 描述 |
|---|---|---|
| 1 | 类别 | 放置于 X 轴的字段，图 5-66 业务大类与账龄 |
| 2 | 细目 | 体现二级分类的字段 |
| 3 | Y 轴 | 柱形图体现的度量值，图 5-66 应提坏账 |

如图 5-66 所示，在【可视化】栏 -【将数据添加到视觉对象】，选择【瀑布图】，并参照图例设置【字段】，即可得到图中所示计提坏账瀑布图。

图 5-66

可视对象标题度量值如下：

> 账龄坏账标题 =[ 选择业务员 ]&UNICHAR(10)&"【"&SELECTEDVALUE
> (' 往来类别 '[ 类型 ])&" 款】计提坏账 "&UNICHAR(10)&[ 查询区间 ]

### 5.7.6.3 应收余额及坏账明细

应收余额及坏账明细为【表】，具体制作参照图 5-67。

视觉对象标题公式如下：

账龄明细标题 = [ 选择业务员 ]&UNICHAR(10)&"【"&SELECTEDVALUE (' 往来类别 '[ 类型 ])&" 款】明细 "&UNICHAR(10)&[ 查询区间 ]

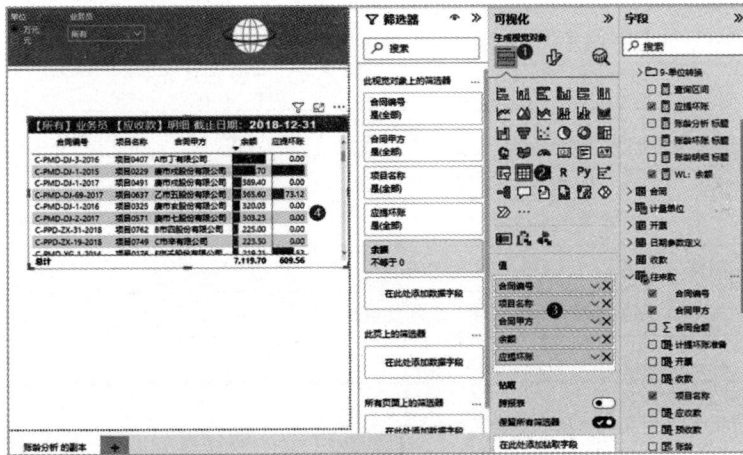

图 5-67

图 5-68

表内数据条的制作请参照图 5-68，在【设置视觉对象格式】-【单元格元素】中选择【数据系列】，并打开【数据条】，点击 fx 按钮，在弹出的【数据条】窗格中进行相应设置即可。

### 5.7.6.4　账龄分布情况散点图

散点图将数据显示为一组点（提供多种图形），值由点在图表中的位置表示，类别由图表中的不同颜色标识，数据大小由图表中的图形大小表示。散点图通常用于比较跨类别的聚合数据，判断两个变量之间是否存在某种关联或总结坐标点的分布模式。

散点图主要【字段】属性如下：

| 序号 | 选项 | 描述 |
|---|---|---|
| 1 | 值 | 为此字段中的每一个值绘制一个点 |
| 2 | X 轴 | 要放置于水平轴的值 |
| 3 | Y 轴 | 要放置于垂直轴的值 |
| 4 | 图例 | 用于显示颜色的分类字段 |
| 5 | 大小 | 用于调整相对气泡大小的度量值 |
| 6 | 播放轴 | 用于播放动画效果的字段 |

如图 5-69 所示，在【可视化】栏-【将数据添加到视觉对象】，选择【散点图】，并参照图例设置【字段】，即可得到图中所示账龄分析散点图。

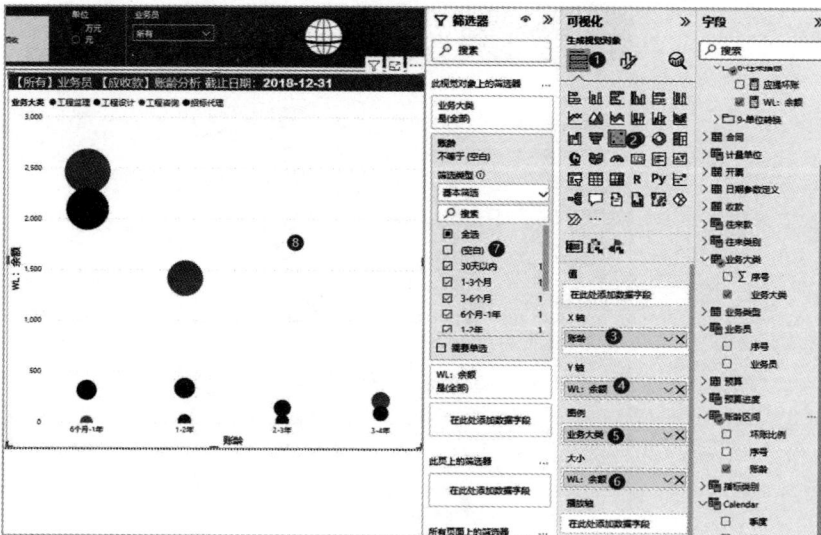

图 5-69

## 5.8　客户排名分析

排名分析主要用于有相同属性的不同事物之间的比较并展示排名顺序。本节将以客户分析为例讲述排名分析（图 5-70）。

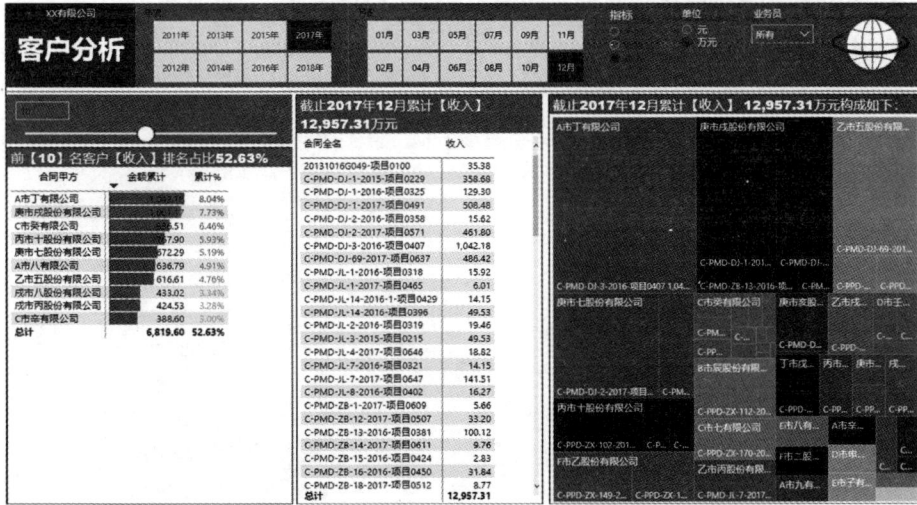

图 5-70

### 5.8.1　基础资料准备

在进行排名分析前，我们需要做一些准备，包括：

1. 新建参数表（TOPN）；
2. 生成客户名单；
3. 建立客户名单与合同表之间的关联。

#### 5.8.1.1　新建参数表

点击【建模】选项卡 -【在以下情况下会怎么样】分组 -【新建参数】按钮，即可跳出【模拟参数】窗口（图 5-71）：

参照图 5-71，设置模拟参数【名称】为 TOPN，【数据类型】选择【整数】，【最小值】、【最大值】分别设置为 1、20，【增量】设置为 1，并勾选【将切片器添加到此页】，点击确定，即可完成模拟参数的设置。

完成参数设置后，会产生一张名为 TOPN 的数据表，其中包含一列名为 TOPN 的列，以及名为 TOPN 的度量值。

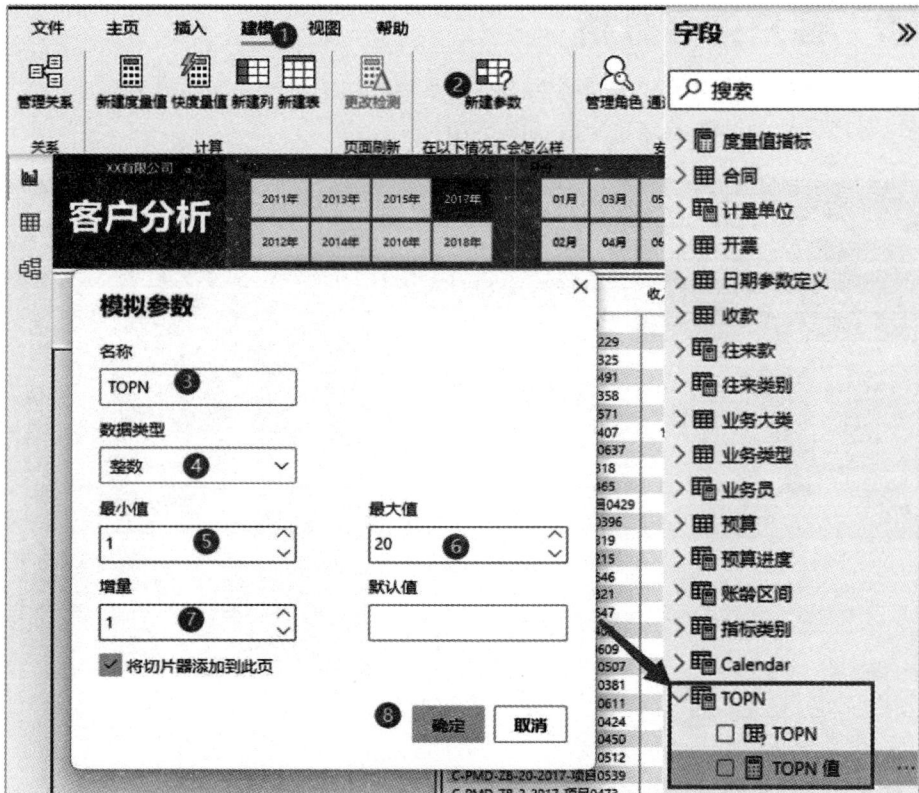

图 5-71

TOPN 值 = SELECTEDVALUE('TOPN'[TOPN])

### 5.8.1.2　生成客户名单

为获取合同表中的客户名单，我们还应使用 VALUES 函数生成客户名单（图 5-72）：

客户名单 = VALUES(' 合同 '[ 合同甲方 ])

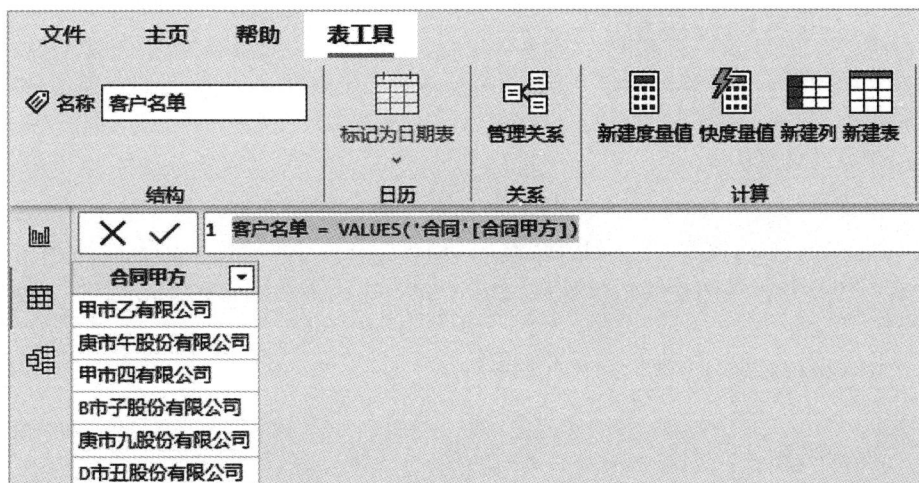

图 5-72

### 5.8.1.3 建立客户名单与合同表之间的关联

生成客户名单后，还须建立"客户名单"[合同甲方]与"合同"[合同甲方]
间的关联关系（图 5-73）：

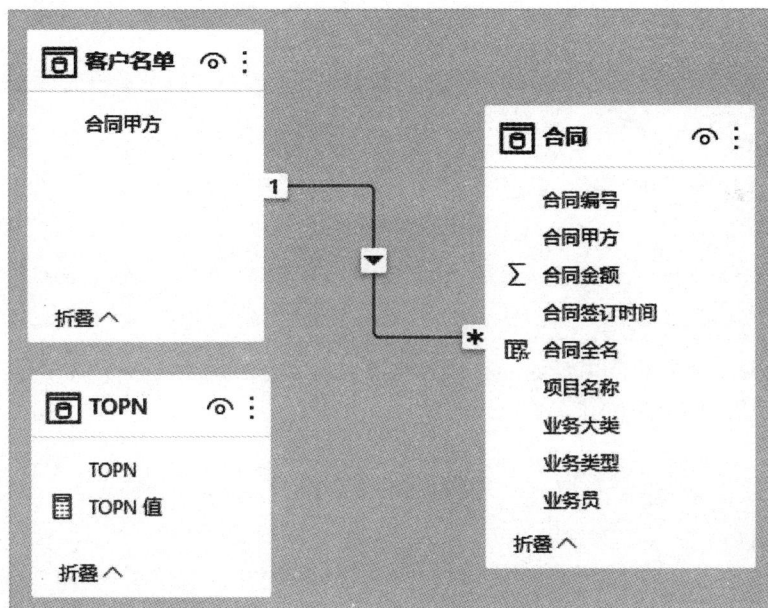

图 5-73

## 5.8.2  排名相关度量

完成前三项基础资料的准备后,需要定义客户排名、前 X 名累计、前 X 名累计 %
度量值。

排名度量值如下:

> rank:客户绝对 = if(COUNTROWS(' 客户名单 ')=1&&[ 年度累计值 ]< >
> BLANK(), RANKX(all(' 客户名单 '[ 合同甲方 ]),[ 年度累计值 ]))

如采用相对排名方式,则公式如下:

> rank:客户相对 =
> if(COUNTROWS(' 客户名单 ')=1&&[ 年度累计值 ]< >BLANK(),
>    RANKX(ALLSELECTED(' 客户名单 '[ 合同甲方 ]),[ 年度累计值 ])
>    )

COUNTROWS 的作用是用于计算基表中的行数,但更常用于计算通过筛选
表或者将上下文应用于表而得出的行数。如果没有要聚合的行,函数将返回空白。

COUNTROWS 的语法如下:

> COUNTROWS (＜表＞)
> 【参数】
> 　　包含要统计行数的表的名称,可以使用返回表的表达式。
> 【返回值】
> 　　一个整数值。

RANKX 函数的作用是返回在当前上下文中计值的表达式在沿着指定表每行
计值的表达式结果中的排名。

> RANKX(＜表＞,＜表达式＞,[＜值＞],[＜排序＞],[＜平局规则＞])
> 【参数】
> 　　表:表或返回表的表达式;
> 　　表达式:沿着表每行计值的表达式;
> 　　值(可选):需要返回排名的 DAX 表达式,返回标量值。当省略时,用
> 第二参数＜表达式＞代替;

排序（可选）：排名依据。0 或 False 代表降序；1 或 True 代表升序，默认使用降序；

平局规则（可选）：处理相同排名时的依据，skip 代表稀疏排名，下一名的排序等于之前所有排序的数量 +1；dense 代表稠密排名，只累加排序，不考虑数量。默认使用 skip。

【返回值】

一个整数值。

前 X 名累计公式如下：

TopN：前 X 名累计 = SUMX(FILTER(VALUES(' 客户名单 '[ 合同甲方 ]),[rank：客户绝对 ]<=[TOPN 值 ]&&[rank：客户绝对 ]<>BLANK()),[ 年度累计值 ])

前 X 名累计 % 公式如下：

TopN：前 X 名累计 % =
var receiptall=CALCULATE([ 年度累计值 ],all(' 客户名单 '[ 合同甲方 ]))
return
DIVIDE([TopN：前 X 名累计 ],receiptall)

## 5.8.3 可视报表制作

如图 5-74 所示，插入【矩阵】可视对象，按图所示完成【字段】设置，即可生成图表。

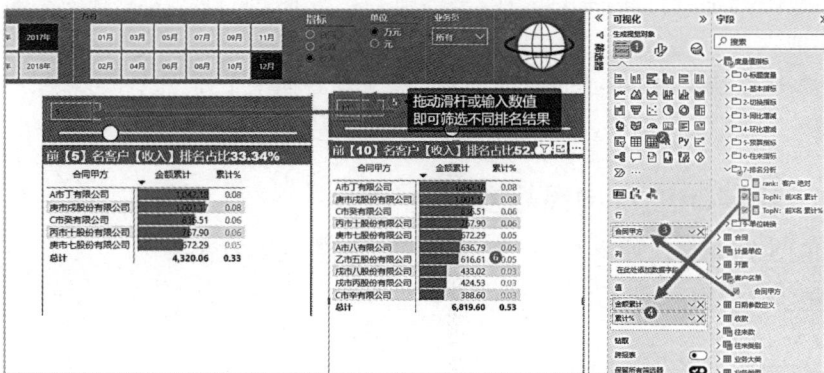

图 5-74

拖动模拟参数滑杆，或输入数值，即可实现对应排名客户的筛选。

视觉对象标题文本公式如下：

客户排名占比标题 = " 前【"&[TOPN 值 ]&"】名客户【"&[ 选择项目 ]&"】
排名占比 "&FORMAT([TopN：前 X 名累计 %],"#,##0.00%")

图 5-74 中所示图表因前面有类似介绍，在此不做赘述。

# 5.9 交易明细查询

在 PowerBI 中，我们也能构建交易明细账以供查询（图 5-75）：

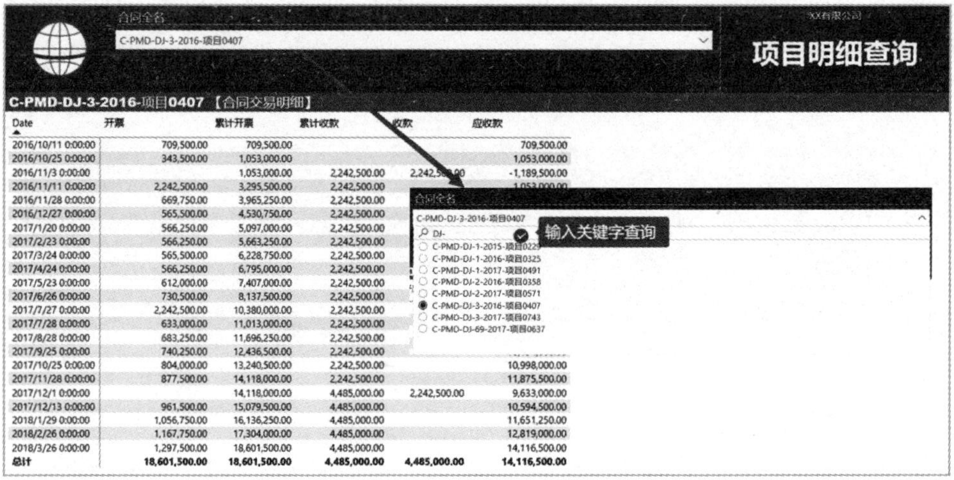

图 5-75

如图 5-75 所示，我们可通过在"合同全名"搜索栏内输入关键字查询相关项目结果。

在制作交易明细查询表前，同样我们需要执行两个步骤：第一，构建"合同明细查询"表框架；第二，根据构建框架书写度量值。

## 5.9.1 构建明细查询表框架

如图 5-76 所示，使用 DAX 公式构建"合同查询明细表"：

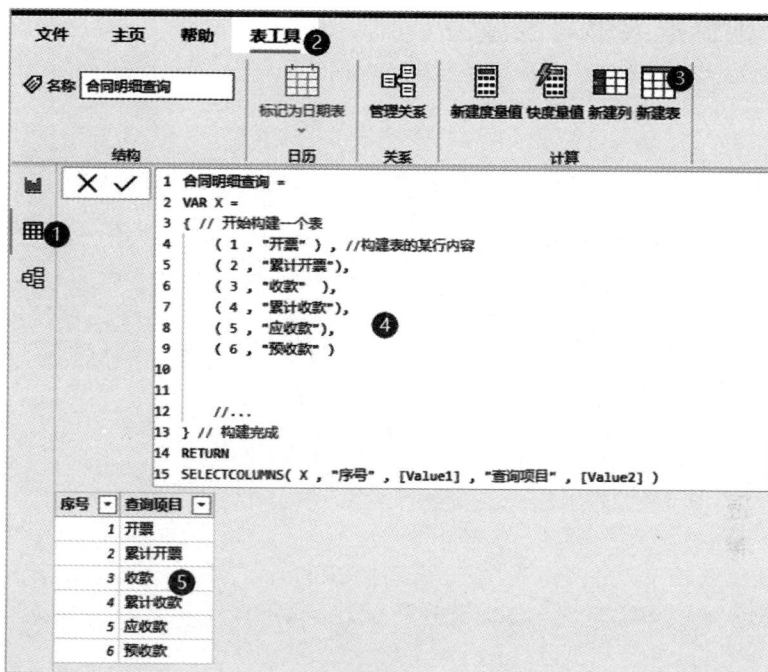

图 5-76

相关代码如下：

```
合同明细查询 =
VAR X =
{ // 开始构建一个表
    ( 1 , " 开票 " ) , // 构建表的某行内容
    ( 2 , " 累计开票 " ),
    ( 3 , " 收款 " ),
    ( 4 , " 累计收款 " ),
    ( 5 , " 应收款 " ),
    ( 6 , " 预收款 " )    //...
} // 构建完成
RETURN
SELECTCOLUMNS( X , " 序号 " , [Value1] , " 查询项目 " , [Value2] )
```

## 5.9.2 根据框架书写度量值

根据已构建表格框架，书写对应度量值如下：

```
    query：明细查询 =
    var items = SELECTEDVALUE(' 合同 '[ 合同编号 ])    // 定义合同号
    var kp =sumx(FILTER(' 开票 ',' 开票 '[ 合同编号 ]=items&&' 开票 '[ 开票日
期 ]<=MAX(' 日期参数定义 '[ 起讫日期 ])),' 开票 '[ 价税合计 ])/[unit：换算率 ]
// 定义开票列
    VAR LJKP =                              // 定义累计开票列
        CALCULATE(
            sumx(FILTER(' 开票 ',' 开票 '[ 合同编号 ]=items&&' 开票 '[ 开票日
期 ]<=MAX(' 日期参数定义 '[ 起讫日期 ])),' 开票 '[ 价税合计 ]) / [unit：换算率 ],
            FILTER( ALL( 'Calendar'[Date] ) , [Date] <= MAX( 'Calendar'[Date] ) )
        )
    var sk =sumx(FILTER(' 收款 ',' 收款 '[ 合同编号 ]=items&&' 收款 '[ 收款时
间 ]<=MAX(' 日期参数定义 '[ 起讫日期 ])),' 收款 '[ 金额 ])/[unit：换算率 ]     //
定义收款列
    var ljsk =                              // 定义累计收款列
        CALCULATE(
            sumx(FILTER(' 收款 ',' 收款 '[ 合同编号 ]=items&&' 收款 '[ 收款时间 ]<=
MAX(' 日期参数定义 '[ 起讫日期 ])),' 收款 '[ 金额 ])/[unit：换算率 ],
        FILTER(all('Calendar'[Date]), [Date]<=max( 'Calendar'[Date]))
        )
    return     // 返回结果
    SWITCH(TRUE(),
        SELECTEDVALUE(' 合同明细查询 '[ 查询项目 ]) =" 开票 ", if(kp<>
BLANK(),kp),
        SELECTEDVALUE(' 合同明细查询 '[ 查询项目 ]) =" 累计开票 ", if( kp + sk
<> BLANK(),ljkp),
        SELECTEDVALUE(' 合同明细查询 '[ 查询项目 ]) =" 收款 ", if(sk<>
BLANK(),sk),
        SELECTEDVALUE(' 合同明细查询 '[ 查询项目 ]) =" 累计收款 ", if(kp
+sk <> BLANK(),ljsk),
        SELECTEDVALUE(' 合同明细查询 '[ 查询项目 ]) =" 应收款 ", if(kp
+sk <>BLANK(),(LJKP-ljsk)
        )
        )
```

标题度量公式如下：

query：合同交易明细标题 = SELECTEDVALUE(' 合同 '[ 合同全名 ])&
"【合同交易明细】"

## 5.9.3 可视报表制作及要点

为便于合同查询，我们建议采用合同编号 + 项目名称的形式搜索，此时，需在合同表中添加 "合同全名" 列，合并合同编号及项目名称：

合同全名 = [ 合同编号 ]&"-"&[ 项目名称 ]

图 5-75 "合同全名" 搜索栏的制作过程如图 5-77 所示：

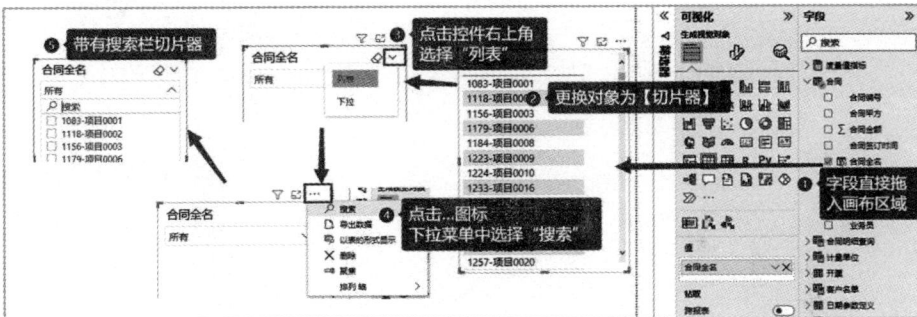

图 5-77

表体制作过程如图 5-78 所示，插入【矩阵】可视对象，分别将 "Calendar"[Date]、"合同明细查询"[ 查询项目 ]、[query：明细查询 ] 字段或度量值拖入【行】、【列】、【值】字段，即可生成明细查询表。

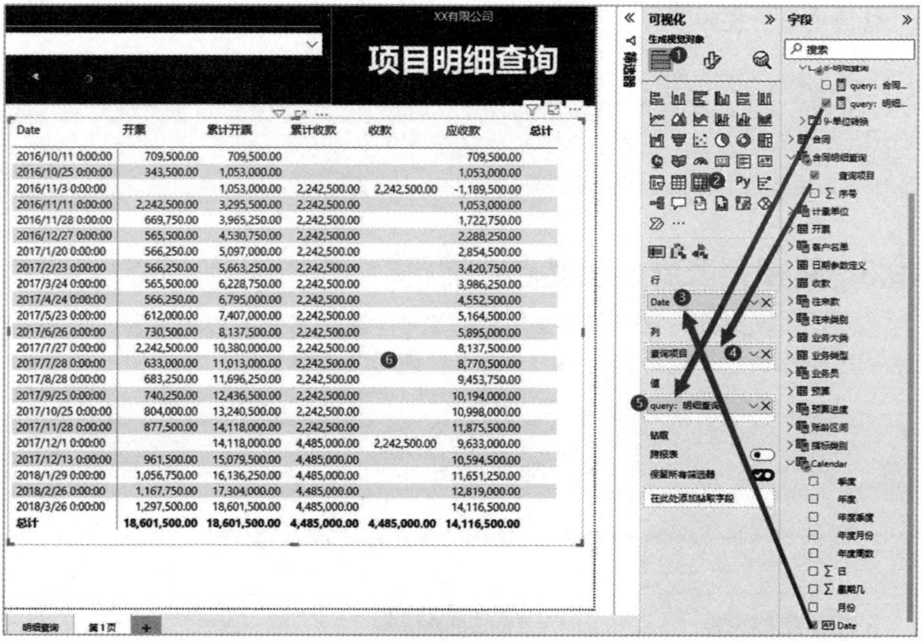

图 5-78

# 6 刷新分享，数据驱动助决策

如果我们是 PowerBI 服务的订阅用户，便可将制作好的模型发布到 PowerBI 服务中，利用微软的联机 SaaS 服务实现数据实时刷新及共享，其原理大致如下（图 6-1）：

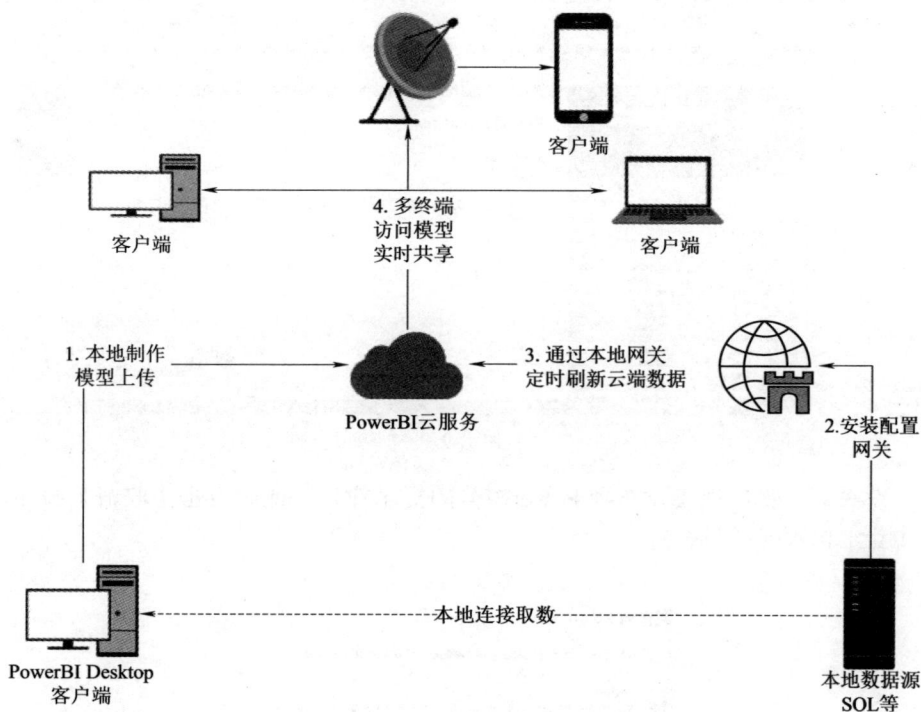

客户端

客户端

客户端

4. 多终端访问模型实时共享

1. 本地制作模型上传

3. 通过本地网关定时刷新云端数据

PowerBI云服务

2. 安装配置网关

本地连接取数

PowerBI Desktop
客户端

本地数据源
SOL等

图 6-1

1. 我们在本地使用的 PowerBI Desktop 桌面客户端设置本地数据源获取数据规则，并制作数据模型及报表，完成后通过网络上传至 PowerBI 云服务；

2. 在 PowerBI 云服务中下载并在本地安装数据网关；

3. 将 PowerBI 云服务通过网关连接到本地数据源，并设定自动刷新频率，使云端数据实现定时同步更新；

4. 实现电脑、手机等多种终端使用网页、应用程序或 APP 等多种形式即时数据查看，实现数据驱动决策。

# 6.1　模型数据上传

在使用 PowerBI Desktop 完成数据建模后，如果购买了 PowerBI 云服务，我们可将模型上传至 PowerBI 云服务，实现数据共享。

如图 6-2 所示，在【报表】视图状态，点击【主页】栏 -【共享】分组 -【发布】按钮；在随后弹出的【发布到 PowerBI】窗口，选择我的"工作区"，并点击【选择】，即可实现模型数据发布。

图 6-2

发布后，将出现【发布到 PowerBI】的提示窗口，此时点击【取消】按钮，可中止上传数据（图 6-3）。

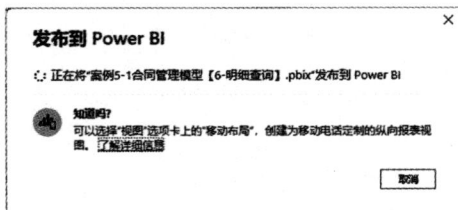

图 6-3

数据上传完毕，将出现图 6-4 所示【发布到 PowerBI】的成功提示。

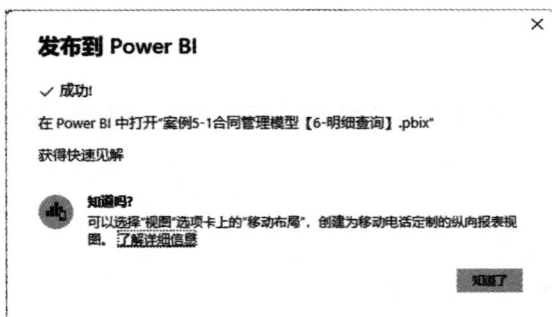

图 6-4

登录 PowerBI 云服务，在对应工作区内，可查询到上传的数据集及报表（图 6-5）。

图 6-5

# 6.2 数据网关应用

利用本地数据网关充当网桥，提供本地数据（不位于云中的数据）与几种 Microsoft 云服务之间快速安全的数据传输，这些云服务包括 PowerBI、PowerApps、Power Automate、Azure Analysis Services 和 Azure 逻辑应用。通过使用网关，我们可以将数据库和其他数据源保留在其本地网络上，也可以在云服务中安全地使用该本地数据。

### 6.2.1　网关下载安装

点击 PowerBI 桌面客户端右上角登录账号，选择【PowerBI 服务】，即可进入 PowerBI 服务网页（图 6-6）；

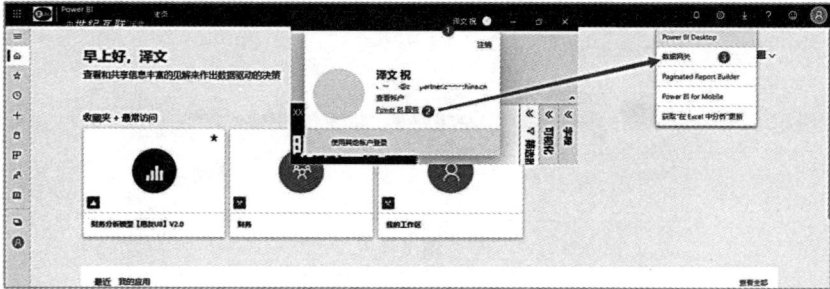

图 6-6

点击网页右上角 【下载】按钮，选择【数据网关】，根据需求与提示下载对应版本网关并在数据存放服务器安装，即可完成本地数据网关的安装（图 6-7）。

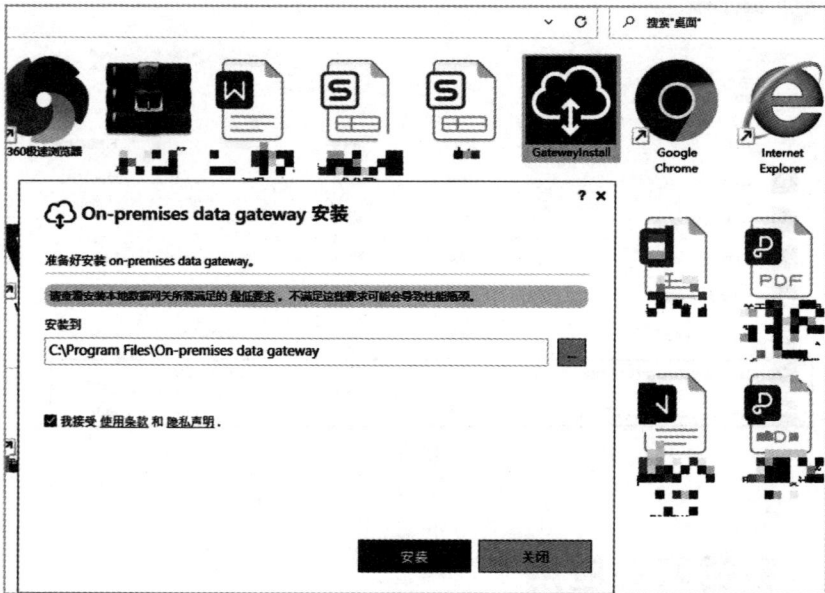

图 6-7

### 6.2.2　数据网关配置

本地数据网关安装完毕，还需进行相关配置，方可实现有效数据连接。

在 PowerBI 服务首页，点击【设置】-【管理网关】，将跳转至【添加数据源】

界面，鼠标停留在对应网关群集最右侧，将出现"打开菜单"【···】按钮，点击后选择【添加数据源】，可进行相关数据源的设置（图6-8）。

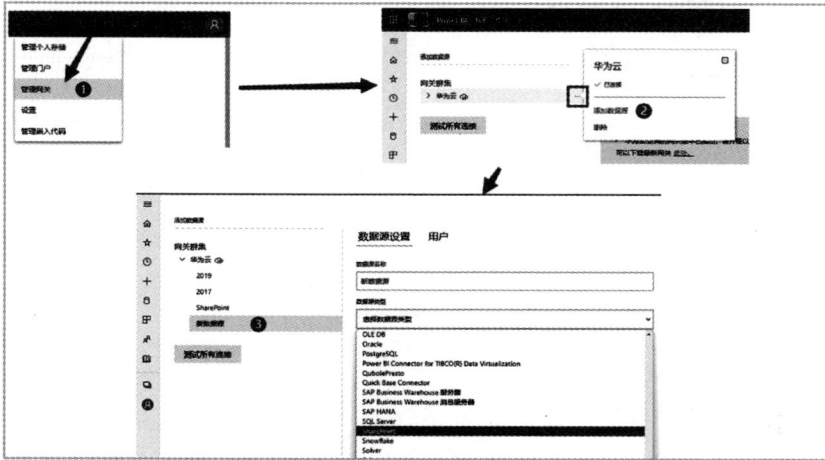

图 6-8

PowerBI 可根据需要配置多种数据源。SQL Server 等数据库可参照图6-9设置；如果使用 SharePoint 服务，则可参照图6-10进行设置。

设置完成后，如正确配置，将会出现【√连接成功】提示。

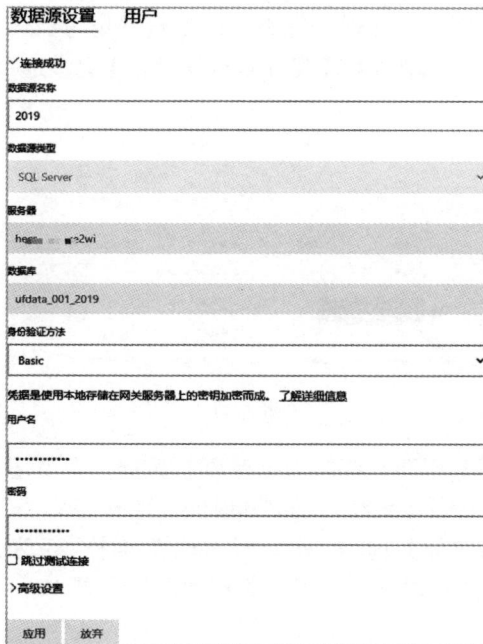

图 6-9

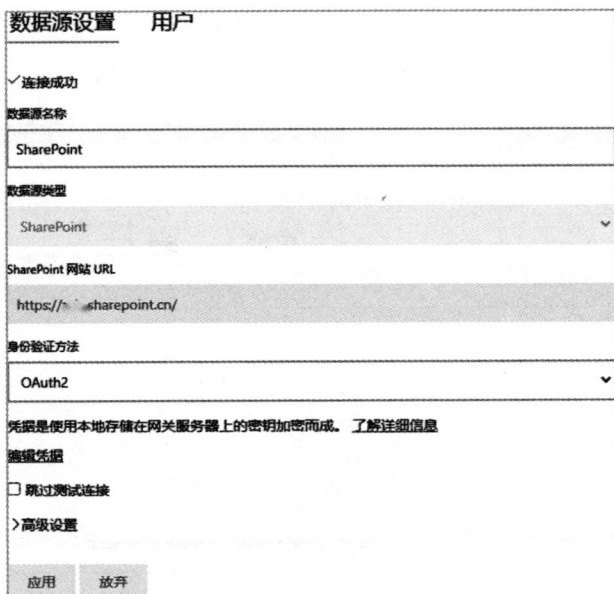

图 6-10

# 6.3 设定自动刷新

进入对应的工作区，将展现已经设置好的数据集与报表（图 6-11），在选中数据集时，将出现【立即刷新】、【安排刷新时间】、【更多选项】三个按钮。

图 6-11

使用【立即刷新】可即时连接数据源刷新数据；点击【安排刷新时间】，可进入【数据集】界面，设定系统自动刷新时间（图 6-12）。

将【计划的刷新时间】选项打开，设置刷新频率（可为每天或每周），并选择对应的时区、计划刷新时间，即可完成自动刷新设置。

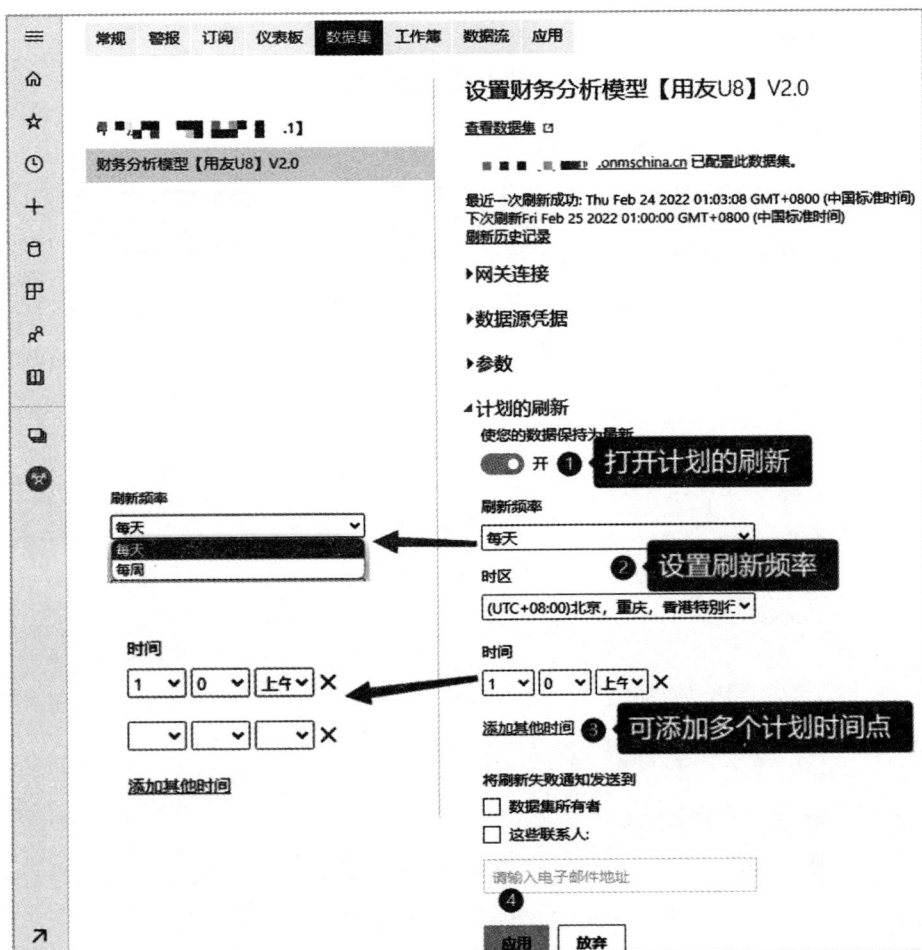

图 6-12

# 6.4 数据对外共享

利用 PowerBI 云服务，可以实现多种形式的数据共享，具体包括：

嵌入网页报表。在 PowerBI 服务中，可通过生成 QR 二维码、网页链接的方式，实现对报告数据的访问；

手机 App 查询。利用移动端 App，可实现苹果 IOS、Android 等系统平板电脑、手机终端对报告的共享；

数据导出共享。系统支持将模型导出，在 Excel 中进行分析，或者导出为 PPT、PDF 等格式，供汇报使用（图 6-13）。

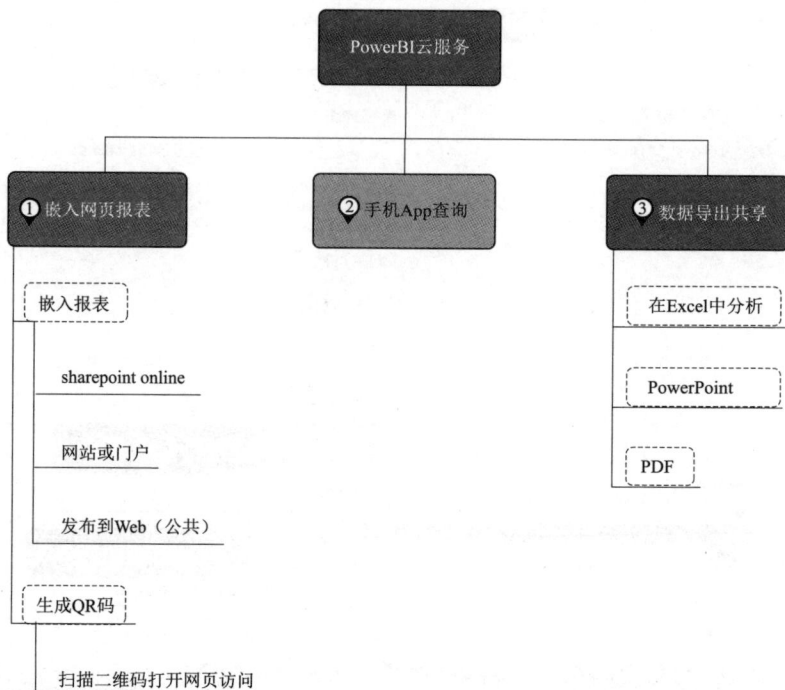

图 6-13

## 6.4.1 嵌入网页报表

在 PowerBI 服务中,无论是生成 QR 二维码,还是嵌入 SharePoint、网站或门户、发布到 Web(公共),本质都是生成网络链接地址,实现对报告数据的访问。

如图 6-14 所示,可参照操作:

1. 生成网页链接,将其嵌入需要访问的网页或应用,实现数据共享;

2. 生成 QR 二维码,使有权限的用户实现对报表的访问。

图 6-14

## 6.4.2　手机 App 查询

### 6.4.2.1　手机客户端的安装

如果我们拥有 PowerBI 服务许可证，可在应用市场下载 PowerBI 应用程序。以华为手机为例，打开系统中【应用市场】，在页面顶部搜索栏内输入关键字"PowerBI"，找到应用程序，点击右侧【安装】按钮，系统将提示安装进度，待 App 安装完成，进度条将变为【打开】按钮；返回手机桌面，会发现系统已向桌面添加【PowerBI】App 应用图标（图 6-15）。

图 6-15

### 6.4.2.2　移动端登录及使用

点击手机桌面【PowerBI】App 图标，进入软件后，会提示"输入您的工作电子邮件地址""输入密码"；账号、密码正确，将弹出【欢迎】窗口，点击【下一步】直至全部跳过，即可进入软件【主页】；点击需要打开的数据模型，即可查看相关数据（图 6-16）。

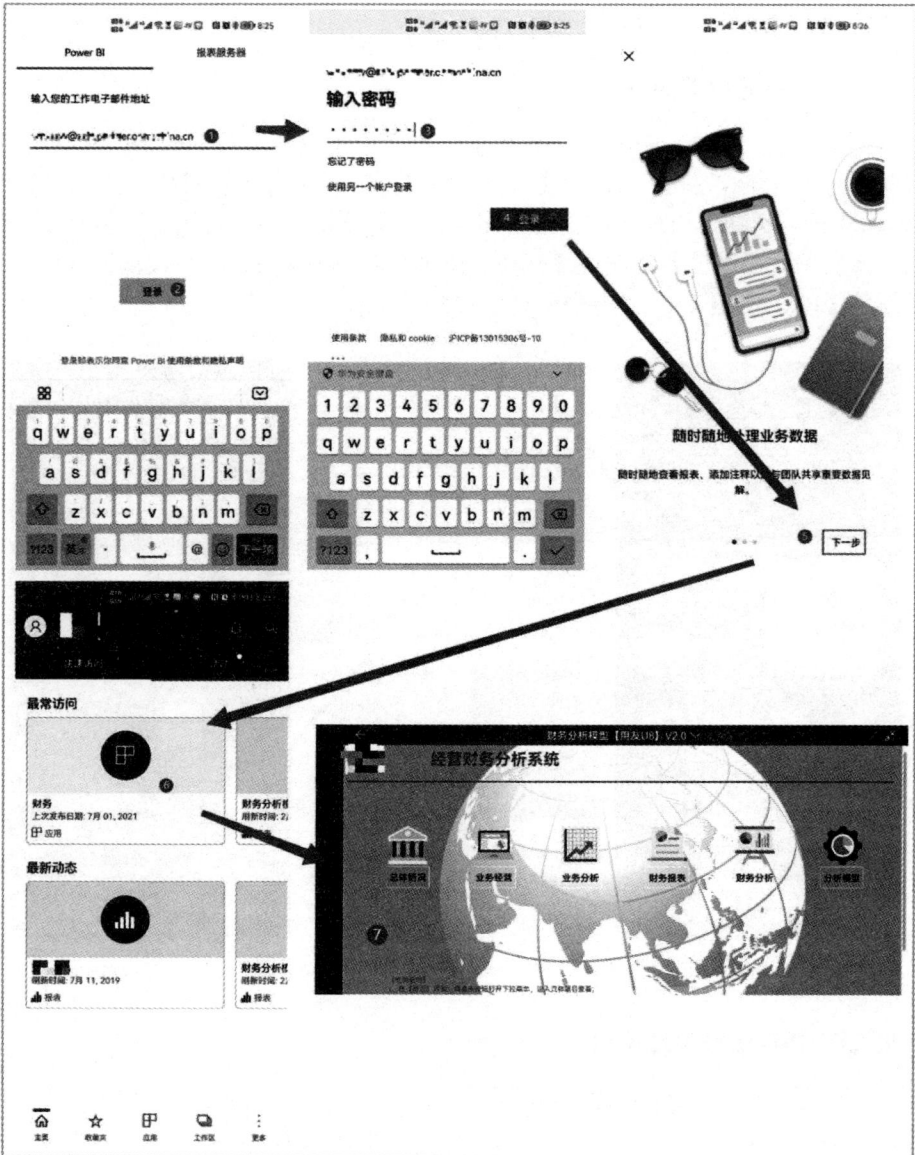

图 6-16

## 6.4.3 数据导出共享

PowerBI 服务中，提供了多种数据导出共享方式。

如图 6-17 所示，我们可在打开的模型中点击【导出】，弹出的菜单中提供了三个选项：

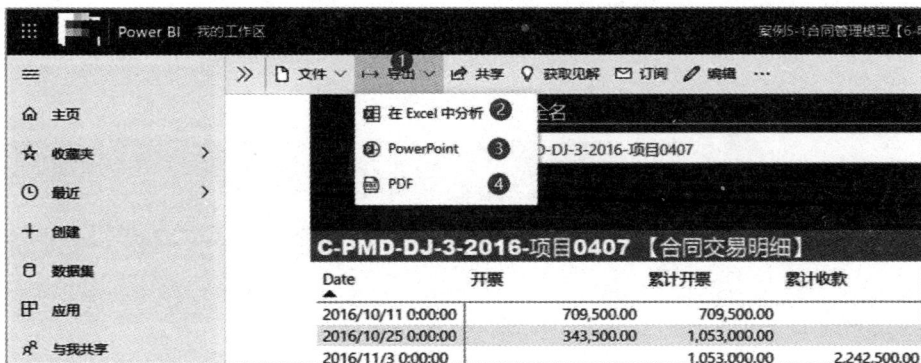

图 6-17

1. 在 Excel 中分析。使用 PowerBI 服务我们可将模型导出，在 Excel 中使用 PowerPivot 进行二次分析。

2.PowerPoint。此选项可帮助我们导出 PPT，以供工作汇报等情形使用。

3.PDF。当然，我们也可将报表导出为 PDF 文档，作为传统纸媒以供参考。

在 PowerBI Desktop 桌面客户端，也提供了 PDF 导出功能，如图 6-18 所示。

图 6-18

# .7 综合案例

经过 1~6 章的详细讲解，大家已对 PowerBI 建模有了系统性的认识。为帮助读者融会贯通所学的知识点，本章将通过财务建模综合案例再次进行系统梳理。

在建模前，需要进行财务报表数据的导入，本章建模数据地址如下：

【案例数据】书中案例\第 4 章\案例 4-5 资料\……

读者可自行参照【3.6.2 资产负债表按会计期间报送数据的整理】章节及后续章节回顾完成数据导入和关系构建等基础工作。

当然，您也可以在【4.5.11 时点数（资产负债）指标的应用——案例 4-13 时点指标的应用】的基础上，进行下一步分析工作。

【案例数据】书中案例\第 4 章\案例 4-13 时点指标的应用 .bpix

## 7.1 资产负债分析报表

如图 7-1 所示，本节资产负债表分析中，将分为资产负债表的多级矩阵变动分析、报表项目结构分析两部分。

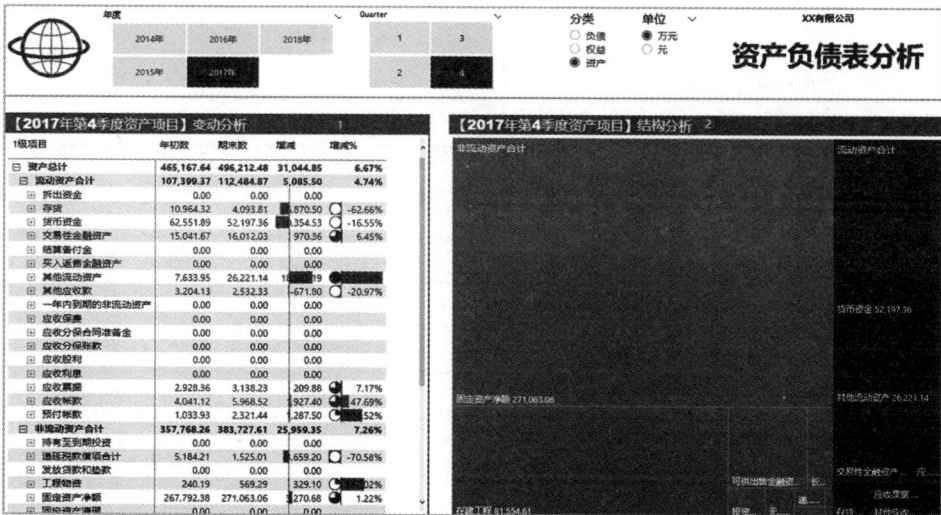

图 7-1

## 7.1.1 资产负债表变动矩阵

### 7.1.1.1 添加资产负债分类数据表

图 7-1 中①变动分析表，为可展开的多级树状结构，制作前，我们需要对报表格式进行相关定义（图 7-2），添加名为"资产负债分类"的数据表：

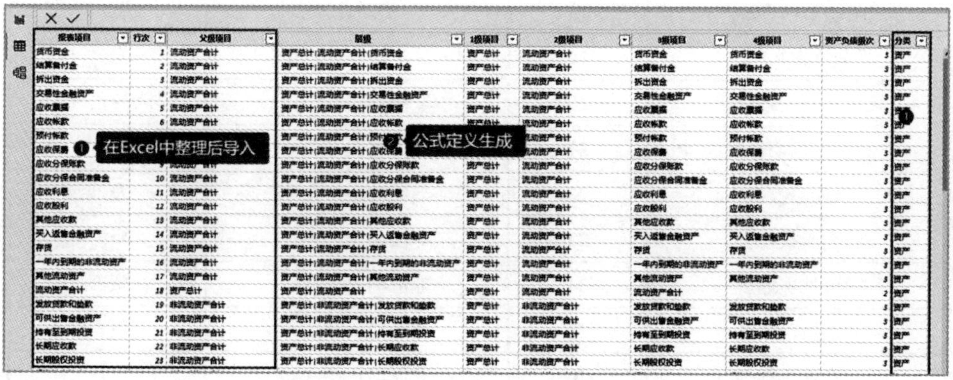

图 7-2

"报表项目""行次""父级科目""分类"可根据下表的数据在 Excel 中事先整理后导入；

| 报表项目 | 行次 | 父级项目 | 分类 |
|---|---|---|---|
| 货币资金 | 1 | 流动资产合计 | 资产 |
| 结算备付金 | 2 | 流动资产合计 | 资产 |
| 拆出资金 | 3 | 流动资产合计 | 资产 |
| 交易性金融资产 | 4 | 流动资产合计 | 资产 |
| 应收票据 | 5 | 流动资产合计 | 资产 |
| 应收账款 | 6 | 流动资产合计 | 资产 |
| 预付账款 | 7 | 流动资产合计 | 资产 |
| 应收保费 | 8 | 流动资产合计 | 资产 |
| 应收分保账款 | 9 | 流动资产合计 | 资产 |
| 应收分保合同准备金 | 10 | 流动资产合计 | 资产 |
| 应收利息 | 11 | 流动资产合计 | 资产 |
| 应收股利 | 12 | 流动资产合计 | 资产 |
| 其他应收款 | 13 | 流动资产合计 | 资产 |
| 买入返售金融资产 | 14 | 流动资产合计 | 资产 |
| 存货 | 15 | 流动资产合计 | 资产 |
| 一年内到期的非流动资产 | 16 | 流动资产合计 | 资产 |
| 其他流动资产 | 17 | 流动资产合计 | 资产 |
| 流动资产合计 | 18 | 资产总计 | 资产 |
| 发放贷款和垫款 | 19 | 非流动资产合计 | 资产 |
| 可供出售金融资产 | 20 | 非流动资产合计 | 资产 |
| 持有至到期投资 | 21 | 非流动资产合计 | 资产 |
| 长期应收款 | 22 | 非流动资产合计 | 资产 |
| 长期股权投资 | 23 | 非流动资产合计 | 资产 |
| 投资性房地产 | 24 | 非流动资产合计 | 资产 |
| 固定资产净额 | 25 | 非流动资产合计 | 资产 |
| 在建工程 | 26 | 非流动资产合计 | 资产 |
| 工程物资 | 27 | 非流动资产合计 | 资产 |
| 固定资产清理 | 28 | 非流动资产合计 | 资产 |
| 生产性生物资产 | 29 | 非流动资产合计 | 资产 |
| 油气资产 | 30 | 非流动资产合计 | 资产 |

| 报表项目 | 行次 | 父级项目 | 分类 |
|---|---|---|---|
| 无形资产 | 31 | 非流动资产合计 | 资产 |
| 开发支出 | 32 | 非流动资产合计 | 资产 |
| 商誉 | 33 | 非流动资产合计 | 资产 |
| 长期待摊费用 | 34 | 非流动资产合计 | 资产 |
| 递延税款借项合计 | 35 | 非流动资产合计 | 资产 |
| 其他长期资产 | 36 | 非流动资产合计 | 资产 |
| 非流动资产合计 | 37 | 资产总计 | 资产 |
| 资产总计 | 38 | 资产总计 | 资产 |
| 短期借款 | 39 | 流动负债合计 | 负债 |
| 向中央银行借款 | 40 | 流动负债合计 | 负债 |
| 吸收存款及同业存放 | 41 | 流动负债合计 | 负债 |
| 拆入资金 | 42 | 流动负债合计 | 负债 |
| 交易性金融负债 | 43 | 流动负债合计 | 负债 |
| 应付票据 | 44 | 流动负债合计 | 负债 |
| 应付账款 | 45 | 流动负债合计 | 负债 |
| 预收账款 | 46 | 流动负债合计 | 负债 |
| 卖出回购金融资产款 | 47 | 流动负债合计 | 负债 |
| 应付手续费及佣金 | 48 | 流动负债合计 | 负债 |
| 应付职工薪酬 | 49 | 流动负债合计 | 负债 |
| 应交税金 | 50 | 流动负债合计 | 负债 |
| 应付利息 | 51 | 流动负债合计 | 负债 |
| 应付股利 | 52 | 流动负债合计 | 负债 |
| 其他应付款 | 53 | 流动负债合计 | 负债 |
| 应付分保账款 | 54 | 流动负债合计 | 负债 |
| 保险合同准备金 | 55 | 流动负债合计 | 负债 |
| 代理买卖证券款 | 56 | 流动负债合计 | 负债 |
| 代理承销证券款 | 57 | 流动负债合计 | 负债 |
| 一年内到期的长期负债 | 58 | 流动负债合计 | 负债 |
| 其他流动负债 | 59 | 流动负债合计 | 负债 |

| 报表项目 | 行次 | 父级项目 | 分类 |
|---|---|---|---|
| 流动负债合计 | 60 | 负债合计 | 负债 |
| 长期借款 | 61 | 长期负债合计 | 负债 |
| 应付债券 | 62 | 长期负债合计 | 负债 |
| 长期应付款 | 63 | 长期负债合计 | 负债 |
| 专项应付款 | 64 | 长期负债合计 | 负债 |
| 预计负债 | 65 | 长期负债合计 | 负债 |
| 递延税款贷项合计 | 66 | 长期负债合计 | 负债 |
| 其他长期负债 | 67 | 长期负债合计 | 负债 |
| 长期负债合计 | 68 | 负债合计 | 负债 |
| 负债合计 | 69 | 负债合计 | 负债 |
| 股本 | 70 | 归属于母公司所有者权益合计 | 权益 |
| 资本公积 | 71 | 归属于母公司所有者权益合计 | 权益 |
| 库存股 | 72 | 归属于母公司所有者权益合计 | 权益 |
| 盈余公积 | 73 | 归属于母公司所有者权益合计 | 权益 |
| 一般风险准备 | 74 | 归属于母公司所有者权益合计 | 权益 |
| 未分配利润 | 75 | 归属于母公司所有者权益合计 | 权益 |
| 外币报表折算差额 | 76 | 归属于母公司所有者权益合计 | 权益 |
| 归属于母公司所有者权益合计 | 77 | 股东权益合计 | 权益 |
| 少数股东权益 | 78 | 股东权益合计 | 权益 |
| 股东权益合计 | 79 | 股东权益合计 | 权益 |

其余各列使用 DAX 公式添加，公式如下：

```
层级 = path(' 资产负债分类 '[ 报表项目 ],' 资产负债分类 '[ 父级项目 ])
1 级项目 = PATHITEM(' 资产负债分类 '[ 层级 ],1)
2 级项目 =
if(PATHITEM(' 资产负债分类 '[ 层级 ],2) =BLANK(),
        PATHITEM(' 资产负债分类 '[ 层级 ],1),
        PATHITEM(' 资产负债分类 '[ 层级 ],2)
)
```

```
3 级项目 =
if(PATHITEM(' 资产负债分类 '[ 层级 ],3) =BLANK(),
    PATHITEM(' 资产负债分类 '[ 层级 ],2),
    PATHITEM(' 资产负债分类 '[ 层级 ],3)
)
4 级项目 =
if(PATHITEM(' 资产负债分类 '[ 层级 ],4) =BLANK(),
    PATHITEM(' 资产负债分类 '[ 层级 ],3),
    PATHITEM(' 资产负债分类 '[ 层级 ],4)
)
资产负债级次 = PATHLENGTH(' 资产负债分类 '[ 层级 ])
```

### 7.1.1.2    为新增数据表建立模型关系

同时，我们需要建立新增的"资产负债分类"与"资产负债表"导入数据间的关联关系（图 7-3）。

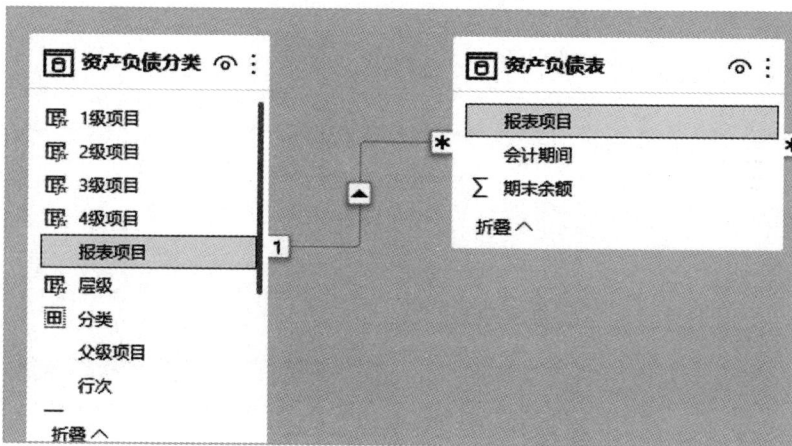

图 7-3

### 7.1.1.3    创建层次结构

在模型新增的"资产负债分类"数据表中，我们已经定义了项目层次结构关系，此时，需要进一步创建层次结构，才能为后续可视化对象的制作提供字段素材。

参照图 7-4a 和图 7-4b，选中"资产负债分类"[1 级项目 ] 字段，在右键菜单中选择"创建层次结构"，即可生成一个名为"1 级项目层次结构"的字段，根据需要对其进行更名，如重命名为"报表项目层次"；

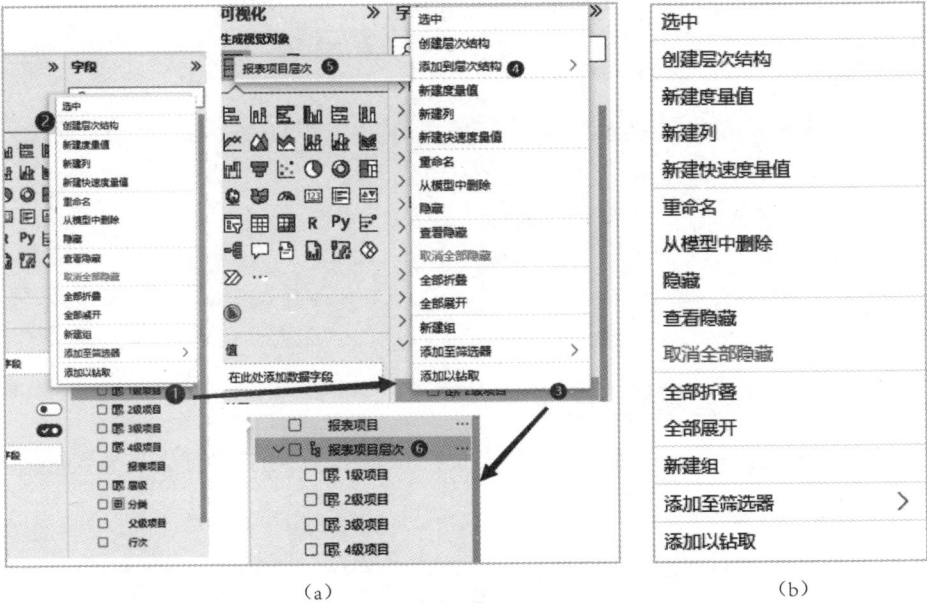

（a）                                （b）

图 7-4

选中"2 级项目"，在右键菜单中选择"添加到层次结构"-"报表项目层次"，完成层次字段添加；

采用同样的方法完成"3 级项目""4 级项目"的添加，完成图 7-4 中⑥所示"报表项目层次"的创建。

#### 7.1.1.4 层次结构定义度量值的书写

为使报告中数据与创建的树状层次结构高度匹配，我们需要定义辅助筛选公式如下：

资产负债: 1 级筛选 = ISFILTERED(' 资产负债分类 '[1 级项目 ])
资产负债: 2 级筛选 = ISFILTERED(' 资产负债分类 '[2 级项目 ])
资产负债: 3 级筛选 = ISFILTERED(' 资产负债分类 '[3 级项目 ])
资产负债: 4 级筛选 = ISFILTERED(' 资产负债分类 '[4 级项目 ])

资产负债：透视深度 = [ 资产负债：1 级筛选 ]+[ 资产负债：2 级筛选 ]+[ 资产负债：3 级筛选 ]+[ 资产负债：4 级筛选 ]

资产负债：最大深度 = max(' 资产负债分类 '[ 资产负债级次 ])

### 7.1.1.5  带有层次结构的度量值书写

在定义度量值时，我们应先定义一个基本度量值，方便后期公式书写：

资产负债：基本 = sum(' 资产负债表 '[ 期末余额 ])/[unit：换算率 ]

随后，依次创建年初及期末度量值：

```
资产负债：报表年初 =
if([ 资产负债：透视深度 ]>[ 资产负债：最大深度 ],
        BLANK(),
        CALCULATE([ 资产负债：基本 ],
                        'Calendar'[Date]=date(SELECTEDVALUE('Calendar'
[Year])-1,12,1)
                                        )
)
资产负债：报表期末 =
var year =max('Calendar'[Year])
var month =max('Calendar'[Month])
return
    if([ 资产负债：透视深度 ]>[ 资产负债：最大深度 ],
            BLANK(),
            CALCULATE([ 资产负债：基本 ],
                            'Calendar'[Date]=date(SELECTEDVALUE('Calend
ar'[Year]),MONTH,1)))
```

然后，分别定义增减额及增减率度量值：

资产负债：报表增减 = [ 资产负债：报表期末 ]–[ 资产负债：报表年初 ]

资产负债：报表增减 % = DIVIDE([ 资产负债：报表增减 ],[ 资产负债：报表年初 ])

### 7.1.1.6 导入资产负债表数据的处理

【3.6.2 资产负债表按会计期间报送数据的整理】章节，我们已将所有报表数据一并导入。由于本例设置了树状分级结构，系统数据可实现逐级汇总，故我们应调整导入数据步骤，设置筛选行，将所有非末级科目数据过滤去除（图 7-5），否则，将导致数据汇总错误。

图 7-5

### 7.1.1.7 制作资产负债表分析渠阵

向报告画布添加矩阵对象后，参照图 7-6 中步骤①所示内容，向矩阵添加字段，即可生成资产负债表分析渠阵。

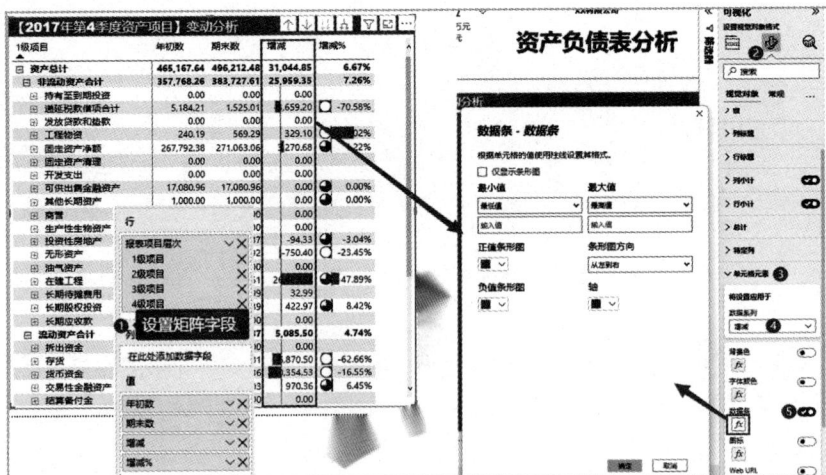

图 7-6

矩阵中"增减"字段数据条的设置，须将【可视化】栏，切换至【设置视觉对象】格式 -【视觉对象】，打开【单元格要素】，选择【数据系列】为"增减"，打开下方"数据条"开关，点击"fx"按钮，在随后弹出的【数据条】窗口编辑相关参数。

对于"增减%"栏目，我们还须进一步打开数据条下方的"图标"开关，并点击"fx"按钮，在随后弹出的"图标"窗口中设置规则，如图 7-7 所示。

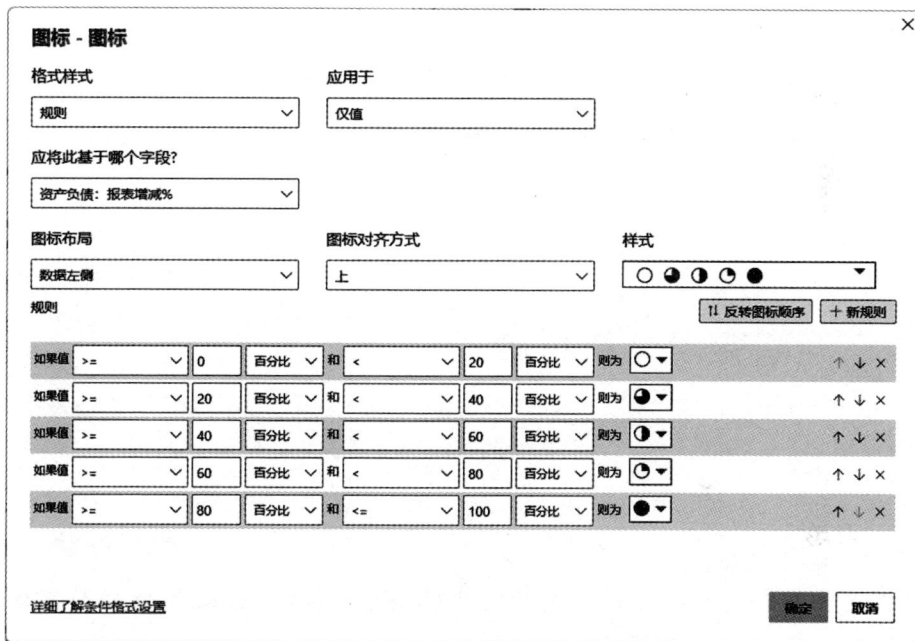

图 7-7

## 7.1.2 资产负债结构树状图

参照图 7-8a 和图 7-8b，向画布区域添加"树状图"视觉对象，并据图所示在【字段】栏中设置相应字段；

切换至【设置视觉对象格式】选项卡，在【视觉对象】设置中，打开【数据标签】，并设置显示单位为"无"，打开【类别标签】。

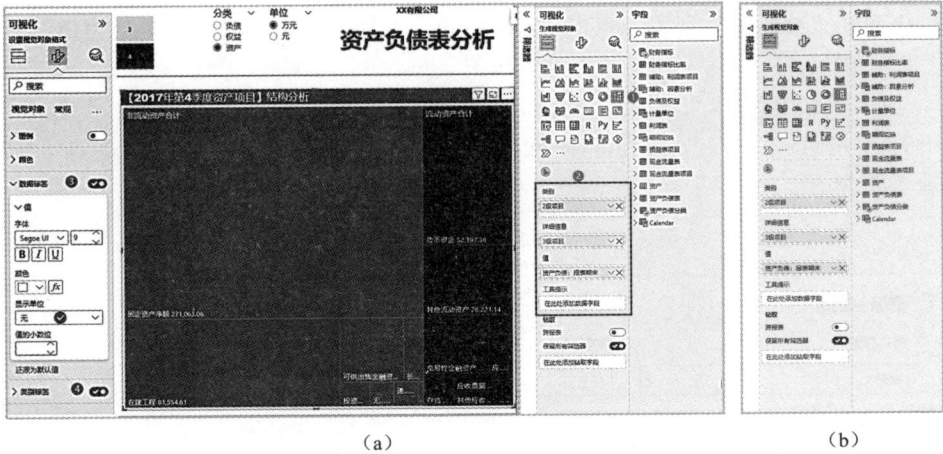

| （a） | （b） |

图 7-8

## 7.2　利润变动分析报表

如图 7-9 所示，本节资产负债表分析中，分为损益表结构分析、损益表构成瀑布图两部分。同时，报告可以在本期数与年度累计数之间进行切换。

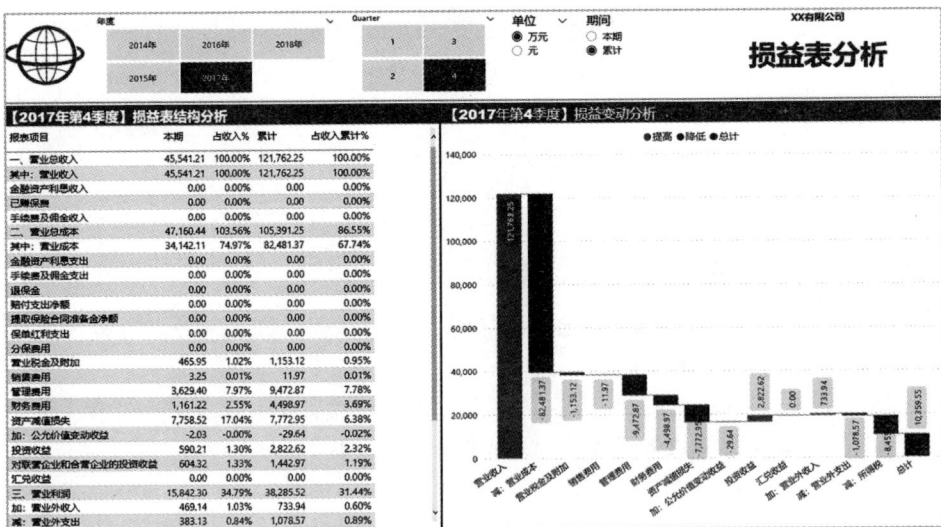

图 7-9

## 7.2.1 损益表结构分析矩阵

### 7.2.1.1 添加期间切换辅助表

制作损益表结构分析矩阵前，我们需要先添加本期与累计数切换的辅助表。

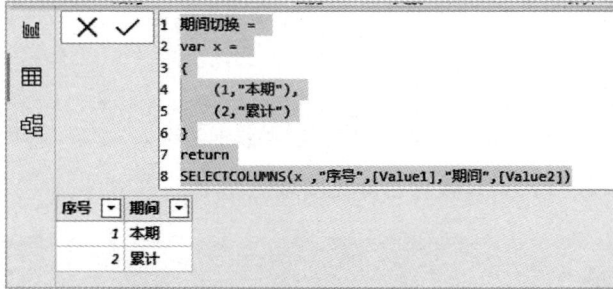

图 7-10

如图 7-10 所示，新建表代码如下：

```
期间切换 =
var x =
{
    (1," 本期 "),
    (2," 累计 ")
}
return
SELECTCOLUMNS(x ," 序号 ",[Value1]," 期间 ",[Value2])
```

此辅助表不需要与其他表构建关联。

将"期间切换"[ 期间 ] 字段作为切片器添加至画布区域。

### 7.2.1.2 损益表度量值定义

首先，我们应定义损益表本期发生数与累计发生数度量值：

```
损益：本期发生 = CALCULATE(sum(' 利润表 '[ 本期金额 ]))/[unit：换算率 ]
损益：累计发生 = TOTALYTD([ 损益：本期发生 ],'Calendar'[Date])
```

损益表结构分析通常以营业收入为基点,计算其他各报表项占营收的百分比。据此,定义各报表项目占当期收入百分比度量值如下：

```
损益：占收入 % =
var sales = CALCULATE([ 损益：本期发生 ],
                        FILTER(all(' 损益表项目 '),' 损益表项目 '[ 报表
项目 ]=" 一、营业总收入 ")
                        )
    return
    DIVIDE([ 损益：本期发生 ],sales)
```

定义各报表项目占累计收入百分比度量值如下：

```
损益：占收入累计 % =
var sales = CALCULATE([ 损益：累计发生 ],
                        FILTER(all(' 损益表项目 '),' 损益表项目 '[ 报表
项目 ]=" 一、营业总收入 ")
                        )
    return
    DIVIDE([ 损益：累计发生 ],sales)
```

### 7.2.1.3　可视化对象的制作

随后，参照图 7-11 即可完成损益表结构分析矩阵的制作。

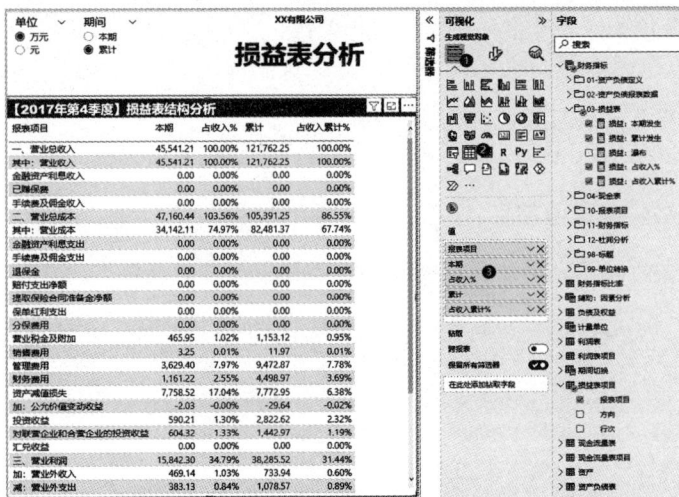

图 7-11

## 7.2.2 损益表构成瀑布图

### 7.2.2.1 添加辅助表并建立关联关系

因完整损益表结构中包含大量汇总项，并不能直接用作瀑布图的 X 轴。故在制图前，我们需要添加辅助信息表（辅助：利润表项目）并为其建立关联关系（图 7-12）。

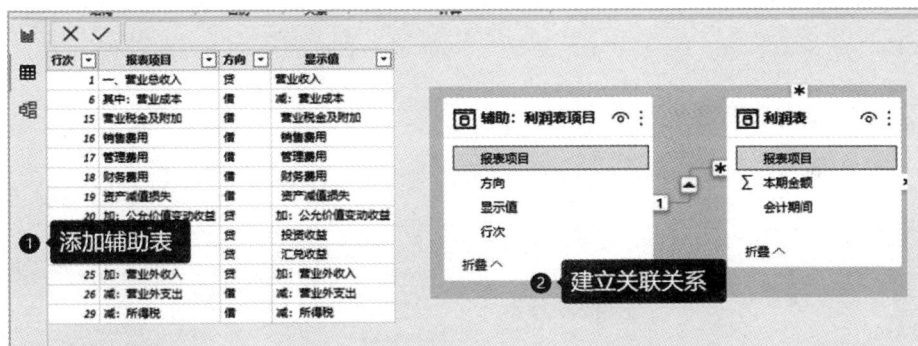

图 7-12

值得注意的是，我们需要对"显示值"列以"行次"为依据进行按列排序，以在制作可视化对象时得到正确的排序结果。

### 7.2.2.2 书写瀑布图度量值

在瀑布图中，能直观地反映数据受各种因素影响时的变化过程，在表达损益表的过程中，将反映以营业收入为起点、扣除各项成本费用、加上各类收益形成最终利润的过程。

通常在损益表数据中，无论数据增加、减少，均表示为正值，并不能直接用于作图。此时，我们需要根据会计报表项目的默认方向调整其在瀑布图中的数值，据此，定义相关度量值如下：

损益：瀑布 =
var FS = if(SELECTEDVALUE('辅助：利润表项目'[方向])=" 贷 ",CALCULATE (sum(' 利润表 '[ 本期金额 ]))/[unit：换算率 ],-CALCULATE(sum(' 利润表 '[ 本期金额 ]))/[unit：换算率 ])
// 如为贷方，显示正值，否则为负值
var ljfs= if(SELECTEDVALUE('辅助：利润表项目'[方向])=" 贷 ", TOTALYTD (sum(' 利润表 '[ 本期金额 ]),'Calendar'[Date])/[unit：换算率 ],-TOTALYTD(sum(' 利润表 '[ 本期金额 ]),'Calendar'[Date])/[unit：换算率 ])

```
return
SWITCH(TRUE(),
        SELECTEDVALUE(' 期间切换 '[ 期间 ])=" 本期 ",fs,
                                                      // 本期数显示值
        SELECTEDVALUE(' 期间切换 '[ 期间 ])=" 累计 ",ljfs
                                                      // 累计数显示值
        )
```

### 7.2.2.3  可视化对象的制作

参照图 7-13，可快速完成可视化对象的制作。

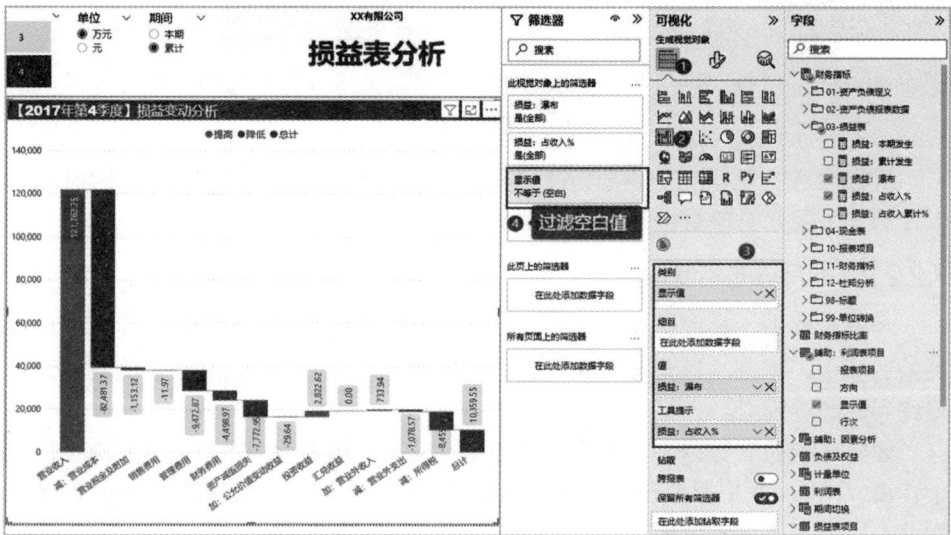

图 7-13

值得注意的是，因导入数据中存在的如营业总成本、营业利润、利润总额等汇总项，并没有在辅助信息表中体现，导致可视化对象中会产生空白值。此时，我们只需要选中可视化对象，打开【筛选器】栏目，将"显示值"字段添加到【此视觉对象上的筛选器】，并筛选使其"不等于（空白）"，即可实现最终效果。

## 7.3　现金流量分析报表

如图 7-14 所示，本节现金流量表分析中，分为现金流量矩阵、主要现金流量项目变动趋势分析两部分。报告可以在本期数与年度累计数间进行切换。

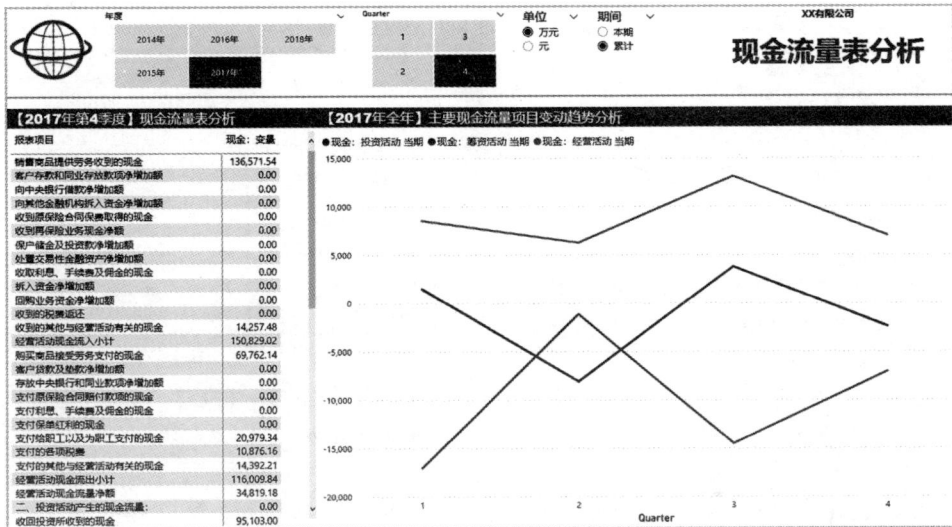

图 7-14

## 7.3.1　现金流量分析矩阵

现金流量分析矩阵仅须定义以下三个度量值：

现金：本期发生 = CALCULATE(sum(' 现金流量表 '[ 本期金额 ]))/[unit：换算率 ]

现金：累计发生 = TOTALYTD([ 现金：本期发生 ],'Calendar'[Date])

现金：变量 = SWITCH(TRUE(),

SELECTEDVALUE(' 期间切换 '[ 期间 ])=" 本期 ",[现金：本期发生 ],

SELECTEDVALUE(' 期间切换 '[ 期间 ])=" 累计 ",[现金：累计发生 ])

可视对象的制作请参照图 7-15：

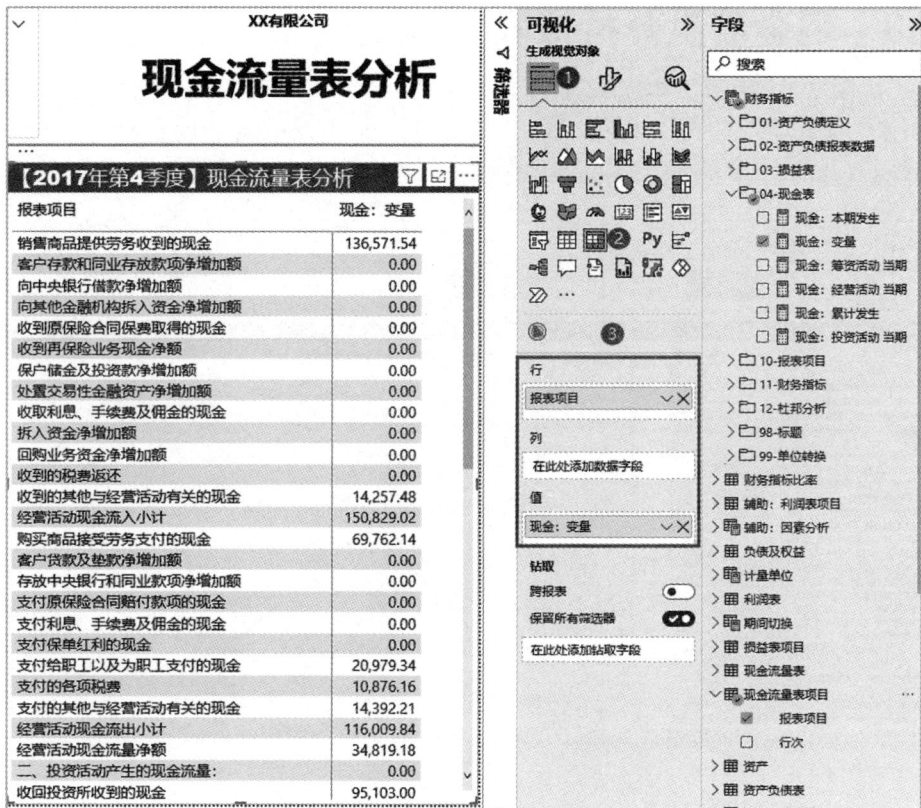

图 7-15

## 7.3.2 主要现金流量项目变动趋势分析

现金流量矩阵已完美匹配实体现金流量表，但并不能反映主要项目的变化趋势，因此，我们可以通过定义主要现金流量项目变化趋势图来反映相关信息。

定义经营活动、投资活动、筹资活动的现金流量净额度量值：

现金：经营活动 当期 = CALCULATE([ 现金：本期发生 ],' 现金流量表项目 '[ 报表项目 ]=" 经营活动现金流量净额 ")

现金：投资活动 当期 = CALCULATE([ 现金：本期发生 ],' 现金流量表项目 '[ 报表项目 ]=" 投资活动产生的现金流量净额 ")

现金：筹资活动 当期 = CALCULATE([ 现金：本期发生 ],' 现金流量表项目 '[ 报表项目 ]=" 筹资活动产生的现金流量净额 ")

可视对象的制作可参照图 7-16：

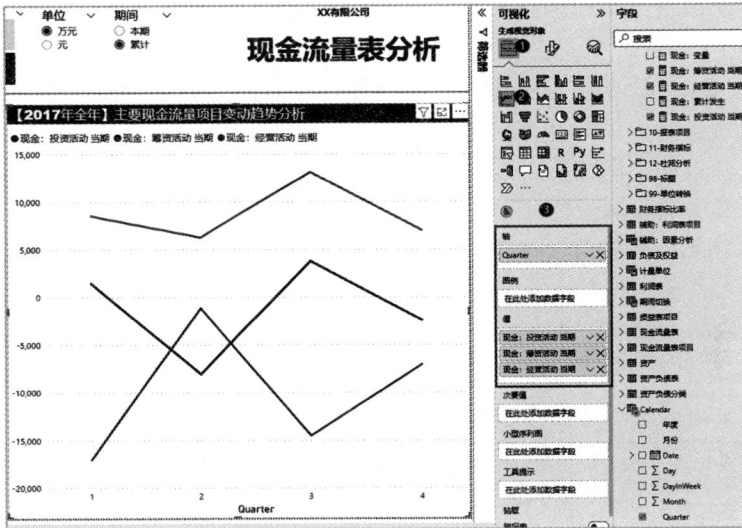

图 7-16

# 7.4 主要财务指标分析

财务分析指标是企业总结和评价财务状况、经营成果的相对指标。运用同行业上市公司、企业历史业绩指标、预算财务指标等可获得渠道来源的信息，进行财务指标的横向、纵向及预算对比，是进行对标管理与绩效评价的重要形式。

利用 PowerBI 建模，可实现快速的财务指标对比分析，为企业经营决策提供参照数据（图 7-17）。

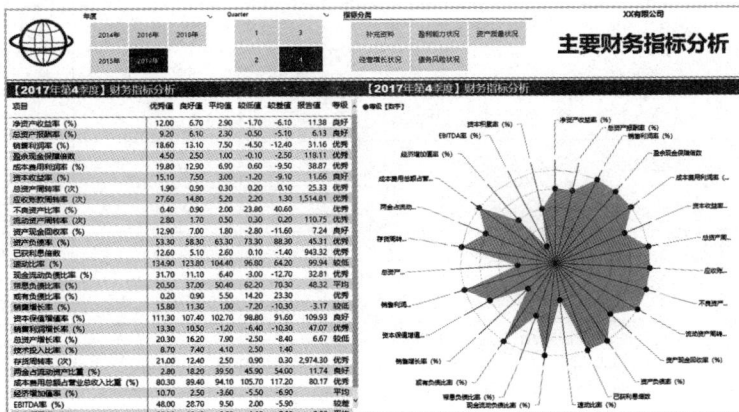

图 7-17

## 7.4.1 确定分析指标及其参照系

国务院国资委考核分配局每个年度都会根据《中央企业综合绩效评价管理暂行办法》（国务院国资委令第 14 号）等有关规定，依据全国国有企业有关财务数据、国家统计部门有关统计资料、各行业协会有关运行材料等，结合每年度国民经济各行业运行情况的客观分析，运用数理统计方法，测算编制每个年度的企业绩效评价标准值，其可作为相关企业绩效考核的标准值。

本节案例选取国资委公布的某行业 2020 年度企业绩效评价标准值，共包括 22 个评价指标标准值及以补充资料形式提供的存货周转率、两金占流动资产比重、成本费用占营业总收入比重、经济增加值率、EBITDA 率、资本积累率六个指标数据，具体如下表：

| 序号 | 分类 | 项目 | 优秀值 | 良好值 | 平均值 | 较低值 | 较差值 |
|---|---|---|---|---|---|---|---|
| 1 | 盈利能力状况 | 净资产收益率（%） | 12.0 | 6.7 | 2.9 | -1.7 | -6.1 |
| 2 | 盈利能力状况 | 总资产报酬率（%） | 9.2 | 6.1 | 2.3 | -0.5 | -5.1 |
| 3 | 盈利能力状况 | 销售利润率（%） | 18.6 | 13.1 | 7.5 | -4.5 | -12.4 |
| 4 | 盈利能力状况 | 盈余现金保障倍数 | 4.5 | 2.5 | 1.0 | -0.1 | -2.5 |
| 5 | 盈利能力状况 | 成本费用利润率（%） | 19.8 | 12.9 | 6.9 | 0.6 | -9.5 |
| 6 | 盈利能力状况 | 资本收益率（%） | 15.1 | 7.5 | 3.0 | -1.2 | -9.1 |
| 7 | 资产质量状况 | 总资产周转率（次） | 1.9 | 0.9 | 0.3 | 0.2 | 0.1 |
| 8 | 资产质量状况 | 应收账款周转率（次） | 27.6 | 14.8 | 5.2 | 2.2 | 1.3 |
| 9 | 资产质量状况 | 不良资产比率（%） | 0.4 | 0.9 | 2.0 | 23.8 | 40.6 |
| 10 | 资产质量状况 | 流动资产周转率（次） | 2.8 | 1.7 | 0.5 | 0.3 | 0.2 |
| 11 | 资产质量状况 | 资产现金回收率（%） | 12.9 | 7.0 | 1.8 | -2.8 | -11.6 |
| 12 | 债务风险状况 | 资产负债率（%） | 53.3 | 58.3 | 63.3 | 73.3 | 88.3 |
| 13 | 债务风险状况 | 已获利息倍数 | 12.6 | 5.1 | 2.6 | 0.1 | -1.4 |
| 14 | 债务风险状况 | 速动比率（%） | 134.9 | 123.8 | 104.4 | 96.8 | 64.2 |
| 15 | 债务风险状况 | 现金流动负债比率（%） | 31.7 | 11.1 | 6.4 | -3.0 | -12.7 |
| 16 | 债务风险状况 | 带息负债比率（%） | 20.5 | 37.0 | 50.4 | 62.2 | 70.3 |
| 17 | 债务风险状况 | 或有负债比率（%） | 0.2 | 0.9 | 5.5 | 14.2 | 23.3 |
| 18 | 经营增长状况 | 销售增长率（%） | 15.8 | 11.3 | 1.0 | -7.2 | -10.3 |
| 19 | 经营增长状况 | 资本保值增值率（%） | 111.3 | 107.4 | 102.7 | 98.8 | 91.6 |
| 20 | 经营增长状况 | 销售利润增长率（%） | 13.3 | 10.5 | -1.2 | -6.4 | -10.3 |
| 21 | 经营增长状况 | 总资产增长率（%） | 20.3 | 16.2 | 7.9 | -2.5 | -8.4 |

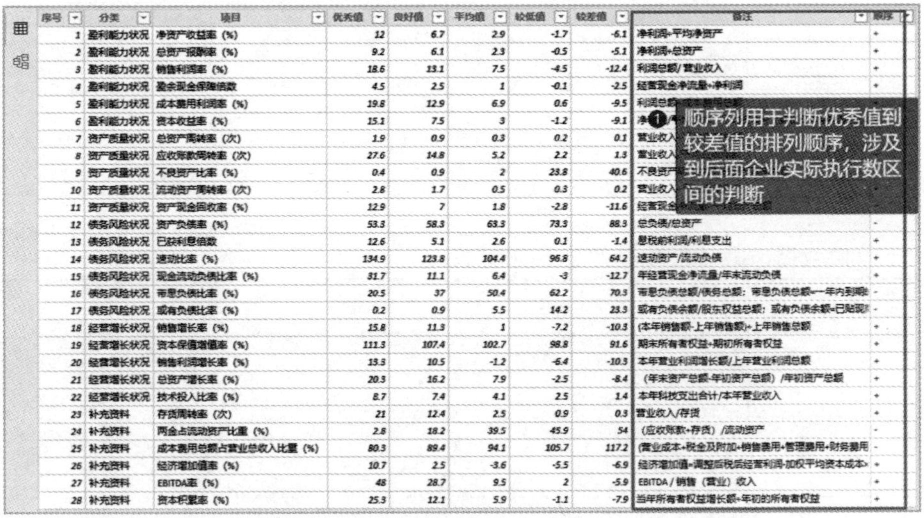

| 序号 | 分类 | 项目 | 优秀值 | 良好值 | 平均值 | 较低值 | 较差值 |
|---|---|---|---|---|---|---|---|
| 22 | 经营增长状况 | 技术投入比率（%） | 8.7 | 7.4 | 4.1 | 2.5 | 1.4 |
| 23 | 补充资料 | 存货周转率（次） | 21.0 | 12.4 | 2.5 | 0.9 | 0.3 |
| 24 | 补充资料 | 两金占流动资产比重（%） | 2.8 | 18.2 | 39.5 | 45.9 | 54.0 |
| 25 | 补充资料 | 成本费用总额占营业总收入比重（%） | 80.3 | 89.4 | 94.1 | 105.7 | 117.2 |
| 26 | 补充资料 | 经济增加值率（%） | 10.7 | 2.5 | -3.6 | -5.5 | -6.9 |
| 27 | 补充资料 | EBITDA 率（%） | 48.0 | 28.7 | 9.5 | 2.0 | -5.9 |
| 28 | 补充资料 | 资本积累率（%） | 25.3 | 12.1 | 5.9 | -1.1 | -7.9 |

通过【输入数据】方式，将评价指标添加至分析模型，并补充备注与顺序字段信息。

其中：顺序字段用于后续判断企业执行值所属优秀值到较差值的区间，对指标完成情况进行定性（图 7-18）。

图 7-18

## 7.4.2 定义报表主要项目度量值

在定义财务指标比率前，我们应事先定义三大报表主要报表项目数值，主要包括：

资产数据，其主要项目具体公式如下表：

| 项目 | 公式 |
|---|---|
| 速动资产 | 资产：速动资产 = CALCULATE([ 资产负债：报表期末 ],' 资产负债分类 '[2 级项目 ]=" 流动资产合计 ")-CALCULATE([ 资产负债：报表期末 ],' 资产负债分类 '[3 级项目 ]=" 存货 ")-CALCULATE([ 资产负债：报表期末 ],' 资产负债分类 '[3 级项目 ]=" 预付账款 ") |
| 流动资产 | 资产：流动资产 = CALCULATE([ 资产负债：报表期末 ],' 资产负债分类 '[2 级项目 ]=" 流动资产合计 ") |
| 非流动资产 | 资产：非流动资产 = CALCULATE([ 资产负债：报表期末 ],' 资产负债分类 '[2 级项目 ]=" 非流动资产合计 ") |
| 总资产 | 资产：总资产 = CALCULATE([ 资产负债：报表期末 ],' 资产负债分类 '[1 级项目 ]=" 资产总计 ") |
| 存货 | 资产：存货 = CALCULATE([ 资产负债：报表期末 ],' 资产负债分类 '[3 级项目 ]=" 存货 ") |
| 平均应收账款 | 资产：平均应收账款 = var receivable = CALCULATE([ 资产负债：报表期末 ]+[ 资产负债：报表年初 ],' 资产负债分类 '[3 级项目 ]=" 应收账款 ")/2 var notes = CALCULATE([ 资产负债：报表期末 ]+[ 资产负债：报表年初 ],' 资产负债分类 '[3 级项目 ]=" 应收票据 ")/2 return receivable+notes |
| 平均总资产 | 资产：平均总资产 = CALCULATE([ 资产负债：报表期末 ]+[ 资产负债：报表年初 ],' 资产负债分类 '[ 分类 ]=" 资产 ")/2 |
| 平均流动资产 | 资产：平均流动资产 = CALCULATE([ 资产负债：报表期末 ]+[ 资产负债：报表年初 ],' 资产负债分类 '[2 级项目 ]=" 流动资产合计 ")/2 |

负债数据，其各分项具体公式如下表：

| 项目 | 公式 |
|---|---|
| 流动负债 | 负债：流动负债 = CALCULATE([ 资产负债：报表期末 ],' 资产负债分类 '[2 级项目 ]=" 流动负债合计 ") |
| 长期负债 | 负债：长期负债 = CALCULATE([ 资产负债：报表期末 ],' 资产负债分类 '[2 级项目 ]=" 长期负债合计 ") |
| 总负债 | 负债：总负债 = CALCULATE([ 资产负债：报表期末 ],' 资产负债分类 '[1 级项目 ]=" 负债合计 ") |
| 带息负债 | 负债：带息负债 = CALCULATE([ 资产负债：报表期末 ],' 资产负债分类 '[ 报表项目 ]=" 一年内到期的长期负债 ")+CALCULATE([ 资产负债：报表期末 ],' 资产负债分类 '[ 报表项目 ]=" 长期借款 ")+CALCULATE([ 资产负债：报表期末 ],' 资产负债分类 '[ 报表项目 ]=" 应付债券 ")+CALCULATE([ 资产负债：报表期末 ],' 资产负债分类 '[ 报表项目 ]=" 应付利息 ")+CALCULATE([ 资产负债：报表期末 ],' 资产负债分类 '[ 报表项目 ]=" 短期借款 ") |

权益数据，其各分项具体公式如下：

| 项目 | 公式 |
|---|---|
| 归属于母公司所有者权益 | 权益：归属于母公司所有者权益 = CALCULATE([ 资产负债：报表期末 ],' 资产负债分类 '[2 级项目 ]=" 归属于母公司所有者权益合计 ") |
| 少数股东权益 | 权益：少数股东权益 = CALCULATE([ 资产负债：报表期末 ],' 资产负债分类 '[2 级项目 ]=" 少数股东权益 ") |
| 股东权益 | 权益：股东权益 = CALCULATE([ 资产负债：报表期末 ],' 资产负债分类 '[ 分类 ]=" 权益 ") |
| 平均净资产 | 权益：平均净资产 = CALCULATE([ 资产负债：报表期末 ]+[ 资产负债：报表年初 ],' 资产负债分类 '[ 分类 ]=" 权益 ")/2 |
| 平均资本 | 权益：平均资本 = CALCULATE([ 资产负债：报表期末 ]+[ 资产负债：报表年初 ],' 资产负债分类 '[3 级项目 ]=" 股本 ")/2+CALCULATE([ 资产负债：报表期末 ]+[ 资产负债：报表年初 ],' 资产负债分类 '[3 级项目 ]=" 资本公积 ") |

损益数据，其各分项具体公式如下表：

| 项目 | 公式 |
|---|---|
| 营业收入 | 损益：营业收入 = CALCULATE([ 损益：累计发生 ],' 损益表项目 '[ 报表项目 ]=" 一、营业总收入 ") |
| 息税前利润 | 损益：息税前利润 = CALCULATE([ 损益：累计发生 ],' 损益表项目 '[ 报表项目 ]=" 四、利润总额 ")+CALCULATE([ 损益：累计发生 ],' 损益表项目 '[ 报表项目 ]=" 财务费用 ") |
| 净利润 | 损益：净利润 = CALCULATE([ 损益：累计发生 ],' 损益表项目 '[ 报表项目 ]=" 五、净利润 ") |
| 利息支出 | 损益：利息支出 = CALCULATE([ 损益：累计发生 ],' 损益表项目 '[ 报表项目 ]=" 财务费用 ") |
| 成本费用总额 | 损益：成本费用总额 = CALCULATE([ 损益：累计发生 ],' 损益表项目 '[ 报表项目 ]=" 财务费用 ")+CALCULATE([ 损益：累计发生 ],' 损益表项目 '[ 报表项目 ]=" 其中：营业成本 ")+CALCULATE([ 损益：累计发生 ],' 损益表项目 '[ 报表项目 ]=" 销售费用 ")+CALCULATE([ 损益：累计发生 ],' 损益表项目 '[ 报表项目 ]=" 管理费用 ")+CALCULATE([ 损益：累计发生 ],' 损益表项目 '[ 报表项目 ]=" 税金及附加 ") |

主要现金流量项目定义数据在现金流量分析报表中已介绍，在此不做赘述。

## 7.4.3 定义分析财务指标度量值

根据国资委公布的某行业 2020 年度企业绩效评价标准值，其 22 个评价指标标准值共分为盈利能力状况、资产质量状况、债务风险状况、经营增长状况四个大类。

### 7.4.3.1 盈利能力状况

盈利能力状况包括净资产收益率等六个指标，各指标计算方法如下：

| 分类 | 项目 | 备注 |
|---|---|---|
| 盈利能力状况 | 净资产收益率（%） | 净利润 ÷ 平均净资产 |
| 盈利能力状况 | 总资产报酬率（%） | 净利润 ÷ 总资产 |
| 盈利能力状况 | 销售利润率（%） | 利润总额 ÷ 营业收入 |
| 盈利能力状况 | 盈余现金保障倍数 | 经营现金净流量 ÷ 净利润 |
| 盈利能力状况 | 成本费用利润率（%） | 利润总额 ÷ 成本费用总额 |
| 盈利能力状况 | 资本收益率（%） | 净利润 ÷ 平均资本，其中：<br>平均资本 =[（实收资本年初数 + 资本公积年初数）+（实收资本年末数 + 资本公积年末数）]÷2 |

相应 DAX 公式如下表：

| 项目 | 备注 |
|---|---|
| 净资产收益率（%） | 盈利：净资产收益率 = DIVIDE([ 损益：净利润 ],[ 权益：平均净资产 ]) |
| 总资产报酬率（%） | 盈利：总资产报酬率 = DIVIDE([ 损益：净利润 ],[ 资产：平均总资产 ]) |
| 销售利润率（%） | 盈利：销售利润率 = DIVIDE([ 损益：利润总额 ],[ 损益：营业收入 ]) |
| 盈余现金保障倍数 | 盈利：盈余现金保障倍数 = DIVIDE([ 现金：经营活动 累计 ],[ 损益：净利润 ]) |
| 成本费用利润率（%） | 盈利：成本费用利润率 = DIVIDE([ 损益：利润总额 ],[ 损益：成本费用总额 ]) |
| 资本收益率（%） | 盈利：资本收益率 = DIVIDE([ 损益：净利润 ],[ 权益：平均资本 ]) |

### 7.4.3.2 资产质量状况

资产质量状况包括总资产周转率等五个指标，各指标计算方法如下：

| 分类 | 项目 | 备注 |
|---|---|---|
| 资产质量状况 | 总资产周转率（次） | 营业收入 ÷ 平均资产总额 |
| 资产质量状况 | 应收账款周转率（次） | 营业收入 ÷ 平均应收账款 |
| 资产质量状况 | 不良资产比率（%） | 不良资产期末余额 ÷ 总资产期末余额 |
| 资产质量状况 | 流动资产周转率（次） | 营业收入 ÷ 平均流动资产 |
| 资产质量状况 | 资产现金回收率（%） | 经营现金净流量 ÷ 平均资产总额 |

相应 DAX 公式如下：

| 项目 | 备注 |
|---|---|
| 总资产周转率（次） | 资产：总资产周转率 = DIVIDE([ 损益：营业收入 ],[ 资产：平均总资产 ]) |
| 应收账款周转率（次） | 资产：应收账款周转率 = DIVIDE([ 损益：营业收入 ],[ 资产：平均应收账款 ]) |
| 不良资产比率（%） | 无数据 |
| 流动资产周转率（次） | 资产：流动资产周转率 = DIVIDE([ 损益：营业收入 ],[ 资产：平均流动资产 ]) |
| 资产现金回收率（%） | 资产：资产现金回收率 = DIVIDE([ 现金：经营活动 累计 ],[ 资产：平均总资产 ]) |

### 7.4.3.3 债务风险状况

债务风险状况包括资产负债率等六个指标，各指标计算方法如下：

| 分类 | 项目 | 备注 |
|---|---|---|
| 债务风险状况 | 资产负债率（%） | 总负债÷总资产 |
| 债务风险状况 | 已获利息倍数 | 息税前利润÷利息支出 |
| 债务风险状况 | 速动比率（%） | 速动资产÷流动负债 |
| 债务风险状况 | 现金流动负债比率（%） | 年经营现金净流量÷年末流动负债 |
| 债务风险状况 | 带息负债比率（%） | 带息负债总额÷债务总额；带息负债总额＝一年内到期的短期借款＋长期借款＋应付债券＋应付利息＋短期借款 |
| 债务风险状况 | 或有负债比率（%） | 或有负债余额÷股东权益总额；或有负债余额＝已贴现商业承兑汇票余额＋对外担保金额＋未决诉讼、未决仲裁金额（除贴现与担保引起的诉讼与仲裁）＋其他或有负债余额 |

相应 DAX 公式如下：

| 项目 | 备注 |
|---|---|
| 资产负债率（%） | 债务：资产负债率＝DIVIDE([负债：总负债],[资产：总资产]) |
| 已获利息倍数 | 债务：已获利息倍数＝DIVIDE([损益：息税前利润],[损益：利息支出]) |
| 速动比率（%） | 债务：速动比率＝DIVIDE([资产：速动资产],[负债：流动负债]) |
| 现金流动负债比率（%） | 债务：现金流动负债比率＝DIVIDE([现金：经营活动 累计],[负债：流动负债]) |
| 带息负债比率（%） | 债务：带息负债比率＝DIVIDE([负债：带息负债],[负债：总负债]) |
| 或有负债比率（%） | 无数据 |

### 7.4.3.4 经营增长状况

经营增长状况包括销售增长率等五个指标，各指标计算方法如下：

| 分类 | 项目 | 备注 |
|---|---|---|
| 经营增长状况 | 销售增长率（%） | (本年销售额－上年销售额)÷上年销售总额 |
| 经营增长状况 | 资本保值增值率（%） | 期末所有者权益÷期初所有者权益 |
| 经营增长状况 | 销售利润增长率（%） | 本年营业利润增长额÷上年营业利润总额 |
| 经营增长状况 | 总资产增长率（%） | (年末资产总额－年初资产总额)÷年初资产总额 |
| 经营增长状况 | 技术投入比率（%） | 本年科技支出合计÷本年营业收入 |

相应 DAX 公式如下：

| 项目 | 备注 |
|---|---|
| 销售增长率（%） | 经营：销售增长率 = DIVIDE([ 损益：营业收入 ],CALCULATE([ 损益：营业收入 ],DATEADD（'Calendar'[Date],-1,YEAR)))-1 |
| 资本保值增值率（%） | 经营：资本保值增值率 = CALCULATE([ 资产负债：报表期末 ],'资产负债分类'[ 分类 ]="权益"）/CALCULATE([ 资产负债：报表年初 ],'资产负债分类'[ 分类 ]="权益"） |
| 销售利润增长率（%） | 经营：销售利润增长率 = DIVIDE([ 损益：利润总额 ],CALCULATE([ 损益：利润总额 ],DATEADD（'Calendar'[Date],-1,YEAR)))-1 |
| 总资产增长率（%） | 经营：总资产增长率 = DIVIDE([ 资产：总资产 ],CALCULATE([ 资产：总资产 ],DATEADD（'Calendar'[Date],-1,YEAR)))-1 |
| 技术投入比率（%） | 无数据 |

### 7.4.3.5　补充资料数据

补充资料数据包括存货周转率、两金占流动资产比重、成本费用占营业总收入比重、经济增加值率、EBITDA 率、资本积累率六个指标数据，各指标计算方法如下：

| 分类 | 项目 | 备注 |
|---|---|---|
| 补充资料 | 存货周转率（次） | 营业收入 ÷ 存货 |
| 补充资料 | 两金占流动资产比重（%） | （应收账款 + 存货）÷ 流动资产 |
| 补充资料 | 成本费用总额占营业总收入比重（%） | ( 营业成本＋税金及附加＋销售费用＋管理费用＋财务费用 )÷ 营业收入 |
| 补充资料 | 经济增加值率（%） | 经济增加值 = 调整后税后经营利润 – 加权平均资本成本 × 调整后的净投资资本，税后净营业利润 = 净利润 +( 利息支出 + 研究开发费用调整项 )×(1–25%) |
| 补充资料 | EBITDA 率（%） | EBITDA÷ 销售（营业）收入 |
| 补充资料 | 资本积累率（%） | 当年所有者权益增长额 ÷ 年初的所有者权益 |

相应 DAX 公式如下：

| 项目 | 备注 |
|---|---|
| 存货周转率（次） | 补充：存货周转率 = DIVIDE([ 损益：营业收入 ],[ 资产：存货 ]) |
| 两金占流动资产比重（%） | 补充：两金占流动资产比重 = DIVIDE(CALCULATE([ 资产负债：报表期末 ],'资产负债分类'[3 级项目 ]="存货"）+CALCULATE([ 资产负债：报表期末 ],'资产负债分类'[3 级项目 ]="应收账款"）+CALCULATE([ 资产负债：报表期末 ],'资产负债分类'[3 级项目 ]="应收票据"），[ 资产：流动资产 ]) |
| 成本费用总额占营业总收入比重（%） | 补充：成本费用总额占营业总收入比重 = DIVIDE([ 损益：成本费用总额 ],[ 损益：营业收入 ]) |
| 经济增加值率（%） | 无研发费用等数据 |
| EBITDA 率（%） | 无折旧摊销数据 |
| 资本积累率（%） | 补充：资本积累率 = CALCULATE([ 资产负债：报表期末 ],'资产负债分类'[ 分类 ]="权益"）/CALCULATE([ 资产负债：报表年初 ],'资产负债分类'[ 分类 ]="权益"）-1 |

## 7.4.4　定义参照财务指标度量值

根据国资委公布的某行业 2020 年度企业绩效评价标准值，共分为优秀、良好、平均、较低、较差五个等级，其定义公式如下：

| 项目 | 备注 |
|---|---|
| 优秀值 | 优秀值 = SELECTEDVALUE（'财务指标比率'［优秀值］） |
| 良好值 | 良好值 = SELECTEDVALUE（'财务指标比率'［良好值］） |
| 平均值 | 平均值 = SELECTEDVALUE（'财务指标比率'［平均值］） |
| 较低值 | 较低值 = SELECTEDVALUE（'财务指标比率'［较低值］） |
| 较差值 | 较差值 = SELECTEDVALUE（'财务指标比率'［较差值］） |

## 7.4.5　定义分析报告指标报告值

根据【7.4.3 定义分析财务指标度量值】中已定义的各财务指标比率，整合报告值的度量值如下：

```
报告值 =
var X =SELECTEDVALUE(' 财务指标比率 '[ 项目 ])
return
SWITCH(TRUE(),
        X=" 净资产收益率（%）",[ 盈利：净资产收益率 ],
        X=" 总资产报酬率（%）",[ 盈利：总资产报酬率 ],
        X=" 销售利润率（%）",[ 盈利：销售利润率 ],
        X=" 盈余现金保障倍数 ",[ 盈利：盈余现金保障倍数 ],
        X=" 成本费用利润率（%）",[ 盈利：成本费用利润率 ],
        X=" 资本收益率（%）",[ 盈利：资本收益率 ],
        X=" 总资产周转率（次）",[ 资产：总资产周转率 ],
        X=" 应收账款周转率（次）",[ 资产：应收账款周转率 ],
        X=" 流动资产周转率（次）",[ 资产：流动资产周转率 ],
        X=" 资产现金回收率（%）",[ 资产：资产现金回收率 ],
        X=" 资产负债率（%）",[ 债务：资产负债率 ],
        X=" 已获利息倍数 ",[ 债务：已获利息倍数 ],
        X=" 速动比率（%）",[ 债务：速动比率 ],
        X=" 现金流动负债比率（%）",[ 债务：现金流动负债比率 ],
        X=" 带息负债比率（%）",[ 债务：带息负债比率 ],
```

```
                    X=" 销售增长率（%）",[ 经营：销售增长率 ],
                    X=" 资本保值增值率(%)",[ 经营：资本保值增值率 ],
                    X=" 销售利润增长率(%)",[ 经营：销售利润增长率 ],
                    X=" 总资产增长率（%）",[ 经营：总资产增长率 ],
                    X=" 存货周转率（次）",[ 补充：存货周转率 ],
                    X=" 两金占流动资产比重（%）",[ 补充：两金占流动
资产比重 ],
                    X=" 成本费用总额占营业总收入比重（%）",[ 补充：
成本费用总额占营业总收入比重 ],
                    X=" 资本积累率（%）",[ 补充：资本积累率 ]
    )*100
```

## 7.4.6 报告值所属区间判断定义

根据被评价企业的报告期财务指标数据，对照国资委公布的年度企业绩效评价标准值，即可判断被评价企业当期绩效值所处优秀、良好、平均、较低、较差五个等级区间。依据从优秀到较差五个区间数据判断排列顺序，可将指标分为正序（+）、倒序（-）两类，设定判断值定义公式如下：

```
    等级【文字】=
    var just = SWITCH(TRUE(),
                    [ 报告值 ]>=[ 优秀值 ]," 优秀 ",
                    [ 报告值 ]>=[ 良好值 ]," 良好 ",
                    [ 报告值 ]>=[ 平均值 ]," 平均 ",
                    [ 报告值 ]>=[ 较低值 ]," 较低 ",
                    [ 报告值 ]>=[ 较差值 ]," 较差 ")
    var lose = SWITCH(TRUE(),
                    [ 报告值 ]<=[ 优秀值 ]," 优秀 ",
                    [ 报告值 ]<=[ 良好值 ]," 良好 ",
                    [ 报告值 ]<=[ 平均值 ]," 平均 ",
                    [ 报告值 ]<=[ 较低值 ]," 较低 ",
                    [ 报告值 ]>=[ 较差值 ]," 较差 ")
    return
    SWITCH(TRUE(),
            SELECTEDVALUE(' 财务指标比率 '[ 顺序 ])="+",just,
            SELECTEDVALUE(' 财务指标比率 '[ 顺序 ])="-",lose,
            BLANK()
            )
```

## 7.4.7 雷达图指标区间值的定义

得出优秀、良好、平均、较低、较差五个等级区间后，在制作雷达图时，并不能直接引用上述定性判断进行文本表述。此时，我们可将优秀至较差五个等级转换为从 5~1 的数字等级，定义公式如下：

```
等级【数字】=
var just = SWITCH(TRUE(),
                  [ 报告值 ]>=[ 优秀值 ],"5",
                  [ 报告值 ]>=[ 良好值 ],"4",
                  [ 报告值 ]>=[ 平均值 ],"3",
                  [ 报告值 ]>=[ 较低值 ],"2",
                  [ 报告值 ]>=[ 较差值 ],"1")
var lose = SWITCH(TRUE(),
                  [ 报告值 ]<=[ 优秀值 ],"5",
                  [ 报告值 ]<=[ 良好值 ],"4",
                  [ 报告值 ]<=[ 平均值 ],"3",
                  [ 报告值 ]<=[ 较低值 ],"2",
                  [ 报告值 ]>=[ 较差值 ],"1")
return
SWITCH(TRUE(),
       SELECTEDVALUE(' 财务指标比率 '[ 顺序 ])="+",just,
       SELECTEDVALUE(' 财务指标比率 '[ 顺序 ])="-",lose,
       BLANK()
       )
```

## 7.4.8 财务指标分析矩阵的制作

参照图 7-19，在插入矩阵可视化对象后，将"财务指标比率"[ 项目 ] 字段用作【行】，将 [ 优秀值 ] 至 [ 较差值 ] 五个度值量用作参照系，[ 报告值 ] 度量用作完成值，[ 等级 ] 度量用作区间判断指标，即可形成财务指标分析矩阵。同时，通过指标分类切片器，我们也可实现分类指标的查看。

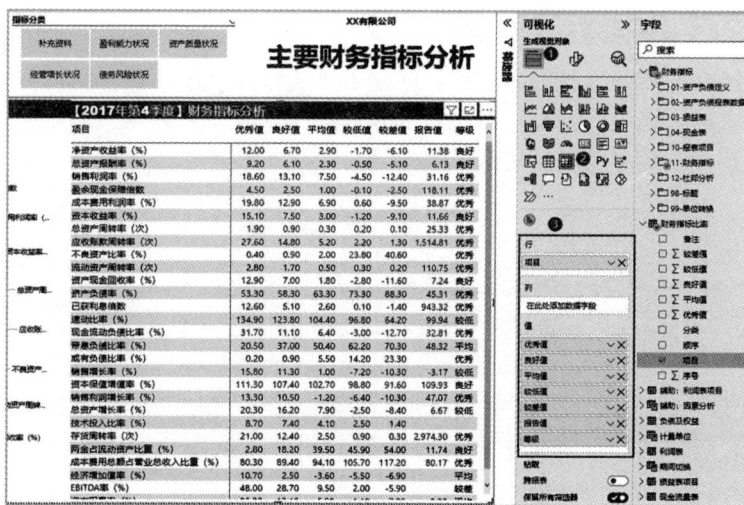

【2017年第4季度】财务指标分析

| 项目 | 优秀值 | 典好值 | 平均值 | 较低值 | 较差值 | 报警值 | 等级 |
|---|---|---|---|---|---|---|---|
| 净资产收益率 (%) | 12.00 | 6.70 | 2.90 | -1.70 | -6.10 | 11.38 | 良好 |
| 总资产报酬率 (%) | 9.20 | 6.10 | 2.30 | -0.50 | -5.10 | 6.13 | 良好 |
| 销售利润率 (%) | 18.60 | 13.10 | 7.50 | -4.50 | -12.40 | 31.16 | 优秀 |
| 盈余现金保障倍数 | 4.50 | 2.50 | 1.00 | -0.10 | -2.50 | 118.11 | 优秀 |
| 成本费用利润率 (%) | 19.80 | 12.90 | 6.90 | 0.60 | -9.50 | 38.87 | 优秀 |
| 资本收益率 (%) | 15.10 | 7.50 | 3.00 | -1.20 | -9.10 | 11.66 | 良好 |
| 总资产周转率 (次) | 1.90 | 0.90 | 0.30 | 0.20 | 0.10 | 25.33 | 优秀 |
| 应收账款周转率 (次) | 27.60 | 14.80 | 5.20 | 2.20 | 1.30 | 1,514.81 | 优秀 |
| 不良资产比率 (%) | 0.40 | 0.90 | 2.00 | 23.80 | 40.60 | | 优秀 |
| 流动资产周转率 (次) | 2.80 | 1.70 | 0.50 | 0.30 | 0.20 | 110.75 | 优秀 |
| 资产现金回收率 (%) | 12.90 | 7.00 | 1.80 | -2.80 | -11.60 | 7.24 | 良好 |
| 资产负债率 (%) | 53.30 | 58.30 | 73.30 | 88.30 | | 45.31 | 优秀 |
| 已获利息倍数 | 12.40 | 5.10 | 2.60 | 0.10 | -1.40 | 943.32 | 优秀 |
| 速动比率 (%) | 134.90 | 123.80 | 104.40 | 96.80 | 64.20 | 99.94 | 较低 |
| 现金流动负债比率 (%) | 31.70 | 11.10 | 6.40 | -3.00 | -12.70 | 32.81 | 优秀 |
| 带息负债比率 (%) | 20.50 | 37.00 | 50.40 | 62.20 | 70.30 | 48.32 | 平均 |
| 或有负债比率 (%) | 0.90 | 0.90 | 5.50 | 14.20 | 23.30 | | 优秀 |
| 销售增长率 (%) | 15.80 | 11.30 | | -7.20 | -10.30 | -3.17 | 较低 |
| 资本保值增值率 (%) | 111.30 | 107.40 | 102.70 | 98.80 | 91.60 | 109.93 | 良好 |
| 销售利润增长率 (%) | 13.30 | 10.50 | -1.20 | -6.40 | -10.30 | 47.07 | 优秀 |
| 总资产增长率 (%) | 20.30 | 16.20 | 7.90 | -2.50 | -8.40 | 6.67 | 较低 |
| 技术投入比率 (%) | 8.70 | 7.40 | 4.10 | 2.50 | 1.40 | | |
| 存货周转率 (次) | 21.00 | 12.40 | 2.50 | 0.90 | 0.30 | 2,974.30 | 优秀 |
| 两金占流动资产比重 (%) | 2.80 | 18.20 | 39.50 | 45.90 | 54.00 | 11.74 | 良好 |
| 成本费用总额占营业总收入比重 (%) | 80.30 | 89.40 | 94.10 | 105.70 | 117.20 | 80.17 | 优秀 |
| 经济增加值率 (%) | 10.70 | 2.50 | -3.60 | -5.10 | -6.90 | | 平均 |
| EBITDA率 (%) | 48.00 | 28.70 | 9.60 | 2.50 | -5.90 | | 优秀 |

图 7-19

## 7.4.9 财务指标分析雷达图制作

参照图 7-20，在插入【雷达图】可视化对象后，将"财务指标比率"[ 项目 ]
字段用作【类别】，将等级【数字】度值量用作 Y 轴，即可形成财务指标分析雷
达图。

【雷达图】视觉对象并不在默认视觉对象栏中，需要通过"获取更多视觉对象"
方式，在应用市场中获取名为"Radar Chart"的对象。

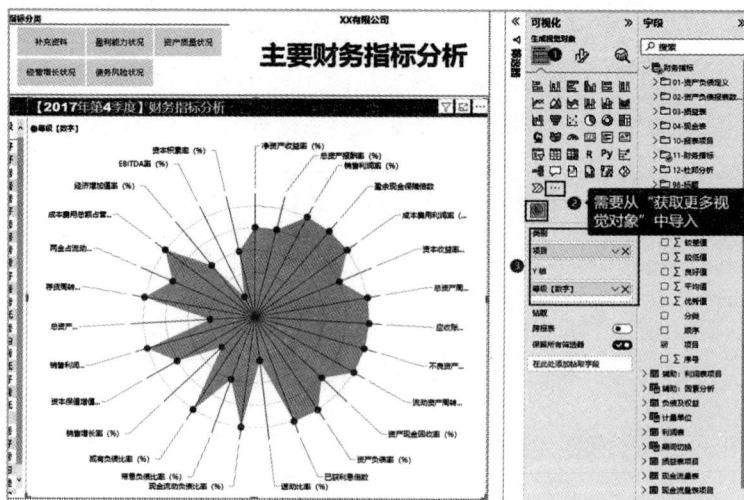

图 7-20

# 7.5　杜邦财务分析体系

杜邦财务分析体系，因其最初由美国杜邦公司成功应用而得名，是利用各主要财务比率指标间的内在联系，对企业财务状况及经济效益进行综合系统分析评价的方法。该体系以净资产收益率（ROE）为龙头，以资产净利率和权益乘数为核心，重点揭示企业获利能力及权益乘数对净资产收益率的影响，以及各相关指标间的相互影响作用关系。

杜邦分析法中主要的财务指标关系为：

净资产收益率（ROE）= 资产净利率 × 权益乘数

其中，资产净利率 = 销售净利率 × 资产周转率

故：净资产收益率（ROE）= 销售净利率 × 资产周转率 × 权益乘数

本例中，我们将以当年 ROE 值与上年 ROE 值进行对比，揭示其中的变化。

如图 7-21 所示，2017 年度 ROE 值 11.38%，较上年值 9.23% 增长 2.15%，其中销售净利率影响因素导致 ROE 贡献值提高 3.61%，为最主要因素。

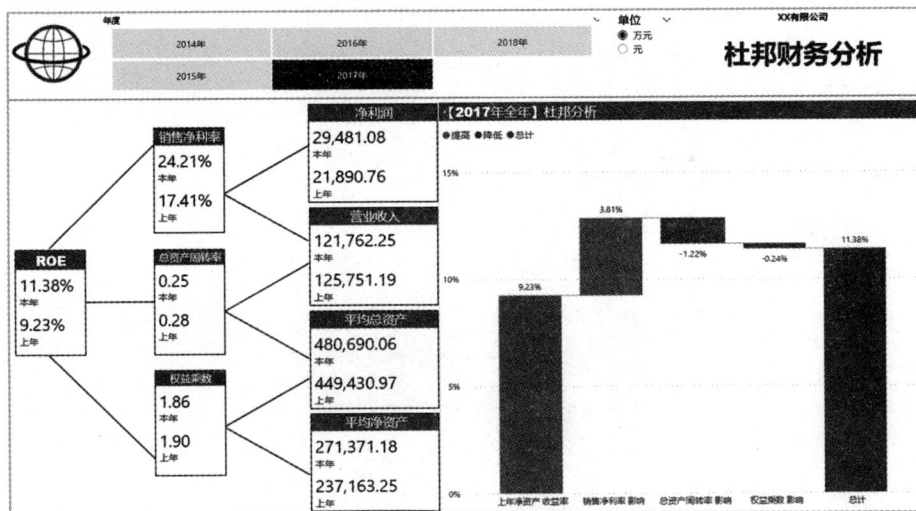

图 7-21

同时，进一步对比净利润和营业收入，我们会发现，当年净利润较上年有较大幅度的增长，但营业收入较上年则有所下降。由此可判断，该公司的业务有可能发生较大的转型，实务中，应结合具体情况进一步分析。

## 7.5.1　ROE 指标的计算

根据净资产收益率（ROE）= 销售净利率 × 资产周转率 × 权益乘数的公式，相关财务指标 DAX 公式如下：

DB：销售净利率 = DIVIDE([ 损益：净利润 ],[ 损益：营业收入 ])

资产：总资产周转率 = DIVIDE([ 损益：营业收入 ],[ 资产：平均总资产 ])

DB：权益乘数 = DIVIDE([ 资产：平均总资产 ],[ 权益：平均净资产 ])

盈利：净资产收益率 = DIVIDE([ 损益：净利润 ],[ 权益：平均净资产 ])

相关财务指标上年数，可使用 DATEADD 函数求解得出：

DB：销售净利率上年 = CALCULATE([DB：销售净利率 ],DATEADD('Calendar'[Date],-1,YEAR))

DB：总资产周转率上年 = CALCULATE([ 资产：总资产周转率 ],DATEADD ('Calendar'[Date],-1,YEAR))

DB：权益乘数上年 = CALCULATE([DB：权益乘数 ],DATEADD('Calendar'[Date],-1,YEAR))

DB：ROE 上年 = CALCULATE([ 盈利：净资产收益率 ],DATEADD('Calendar'[Date],-1,YEAR))

## 7.5.2　杜邦分析图制作

本案例中杜邦分析图是采用多个【多行卡】视觉对象与线条组合而成。多行卡的制作相关设置如图 7-22 所示：

图 7-22

各财务指标之间连线采用插入直线方式制作。插入形状对象后，我们需要在【设置形状格式】窗口中，对线条进行【旋转】操作，以得到合适的角度（图 7-23）。

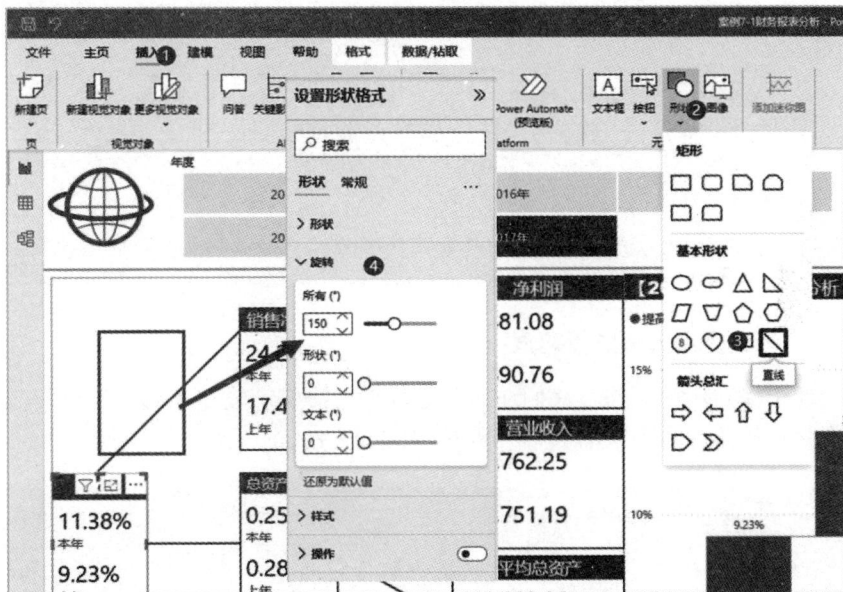

图 7-23

## 7.5.3  因素分解瀑布图

### 7.5.3.1  连环替代逻辑及度量值

制作因素分解瀑布图前，应采用连环替代法计算各因素的影响程度。因为：

$ROE_{上年}$ = 销售净利率$_{上年}$ × 资产周转率$_{上年}$ × 权益乘数$_{上年}$

我们采用本年财务指标逐步替代上年指标，以求出影响数。

第一次替代（销售净利率）：

A = 销售净利率$_{本年}$ × 资产周转率$_{上年}$ × 权益乘数$_{上年}$

销售净利率影响 = A – $ROE_{上年}$

第二次替代（总资产周转率）：

B = 销售净利率$_{本年}$ × 资产周转率$_{本年}$ × 权益乘数$_{上年}$

总资产周转率影响 = B – A

第三次替代（权益乘数）：

$ROE_{本年}$ = 销售净利率$_{本年}$ × 资产周转率$_{本年}$ × 权益乘数$_{本年}$

权益乘数影响 = $ROE_{本年}$ – B

明确连环替代逻辑关系后，我们设置相关度量值如下：

DB：1 销售净利率替换 = [DB：销售净利率]*[DB：总资产周转率上年]*[DB：权益乘数上年]

DB：销售净利率影响 = [DB：1 销售净利率替换]-[DB：ROE 上年]

DB：2 总资产周转率替换 = [DB：销售净利率]*[资产：总资产周转率]*[DB：权益乘数上年]

DB：总资产周转率影响 = [DB：2 总资产周转率替换]- [DB：1 销售净利率替换]

DB：权益乘数影响 = [盈利：净资产收益率]-[DB：2 总资产周转率替换]

### 7.5.3.2　创建因素分析法辅助表

为便于瀑布图的制作，我们还须创建从上年净资产收益率到本年净资产收益率的变化过程作为瀑布图的 X 轴，相关公式如下：

```
辅助：因素分析 =
var x =
{
    (1," 上年净资产收益率 "),
    (2," 销售净利率影响 "),
    (3," 总资产周转率影响 "),
    (4," 权益乘数影响 ")
}
return
SELECTCOLUMNS(x ," 序号 ",[Value1]," 项目 ",[Value2])
```

公式中，我们并未定义本年净资产收益率，而是采用瀑布图中的【总计】代替。
匹配 X 轴项目的影响数度量值如下：

```
DB：因素分析影响数 =
var x=SELECTEDVALUE(' 辅助：因素分析 '[ 项目 ])
return
SWITCH(TRUE(),
```

```
x=" 上年净资产收益率 ",[DB：ROE 上年 ],
x=" 销售净利率影响 ",[DB: 销售净利率影响 ],
x=" 总资产周转率影响 ",[DB: 总资产周转率影响 ],
x=" 权益乘数影响 ",[DB: 权益乘数影响 ]
)
```

### 7.5.3.3　因素分解瀑布图的制作

参照图 7-24，在插入【瀑布图】可视化对象后，将"辅助：因素分析"[ 项目 ] 字段用作【类别】，将 [DB：因素分析 影响数 ] 度值量用作【值】，即可形成因素分解瀑布图。

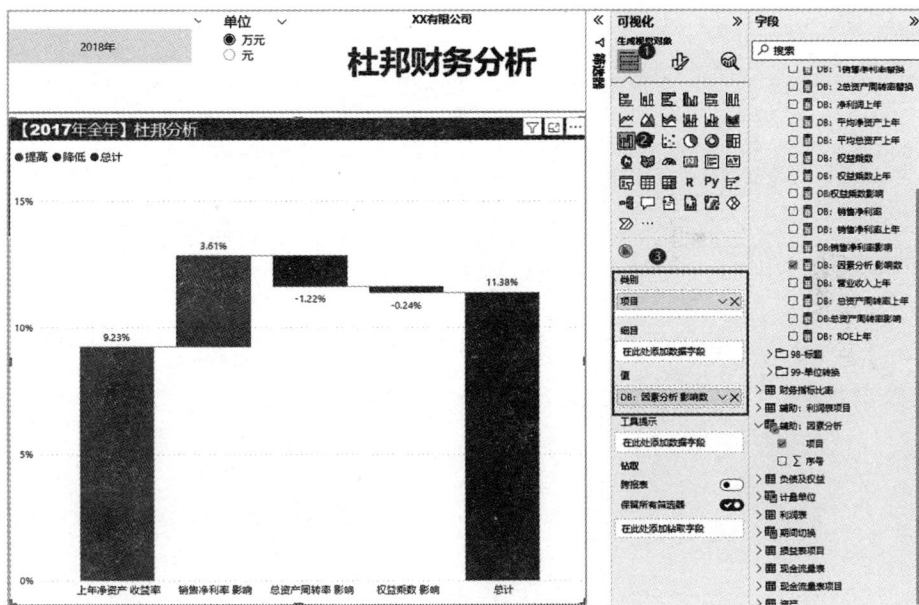

图 7-24

"用数据来管理、用数据来决策、用数据来创新"，在数字创新和智能化变革的冲击下，数智财务，势在必行。

专业引领、需求指引、数据驱动，数智财务的发展，要求我们除了具备扎实的财务专业能力，还应了解业务需求，对新一代信息技术具有认知能力和应用能力。

面对时代的挑战，迎难而上，努力使自己成为跨界复合型人才，您准备好了吗？希望本书能成为您的一个新起点，奋进新征程，整装再出发！